"十四五"职业教育国家规划教材

# 新编经济法实用教程

（实训部分）（第九版）

新世纪高职高专教材编审委员会 组编

主　编　何　辛

副主编　柳国华　王　艳
　　　　韩　巍　遇阳阳

大连理工大学出版社

图书在版编目(CIP)数据

新编经济法实用教程：实训部分 / 何辛主编. -- 9版. -- 大连：大连理工大学出版社，2022.1(2023.12重印)
新世纪高职高专财经大类专业基础课系列规划教材
ISBN 978-7-5685-3603-5

Ⅰ.①新… Ⅱ.①何… Ⅲ.①经济法－中国－高等职业教育－教材 Ⅳ.①D922.290.4

中国版本图书馆CIP数据核字(2022)第021350号

大连理工大学出版社出版

地址：大连市软件园路80号　邮政编码：116023
发行：0411-84708842　邮购：0411-84708943　传真：0411-84701466
E-mail：dutp@dutp.cn　URL：https://www.dutp.cn

辽宁星海彩色印刷有限公司印刷　　大连理工大学出版社发行

幅面尺寸：185mm×260mm　　印张：16.5　　字数：381千字
2003年2月第1版　　　　　　　　　　　2022年1月第9版
2023年12月第4次印刷

责任编辑：欧阳碧蕾　　　　　　　　　责任校对：程砚芳
封面设计：对岸书影

ISBN 978-7-5685-3603-5　　　　　　　定　价：48.80元

本书如有印装质量问题，请与我社发行部联系更换。

# 前 言

《新编经济法实用教程(实训部分)》(第九版)是"十四五"职业教育国家规划教材、"十三五"职业教育国家规划教材、"十二五"职业教育国家规划教材和普通高等教育"十一五"国家级规划教材,也是新世纪高职高专教材编审委员会组编的财经大类专业基础课系列规划教材之一。

《新编经济法实用教程》分为理论部分与实训部分两册,《新编经济法实用教程(实训部分)》作为《新编经济法实用教程(理论部分)》的配套教材,依据高职高专人才培养目标和经济法学科自身特点,专为学生掌握及运用经济法律专业知识、培养学生法律素养和法治思维能力及参加职业资格考试而精心设计。

为及时贯彻党的二十大报告提出的"全面推进依法治国"和"法治中国建设"及时体现经济法及民法领域的立法成果,并与《新编经济法实用教程(理论部分)》相衔接,在承继该实训教材原有优点基础上,我们对其进行了全面修订。本次修订进行了深入的调研,广泛征求了学科一线教师及使用过该教材的学生的意见,并听取了行业专家的建议,从而保证了教材内容与国家现行法律、法规的一致性和实用性。

修订后的教材具有以下突出特点:

第一,思政目标贯穿整个实训教材。党的二十大报告指出,育人的根本在于立德。编者根据理论部分教材的内容,深挖思政元素,且每章实训目标中都设置思政目标,便于学生在"边学边做"中树立正确的世界观、人生观,践行社会主义核心价值观。

第二,整体结构做了重大的调整,与理论部分教材的知识体系紧密衔接,便于随学随做。作为《新编经济法实用教程(理论部分)》的配套教材,本教材也分为16章,每章内容包括:实训目标、实训要求、主要知识点、课内实训、课后自测题、课内实训参考答案及课后自测题参考答案,打破了原教材参考答案与实训内容相脱离的设计,使用起来更加得心应手。

第三,本版教材的三大综合实训内容全面,更加彰显了本实训教材在同类配套教材中的主流地位。综合实训包括三大模块,即综合实训操作、综合实训课后练习、综合实训操作参考答案,其中综合实训操作包括三个子模块,即综合示范案例分析、综合实务操作、热点及深度问题探讨。综合示范案例分析的选择具有代表性、时效性,并同时融汇了不同的单行经济法律、法规,具有一定的综

合性,有利于学生整体复习,培养学生综合运用法律、法规的能力。热点及深度问题探讨内容的及时更新,有利于培养学生的法治思维,提高学生对法治问题的关注度,引导学生做全面依法治国的践行者。

第四,根据我国立法、法律实践发展的最新动态及成果进行修改。本次实训部分教材的修订与理论部分教材同步,涉及我国2018年2月以来修订和颁布的十多部法律,首先把《中华人民共和国民法典》的总则编、物权编、合同编等最新内容呈现于教材,同时,对教材中涉及的《中华人民共和国公司法》《中华人民共和国证券法》《中华人民共和国产品质量法》《中华人民共和国反不正当竞争法》《中华人民共和国专利法》《中华人民共和国商标法》《中华人民共和国契税法》《中华人民共和国企业所得税法》《中华人民共和国个人所得税法》《中华人民共和国劳动法》《中华人民共和国社会保险法》《中华人民共和国行政处罚法》等法律最新修订的内容进行修改和更换,使教材内容与时俱进,呈现了我国最前沿的立法成果。

第五,附录及时更新,确保全面实用。附录包括经济法应用知识要点、公司章程范本、买卖合同样本、劳动合同样本、初级会计职称考试真题及解析。附录能帮助学生轻松掌握重要的经济法知识点,为其就业及参加初级会计师资格考试提供指导,并有助于加深其对经济法理论的理解。

本教材由辽宁金融职业学院何辛任主编,济源职业技术学院柳国华、河北地质职工大学王艳、盘锦职业技术学院韩巍、北京金诚同达律师事务所沈阳分所遇阳阳任副主编,参加编写的还有河北工业职业大学王欣、辽宁奥启律师事务所陈凤贵。具体编写分工如下:何辛编写第一章、第四章至第十章及附录;柳国华编写第十三章、第十四章,王艳编写第二章,韩巍编写第三章、综合实训三,遇阳阳编写第十五章;王欣编写综合实训一、第十一章、综合实训二、第十二章,陈凤贵编写第十六章。

编者在教材编写过程中参阅、引用了大量经济法领域相关的专著、期刊及网络中的资料,在此向有关专家、学者表示诚挚的谢意。

本教材编者虽倾尽才思,但也难免不足与纰漏之处,敬请广大师生提出宝贵的意见及建议,我们将不胜感激。

编 者

所有意见和建议请发往:dutpgz@163.com
欢迎访问职教数字化服务网站:https://www.dutp.cn/sve/
联系电话:0411-84706104  84707492

# 目 录

## 第一章 经济法基本理论 ... 1
- 课内实训 ... 2
- 课后自测题 ... 3
- 课内实训参考答案 ... 5
- 课后自测题参考答案 ... 7

## 第二章 个人独资企业法 ... 8
- 课内实训 ... 9
- 课后自测题 ... 10
- 课内实训参考答案 ... 13
- 课后自测题参考答案 ... 14

## 第三章 合伙企业法 ... 15
- 课内实训 ... 16
- 课后自测题 ... 17
- 课内实训参考答案 ... 20
- 课后自测题参考答案 ... 22

## 第四章 公司法 ... 24
- 课内实训 ... 25
- 课后自测题 ... 27
- 课内实训参考答案 ... 32
- 课后自测题参考答案 ... 33

## 第五章 企业破产法 ... 36
- 课内实训 ... 37
- 课后自测题 ... 38
- 课内实训参考答案 ... 42
- 课后自测题参考答案 ... 43

## 综合实训一 ... 45
- 综合实训操作 ... 45
- 综合实训课后练习 ... 50
- 综合实训操作参考答案 ... 53

## 第六章　合同法律制度 · 62
　　课内实训 · 63
　　课后自测题 · 65
　　课内实训参考答案 · 70
　　课后自测题参考答案 · 72

## 第七章　担保法律制度 · 74
　　课内实训 · 75
　　课后自测题 · 76
　　课内实训参考答案 · 80
　　课后自测题参考答案 · 80

## 第八章　工业产权法 · 83
　　课内实训 · 84
　　课后自测题 · 85
　　课内实训参考答案 · 89
　　课后自测题参考答案 · 91

## 第九章　反不正当竞争法 · 93
　　课内实训 · 94
　　课后自测题 · 95
　　课内实训参考答案 · 100
　　课后自测题参考答案 · 102

## 第十章　产品质量法 · 104
　　课内实训 · 105
　　课后自测题 · 106
　　课内实训参考答案 · 110
　　课后自测题参考答案 · 112

## 第十一章　消费者权益保护法 · 113
　　课内实训 · 114
　　课后自测题 · 115
　　课内实训参考答案 · 119
　　课后自测题参考答案 · 121

## 综合实训二 · 122
　　综合实训操作 · 122

综合实训课后练习……………………………………………………………………… 129
　　综合实训操作参考答案…………………………………………………………………… 132

## 第十二章　证券法……………………………………………………………………… 140
　　课内实训…………………………………………………………………………………… 141
　　课后自测题………………………………………………………………………………… 142
　　课内实训参考答案………………………………………………………………………… 146
　　课后自测题参考答案……………………………………………………………………… 147

## 第十三章　票据法……………………………………………………………………… 149
　　课内实训…………………………………………………………………………………… 150
　　课后自测题………………………………………………………………………………… 151
　　课内实训参考答案………………………………………………………………………… 155
　　课后自测题参考答案……………………………………………………………………… 156

## 第十四章　税　法……………………………………………………………………… 157
　　课内实训…………………………………………………………………………………… 158
　　课后自测题………………………………………………………………………………… 159
　　课内实训参考答案………………………………………………………………………… 162
　　课后自测题参考答案……………………………………………………………………… 163

## 第十五章　劳动法律制度……………………………………………………………… 165
　　课内实训…………………………………………………………………………………… 166
　　课后自测题………………………………………………………………………………… 167
　　课内实训参考答案………………………………………………………………………… 172
　　课后自测题参考答案……………………………………………………………………… 175

## 第十六章　经济纠纷的解决…………………………………………………………… 177
　　课内实训…………………………………………………………………………………… 178
　　课后自测题………………………………………………………………………………… 179
　　课内实训参考答案………………………………………………………………………… 184
　　课后自测题参考答案……………………………………………………………………… 185

## 综合实训三……………………………………………………………………………… 187
　　综合实训操作……………………………………………………………………………… 187
　　综合实训课后练习………………………………………………………………………… 194
　　综合实训操作参考答案…………………………………………………………………… 197

## 参考文献………………………………………………………………………………… 204

# 附 录 ········································································································ 205

## 附录1　经济法应用知识要点 ······································································· 205
## 附录2　公司章程范本 ················································································ 212
## 附录3　买卖合同样本 ················································································ 217
## 附录4　劳动合同样本 ················································································ 221
## 附录5　初级会计职称考试真题及解析 ··························································· 229

2020年初级会计职称考试《经济法基础》考试真题 ·············································· 229
2020年初级会计职称考试《经济法基础》考试真题参考答案及解析 ························· 237
2021年初级会计职称考试《经济法基础》考试真题 ·············································· 243
2021年初级会计职称考试《经济法基础》考试真题参考答案及解析 ························· 251

# 第一章 经济法基本理论

## 实训目标

训练学生掌握经济法基础理论,理解并运用《中华人民共和国民法典》(以下简称《民法典》)中重要的法律制度,引领学生培养法治思维及责任意识。

## 实训要求

通过实训,学生重点掌握法人和代理制度,明确法律责任承担形式。

## 主要知识点

### 1.重点概念
经济法　法律关系　法律事实　法人　代理　法律责任

### 2.重点问题
(1)法律关系及其构成要素
(2)法人制度
(3)代理制度
(4)法律责任

### 3.难点问题
(1)经济法的调整对象
(2)法律事实
(3)法人的民事权利能力和民事行为能力
(4)代理权的行使

# 课内实训

## 课内案例

**【案例1】 有关法律关系的案例**

16岁的中学生甲到电脑城商户乙的摊位去购买新上市的电脑,有A、B两种型号,价格均为8 000元。甲表示要购买其中一种型号的电脑,并交付押金2 000元,究竟购买哪一种型号,第二天再通知。甲回家后告知其母亲丙,丙考虑到儿子学习的需要,于是便同意甲的要求,同时表示选择哪种型号的电脑,甲可以自己决定。甲考虑之后,通知乙选择A型电脑,甲支付价款并受领电脑后发现电脑欠缺乙所保证的品质,经过丙同意后,甲向乙请求解除合同并要求返还价款。

问题:
试说明当事人之间的法律关系。

**【案例2】 有关取得法人资格必须具备的基本条件的案例**

甲联合待业青年4人,集资30万元,租房4间,核准登记领取营业执照后,开办了一家百货商店,性质为"合作经济组织"。该商店的盈利除用于工资外还有年终分红,若有亏损则按出资额分担。此后,该商店在经营中出现严重亏损,欠债45万元,债权人纷纷要求还债。不仅该商店财产用来还债,该商店成员的个人财产也用于还债。该商店成员认为该商店是合作经济组织,属于集体经济组织,具有法人资格,法人应承担有限责任。债权人则认为该商店不是法人,商店成员应承担无限连带责任。

问题:
(1)根据我国法律规定,取得法人资格应具备哪些条件?
(2)该商店是否具有法人资格?
(3)该商店成员对商店债务应承担什么责任?

**【案例3】 有关无权代理的案例**

李某和王某是邻居,李某要去边疆地区支教,临行前将自己的电脑委托王某保管。一个月后,李某电告王某说自己新买了一台电脑,委托其保管的电脑可以以适当的价格出售,但是显示器不要卖。张某知道此事后,对王某说自己想买,但希望王某对李某说电脑有毛病,以便以低价购买,王某便按张某的意思告诉了李某,李某同意低价出售,张某便以较低的价格购买了该电脑。过了一段时间王某嫌显示器碍事,便以李某的名义将显示器以合理的价格卖给了赵某,赵某已经付钱,但是尚未交货。李某此时支教期满,回来后了解到了真实情况,于是产生了纠纷。

问题:
(1)李某能否要求张某返还电脑?对于李某的损失,应当如何承担?
(2)王某向赵某出售显示器的行为性质如何认定?赵某的知情与否,是否会产生不同的法律效果?
(3)若王某以自己的名义将显示器卖给不知情的赵某,但是没有交货,则此时王某的行为性质如何认定?赵某能否主张对显示器的所有权?

## 课后自测题

### 一、判断题

1. 国家对经济运行进行调控的主要手段是法律手段。（  ）
2. 最高人民法院所作的判决书,也是法的形式之一。（  ）
3. 法律规范不同于法律条文,法律规范是法律条文的内容,法律条文是法律规范的表现形式。（  ）
4. 法人发生分立、合并后,其权利和义务除法律、法规另有规定外,应当由变更后的法人享有和承担。（  ）
5. 依据我国《民法典》的规定,以取得利润并分配给股东等出资人为目的成立的法人,为营利法人。营利法人包括有限责任公司、股份有限公司和其他企业法人等。（  ）
6. 当人的头发、血液、骨髓、精子和其他器官从身体中分离出去,成为与身体相分离的外部之物时,在某些情况下也可视为法律上的"物",成为法律关系的客体。（  ）
7. 民事主体可以通过代理人实施民事法律行为。依照法律规定、当事人约定或者民事法律行为的性质,应当由本人亲自实施的民事法律行为,不得代理。（  ）
8. 委托与代理,是两个不同的法律事实,委托是双方法律行为,代理需要单方授权。（  ）
9. 行政处罚是指行政机关依法对违反行政管理秩序的公民、法人或者其他组织,以减损权益或者增加义务的方式予以惩戒的行为。（  ）
10. 因生产的饮料色素严重超标,甲饮料公司被市场监督管理部门责令停产停业。甲饮料公司承担的该项法律责任属于行政处罚。（  ）

### 二、单项选择题

1. 下列规范性文件中,法律效力最高的是（  ）。
   A. 全国人民代表大会发布的《民法典》
   B. 中国证券监督管理委员会发布的《私募投资基金监督管理暂行办法》
   C. 财政部发布的《会计基础工作规范》
   D. 上海市人民代表大会发布的《上海市优化营商环境条例》
2. 依据《民法典》的规定,我国法人的类型不包括（  ）。
   A. 营利法人  B. 非营利法人
   C. 特别法人  D. 社团法人
3. 下列单位中不具备法人资格的是（  ）。
   A. 事业单位  B. 依照法律成立的国家机关
   C. 经核准尚未登记的企业  D. 社会团体
4. 经济法律关系最普遍和最主要的客体是（  ）。
   A. 物  B. 货币和有价证券
   C. 行为  D. 智力成果

5.公民作为经济法律关系主体时,其行为能力受到限制的情况依据( )进行判断。

A.职业 B.性别

C.种族 D.年龄是否达到规定年龄和思维是否正常

6.下列各项中,不属于法律关系客体的是( )。

A.法人 B.发明 C.行为 D.人体器官

7.享有经济职权的主体是( )。

A.企业 B.事业单位 C.社会团体 D.国家机关

8.下列行为中,属于代理行为的是( )。

A.居间行为 B.行纪行为

C.代人保管物品行为 D.保险公司业务员的揽保行为

9.下列法律责任形式中,属于行政处罚的是( )。

A.记过 B.罚款 C.降级 D.开除

10.经济法的调整对象是( )。

A.经济法律关系 B.特定的经济关系

C.各种经济关系 D.经济权利和经济义务关系

### 三、多项选择题

1.下列关于法的本质与特征的表述中,正确的有( )。

A.法是由国家制定或认可的规范

B.法是全社会成员共同意志的体现

C.法由统治阶级的物质生活条件所决定

D.法凭借国家强制力的保证获得普遍遵行的效力

2.在我国的下列法律中属于市场秩序法的有( )。

A.《中华人民共和国反不正当竞争法》

B.《中华人民共和国税法》

C.《中华人民共和国消费者权益保护法》

D.《中华人民共和国民法典》

3.我国经济法的法律渊源包括( )。

A.宪法 B.法律和有关规范性文件

C.行政法规和有关规范性文件 D.部、委规章和有关规范性文件

4.以下属于经济法的特征的有( )。

A.干预性 B.表现形式的单行法性

C.意思自治性 D.综合性

5.经济法律关系的要素包括( )。

A.主体 B.客体 C.内容 D.标的

6.我国经济法的主体有( )。

A.法人组织 B.非法人组织 C.国家 D.自然人

7.经济法律关系的客体可以归纳为（　　）。
A.人身、人格　　　　　　　　B.物
C.行为　　　　　　　　　　　D.精神产品

8.经济法律关系的发生、变更和消灭必须具备的条件包括（　　）。
A.经济法律规范　　　　　　　B.经济法律关系主体
C.经济法律事实　　　　　　　D.经济法律关系客体

9.下列代理行为中，属于滥用代理权的有（　　）。
A.超越代理权进行代理
B.代理人与第三人恶意串通，提高被代理人利益
C.没有代理权而进行代理
D.代理他人与自己进行民事行为

10.下列法律责任形式中，属于行政处罚种类的有（　　）。
A.警告、通报批评
B.罚款、没收违法所得、没收非法财物
C.暂扣许可证件、降低资质等级、吊销许可证件
D.限制开展生产经营活动、责令停产停业、责令关闭、限制从业
E.行政拘留

### 四、案例分析

**【案例1】** 在全民创业、万众创新的时代背景下，甲、乙、丙三名大学生选择自主创业。三人决定成立一个以营利为目的的法人组织，但没有去办理登记。三人一致认为民法讲究意思自治，成立法人组织不一定要登记，登记只是一个形式，法律上并没有强制性的要求。

问题：
(1)本案例中，不登记能获得法人资格吗？
(2)如果甲、乙、丙进行了法人的设立登记，但后来因违法经营，被市场监督管理部门依法吊销了营业执照，此时，法人资格是否丧失？

**【案例2】** 张某系A厂的推销员，因业绩不佳被厂方辞退，但A厂未及时收回盖有公章的空白合同和专用介绍信。后张某为偿还赌债，以A厂名义与过去的老客户签订了一份合同，骗取预付款20万元。

问题：
(1)张某签订合同的行为在法律上属于何种性质，其含义是什么？
(2)该法律行为的后果由谁承担？

## 课内实训参考答案

### 课内案例参考答案

**【案例1】** ①甲属于限制民事行为能力人，根据《民法典》的相关规定可知，甲的买卖合

同必须经过其法定代理人追认后方能生效。甲的母亲丙的追认行为使得甲与乙签订的买卖合同有效。②甲为限制民事行为能力人,甲行使选择权的行为同样已得到丙的同意,所以该选择行为有效。③乙交付的电脑不具有所保证的品质,甲在丙的同意下实施的解除合同的行为具有相应的法律效力。④买卖合同已经解除,甲有权要求乙返还价款。

【案例 2】

(1)根据《民法典》的规定,法人应当依法成立。法人应当有自己的名称、组织机构、住所、财产或者经费。法人应当能够以其全部财产独立承担民事责任。

(2)该商店不具备法人成立的基本条件,所以没有取得法人资格,是合伙性质的企业。

(3)该商店是合伙性质的企业,当商店财产不足以清偿全部债务时,商店成员作为合伙人,应对商店债务承担无限连带责任。

【案例 3】

(1)可以。王某滥用代理权,与相对人串通订立合同,属于恶意串通,应属无效,李某可主张返还。对于李某的损失,王某与张某应承担连带责任。

《民法典》第一百五十四条规定:"行为人与相对人恶意串通,损害他人合法权益的民事法律行为无效。"据此,王某与张某的行为构成恶意串通,当属无效。《民法典》第一百五十七条规定:"民事法律行为无效、被撤销或者确定不发生效力后,行为人因该行为取得的财产,应当予以返还;不能返还或者没有必要返还的,应当折价补偿。有过错的一方应当赔偿对方由此所受到的损失;各方都有过错的,应当各自承担相应的责任。法律另有规定的,依照其规定。"据此,法律行为无效后,能够返还的应当返还。基于此,李某可以主张返还电脑。

《民法典》第一百六十四条规定:"代理人不履行或者不完全履行职责,造成被代理人损害的,应当承担民事责任。代理人和相对人恶意串通,损害被代理人合法权益的,代理人和相对人应当承担连带责任。"据此,张某与王某的通谋代理行为给李某带来了损害,张某与王某应向李某承担连带责任。

(2)构成无权代理。被代理人李某追认之前,效力待定。

若被代理人李某追认,则无论赵某是否知情,买卖显示器的合同均在李某与赵某之间发生效力,任何一方未按照约定履行义务,则均需要承担违约责任。

若被代理人李某不追认,则法律行为归于无效,此时,若赵某不知情,属于善意相对人,可选择主张无权代理人王某履行债务或赔偿损失。若赵某知情,则赵某应当与王某按照各自的过错承担责任。

(3)构成无权处分。赵某不能取得所有权。

王某以自己名义将李某的显示器卖给他人,属于无权处分他人财产,构成无权处分。《民法典》第三百一十一条第一款规定:"无处分权人将不动产或者动产转让给受让人的,所有权人有权追回;除法律另有规定外,符合下列情形的,受让人取得该不动产或者动产的所有权:(一)受让人受让该不动产或者动产时是善意;(二)以合理的价格转让;(三)转让的不动产或者动产依照法律规定应当登记的已经登记,不需要登记的已经交付给受让人。"据此,不知情的受让人要构成善意取得,必须在支付合理价格的同时完成动产的交付和不动产的登记。本案例中,赵某虽然已经支付了合理价款,但是,显示器尚未交付,赵某不能取得所有权。

## 课后自测题参考答案

### 一、判断题
1.对 2.错 3.对 4.对 5.对 6.对 7.对 8.对 9.对 10.对

### 二、单项选择题
1.A 2.D 3.C 4.A 5.D 6.A 7.D 8.D 9.B 10.B

### 三、多项选择题
1.ACD 2.AC 3.ABCD 4.ABD 5.ABC 6.ABCD 7.ABCD 8.ABCD 9.BD 10.ABCDE

### 四、案例分析

**【案例1】**

(1)根据《民法典》的规定,法人不登记便不能获得法人资格,本案例中,三人设立的营利性组织法人需要去当地市场监督管理部门进行注册登记。

我国《民法典》第五十八条规定:"法人应当依法成立。法人应当有自己的名称、组织机构、住所、财产或者经费。法人成立的具体条件和程序,依照法律、行政法规的规定。设立法人,法律、行政法规规定须经有关机关批准的,依照其规定。"

(2)本案例中,法人资格并不丧失。我国《民法典》第七十二条第三款规定:"清算结束并完成法人注销登记时,法人终止;依法不需要办理法人登记的,清算结束时,法人终止。"由此可见,法人的注销登记才是法人终止的标志。

**【案例2】**

(1)张某签订合同的行为在法律上构成了表见代理。表见代理是指行为人虽无代理权,但善意相对人有理由认为行为人有代理权,而与其进行的、由被代理人承担法律后果的代理行为。

(2)根据《民法典》总则编中关于"代理"的法律规定,表见代理产生的法律后果包括:①表见代理成立,订立的合同有效,表见代理中的善意相对人不享有撤销权;②被代理人对善意相对人承担民事责任;③无权代理人对被代理人承担民事赔偿责任;④费用返还请求权。基于上述规定,本案的法律后果应由A厂承担。

# 第二章 个人独资企业法

## 实训目标

训练学生能够独立处理个人独资企业设立及经营过程中涉及的法律问题,并培养学生自主创业的能力。

## 实训要求

通过案例分析和实务操作,学生掌握个人独资企业设立、经营管理、解散、清算等相关法律规定。

## 主要知识点

1. 重点概念

个人独资企业　委托管理　聘任管理

2. 重点问题

(1)个人独资企业的法律地位

(2)个人独资企业的权利、义务

(3)个人独资企业投资人的权利和责任

(4)个人独资企业的设立、变更、解散与清算

3. 难点问题

(1)个人独资企业投资人的责任

(2)个人独资企业的事务管理

## 课内实训

### 一、课内案例

**【案例 1】** 有关个人独资企业的法律地位的案例

天天经济咨询事务所系王某个人在甲市投资设立的个人独资企业,营业执照的签发日期为 2019 年 7 月 8 日。

问题:

(1)在 2019 年 7 月 8 日前,天天经济咨询事务所可否从事经营活动?为什么?

(2)该所可以设立分支机构吗?其民事责任由谁承担?

(3)如果该所的经营范围为"主营经济咨询,兼营电脑设备、文化用品",那么该所是否可以适当经营服装业务?为什么?

(4)如果王某委托李某管理该所,应办理什么手续?在该所的经营管理活动中,李某不得有哪些行为?

**【案例 2】** 有关受聘人的权利义务和个人独资企业与善意第三人的关系及个人独资企业解散、清算、责任承担方面的案例

2020 年 1 月 15 日,周强出资 20 万元设立个人独资的 A 企业。周强聘请孙军管理企业事务,同时规定,凡孙军对外签订标的额超过 20 万元的合同,须经周强的同意。同年 2 月 10 日,孙军未经周强的同意,从 B 公司购买了价值 30 万元的货物。

2020 年 7 月 4 日,A 企业亏损,不能偿还债权人 C 公司的债务,周强决定解散该企业,并请人民法院指定清算人。7 月 10 日人民法院指定李天作为清算人对 A 企业进行清算。经查,周强和他的 A 企业债权、债务情况如下:

(1)A 企业欠缴税款 2 000 元,欠孙军工资 4 500 元,欠社会保险费用 5 000 元,欠 C 公司 10 万元。

(2)A 企业有银行存款 1 万元,实物折价 8 万元。

(3)周强的其他可执行的财产价值为 2 万元。

问题:

(1)孙军 2 月 10 日以 A 企业的名义从 B 公司购买价值 30 万元货物的行为是否有效?为什么?

(2)试述 A 企业财产的清偿顺序。

(3)试说明 A 企业应如何满足 C 公司的债权要求。

### 二、实务操作

#### 法律咨询

甲准备设立一家个人独资企业,请你为其准备申请所必需的法律文件,并为其提供相关的法律咨询。

## 课后自测题

### 一、判断题

1. 个人独资企业从事经营活动必须遵守法律、行政法规,遵守诚实信用原则,不得损害社会公共利益。（  ）

2. 根据《中华人民共和国个人独资企业法》(以下简称《个人独资企业法》)的规定,投资人应是自然人,既包括中国公民,也包括外国公民。（  ）

3. 个人独资企业的投资人不得以家庭共有财产作为企业出资。（  ）

4. 个人独资企业不具有法人资格,无独立承担民事责任的能力。（  ）

5. 个人独资企业投资人可以自行管理企业事务,也可以委托其他具有民事行为能力的人负责企业的事务管理。（  ）

6. 个人独资企业不可以申请贷款、取得土地使用权。（  ）

7. 个人独资企业清算结束后,投资人或者人民法院指定的清算人应当编制清算报告,并于30日内到登记机关办理注销登记。（  ）

8. 个人独资企业的投资人对企业债务承担无限责任。（  ）

9. 根据我国法律的有关规定,对个人独资企业投资人的生产、经营所得,比照个体工商户的生产、经营所得征收个人所得税。（  ）

10. 个人独资企业负有保障职工权益的义务。（  ）

### 二、单项选择题

1. 个人独资企业解散后,原投资人对个人独资企业存续期间的债务仍应承担偿还责任,但债权人在(　　)未向债务人提出偿债请求的,该责任消灭。

    A.2年内　　　　B.3年内　　　　C.4年内　　　　D.5年内

2. 登记机关应当在收到设立申请文件之日起(　　)内,对符合《个人独资企业法》规定条件的,予以登记,发给营业执照;对不符合规定条件的,不予登记,并应当给予书面答复以说明理由。

    A.15日　　　　B.30日　　　　C.45日　　　　D.60日

3. 根据《个人独资企业法》的规定,个人独资企业存续期间登记事项发生变更的,应当在作出变更决定之日起的(　　)内向登记机关申请办理变更登记。

    A.7日　　　　B.10日　　　　C.15日　　　　D.30日

4. 个人独资企业投资人甲聘用乙管理企业事务,同时约定乙对外签订1万元以上的合同必须经甲同意。某日乙同善意第三人丙签订了一份2万元的买卖合同。关于该合同的效力,正确的表述是(　　)。

    A.该合同有效,但如果给甲造成损害,由乙承担民事责任
    B.该合同无效
    C.该合同为可撤销合同
    D.该合同经甲追认后有效

5.个人独资企业违反《个人独资企业法》的相关规定,应当承担民事赔偿责任和缴纳罚款、罚金,其财产不足以支付的或者被判处没收财产的,应当先(　　)。
A.承担民事赔偿责任　　　　　　B.缴纳罚款
C.缴纳罚金　　　　　　　　　　D.没收财产
6.个人独资企业无正当理由超过(　　)未开业的,吊销营业执照。
A.6个月　　　B.8个月　　　C.10个月　　　D.12个月
7.个人独资企业投资人对企业债务承担(　　)。
A.有限责任　　B.无限连带责任　　C.无限责任　　D.连带责任
8.个人独资企业的投资人不能以(　　)作为个人独资企业的出资。
A.货币　　　B.实物　　　C.土地使用权　　　D.国有资产
9.下列关于个人独资企业投资人的表述,正确的是(　　)。
A.投资人只能以个人财产出资　　B.投资人可以是自然人、法人或其他组织
C.投资人对企业债务承担无限责任　　D.投资人不得以土地使用权出资
10.下列人员中可以作为个人独资企业清算人的是(　　)。
A.投资人　　　　　　　　　　　B.企业的债权人
C.投资人的继承人　　　　　　　D.企业的受托人

### 三、多项选择题

1.下列是关于个人独资企业设立的表述,正确的选项有(　　)。
A.委托代理人申请设立登记时,应当出具投资人的委托书和代理人的合法证明
B.个人独资企业不得从事法律、行政法规禁止经营的业务
C.从事法律、法规规定须报经有关部门审批的业务,应当在申请设立登记时提交有关部门的批准文件
D.个人独资企业的从业人员不得少于8人
2.根据《个人独资企业法》的规定,投资人委托或者聘用的管理个人独资企业事务的人员禁止实施的行为有(　　)。
A.擅自将企业资金以个人名义或者以他人名义开立账户储存
B.挪用企业的资金归个人使用或者借贷给他人
C.擅自以企业财产提供担保
D.擅自将企业资金借贷给他人
3.根据《个人独资企业法》的规定,下列情形中,属于应当解散个人独资企业的情形有(　　)。
A.投资人决定解散
B.投资人死亡或者被宣告死亡,无继承人或者继承人决定放弃继承权
C.被依法吊销营业执照
D.被依法处以罚款
4.设立个人独资企业应当具备下列(　　)条件。
A.投资人为一个自然人　　　　　B.有合法的企业名称
C.有投资人申报的出资　　　　　D.有必要的经营场所

5.关于个人独资企业,下列说法正确的有(　　)。
A.投资人可以是中国公民,也可以是外国公民
B.投资人对企业的债务承担无限责任
C.个人独资企业是非法人企业
D.个人独资企业的内部机构设置简单

6.根据我国法律的规定,下列哪些人员不得作为投资人申请设立个人独资企业?(　　)
A.国家公务员　　　　　　　　　B.法官
C.商业银行工作人员　　　　　　D.检察官

7.个人独资企业依法享有下列哪几项权利?(　　)
A.依法申请贷款的权利　　　　　B.取得土地使用权
C.拒绝摊派权　　　　　　　　　D.依法取得财产权

8.个人独资企业解散,应通过下列(　　)途径进行清算。
A.投资人自行清算
B.企业登记机关指定清算人进行清算
C.企业主管部门指定清算人进行清算
D.由债权人申请人民法院指定清算人进行清算

9.下列关于个人独资企业事务管理的表述,正确的有(　　)。
A.投资人不能聘用他人管理企业事务
B.投资人可以聘用他人管理企业事务
C.投资人对受托人职权的限制不得对抗善意第三人
D.投资人对受托人职权的限制不必考虑第三人

10.下列各项中,可以作为个人独资企业名称的有(　　)。
A.红星制衣有限公司　　　　　　B.红星化妆品经销公司
C.红星服装设计中心　　　　　　D.红星婚纱摄影工作室

### 四、案例分析

**【案例1】** 某个人独资企业头几年由投资人崔某自行经营,盈利1 000万元。后因投资人崔某出国,便委托郭某管理该企业。由于郭某经营不善,该企业连年亏损,现欠债1 500万元。该企业很难再维持下去,故而崔某准备解散该企业。

问题:
(1)崔某可否决定解散该企业?
(2)该个人独资企业解散应由谁进行清算?
(3)该企业解散后的1 500万元债务应由崔某承担,还是由郭某承担?为什么?
(4)该企业解散的财产应按什么顺序清偿?
(5)如果该个人独资企业财产不足以清偿债务,剩余债务应如何清偿?

**【案例2】** 2018年3月1日,中国工商银行职员甲出资10万元,拟设立个人独资企业,取名为宏远实业公司。假设该企业成立,甲聘请朋友乙管理企业事务,同时规定,凡是乙对外签订标的额超过1 000元以上的合同,须经甲同意。同年4月1日,乙未经甲同意,以个人独资企业名义与善意第三人丙签订了购买5 000元原材料的合同。2019年7月,因为企业亏损严重,甲决定解散企业。2019年12月20日,债权人丁要求甲偿还企业所欠货款

2万元。甲以企业已经解散为由,拒绝偿还债务。

问题:

(1)该个人独资企业的设立有无不合法之处?

(2)乙与丙签订的购买5 000元原材料的合同是否有效,为什么?

(3)甲以个人独资企业已经解散为由拒不偿还所欠丁的货款,是否有法律依据,为什么?

## 课内实训参考答案

### 一、课内案例参考答案

**【案例1】**

(1)不可以。《个人独资企业法》第十三条第二款规定:"在领取个人独资企业营业执照前,投资人不得以个人独资企业名义从事经营活动。"

(2)可以。《个人独资企业法》第十四条第三款规定:"分支机构的民事责任由设立该分支机构的个人独资企业承担。"所以天天经济咨询事务所可以设立分支机构,分支机构的民事责任由天天经济咨询事务所承担。

(3)不可以。《个人独资企业法》第十一条规定:"个人独资企业的名称应当与其责任形式及从事的营业相符合。"如果需要经营服装业务,需申请办理变更登记。

(4)王某和李某应签订书面委托合同,明确委托的具体内容和授予的权利范围。李某在受托期间不得有下列行为:①利用职务上的便利索取或者收受贿赂;②利用职务或者工作上的便利侵占企业财产;③挪用企业的资金归个人使用或者借贷给他人;④擅自将企业资金以个人名义或者他人名义开立账户储存;⑤擅自以企业财产提供担保;⑥未经投资人同意,从事与本企业相竞争的业务;⑦未经投资人同意,同本企业订立合同或者进行交易;⑧未经投资人同意,擅自将企业商标或者其他知识产权转让给他人使用;⑨泄露本企业的商业秘密;⑩法律、行政法规禁止的其他行为。

**【案例2】**

(1)孙军2月10日以A企业的名义从B公司购买价值30万元货物的行为有效。《个人独资企业法》第十九条第四款规定:"投资人对受托人或者被聘用的人员职权的限制,不得对抗善意第三人。"尽管孙军的行为越权,但B公司为善意第三人,因此该行为有效。

(2)《个人独资企业法》第二十九条规定:"个人独资企业解散的,财产应当按照下列顺序清偿:(一)所欠职工工资和社会保险费用;(二)所欠税款;(三)其他债务。"

所以A企业应按如下顺序清偿:①孙军工资4 500元,社会保险费用5 000元;②所欠税款2 000元;③C公司债务10万元。

(3)首先,用A企业的银行存款和实物折价共9万元清偿A企业所欠孙军的工资、社会保险费用和税款;其次,剩余的78 500元用于清偿欠C公司的债务;再其次,剩余的21 500元债务用周强的个人财产清偿,周强的其他可执行的财产价值为2万元,全部用于清偿C公司的债务;最后剩余的1 500元债务,周强负无限责任。

### 二、实务操作参考意见

第一,申请设立个人独资企业,应当由投资人或者其委托的代理人向个人独资企业所在地的登记机关提交的法律文件包括:①设立申请书;②投资人身份证明;③生产经营场所使用证明等文件;④委托代理人申请设立登记时,应当出具投资人的委托书和代理人的合法证明。

第二,申请设立个人独资企业须知:①个人独资企业不得从事法律、行政法规禁止经营的业务;从事法律、行政法规规定须报经有关部门审批的业务,应当在申请设立登记时提交有关部门的批准文件;②法律、行政法规禁止从事营利性活动的人,不得成为个人独资企业的投资人;③个人独资企业名称中不得含有"有限"字样;④设立个人独资企业没有最低出资限制;⑤个人独资企业投资人须对个人独资企业承担无限责任,如果以家庭财产出资,须以家庭财产承担无限责任。

## 课后自测题参考答案

### 一、判断题
1.对　2.错　3.错　4.对　5.对　6.错　7.错　8.对　9.对　10.对

### 二、单项选择题
1.D　2.A　3.C　4.A　5.A　6.A　7.C　8.D　9.C　10.A

### 三、多项选择题
1.ABC　2.ABCD　3.ABC　4.ABCD　5.BCD　6.ABCD　7.ABCD　8.AD　9.BC　10.CD

### 四、案例分析

**【案例1】**

(1)可以。根据《个人独资企业法》规定,个人独资企业有下列情形之一时,应当解散:①投资人决定解散;②投资人死亡或者被宣告死亡,无继承人或者继承人决定放弃继承;③被依法吊销营业执照;④法律、行政法规规定的其他情形。所以,崔某作为投资人有权作出解散该企业的决定。

(2)根据《个人独资企业法》的规定,个人独资企业解散,由投资人自行清算或者由债权人申请人民法院指定清算人进行清算。所以,该企业解散可由投资人崔某进行清算,也可以由其债权人申请人民法院确定清算人。

(3)根据《个人独资企业法》的规定,个人独资企业解散后,原投资人对个人独资企业存续期间的债务仍应承担偿还责任,但债权人在五年内未向债务人提出偿债请求的,该责任消灭。所以,该债务在企业解散后应由崔某承担。

(4)根据《个人独资企业法》的规定,个人独资企业解散的,该企业财产应当按照下列顺序清偿:所欠职工工资和社会保险费用;所欠税款;其他债务。

(5)如果该个人独资企业财产不足以清偿债务,投资人崔某应以其个人的其他财产予以清偿。

**【案例2】**

(1)两处不合法。一是投资人不合法,商业银行工作人员不得投资设立个人独资企业;二是企业名称不合法,个人独资企业名称中不得使用"有限责任"或"公司"的字样。

(2)合同有效。投资人对被聘用人员职权的限制,不得对抗善意第三人。

(3)没有法律依据。个人独资企业解散后,原投资人对个人独资企业存续期间的债务仍承担清偿责任。

# 第三章 合伙企业法

## 实训目标

训练学生独立处理合伙企业设立及经营过程中涉及的法律问题,并培养学生的合作精神和自主创业能力。

## 实训要求

通过案例分析和实务操作,学生掌握普通合伙企业和有限合伙企业的设立、经营管理、入伙退伙、解散、清算等相关法律规定。

## 主要知识点

1.重点概念

合伙企业　普通合伙企业　有限合伙企业　合伙协议　无限连带责任

2.重点问题

(1)普通合伙企业和有限合伙企业的设立、解散

(2)普通合伙企业和有限合伙企业的财产及事务管理

(3)普通合伙企业和有限合伙企业的入伙和退伙

3.难点问题

(1)普通合伙企业和有限合伙企业与第三人的关系

(2)普通合伙企业和有限合伙企业中合伙人的竞业禁止

# 课 内 实 训

## 一、课内案例

**【案例 1】** 有关有限合伙企业设立的案例

A 与 B 有限责任公司协商后,决定设立一家合伙企业。合伙企业协议中规定:B 公司出资 30 万元,A 出资 10 万元并负责经营管理,B 公司每年从该合伙企业取得 80% 的收益,亏损时,责任及其他一切风险均由 A 承担。随后,双方共同向登记机关申请合伙登记,登记机关工作人员 C 作出登记决定,并颁发了合伙企业营业执照。之后,A 为了合伙企业经营方便,一直以 B 有限责任公司的名义对外进行经营活动。

问题:

(1)该合伙企业设立必须具备的条件是什么?

(2)本案例有违法之处吗? 如果有,请指出。

**【案例 2】** 有关合伙事务执行、合伙人的权利、合伙企业竞业禁止、合伙企业与第三人关系的案例

甲、乙、丙三人各出资 5 万元组成一合伙企业,合伙协议中规定了对利润分配和亏损的分担办法:甲分配或分担 3/5,乙、丙各自分配或分担 1/5,争议由合伙人通过协商或者调解解决,不允许向仲裁机构申请仲裁解决,也不允许通过诉讼解决。该合伙企业的负责人是甲,对外代表该合伙企业。该合伙企业经营汽车配件的生产和销售,经营期限为两年,名称为大发汽车配件厂。

问题:

(1)乙、丙在执行该合伙企业事务中拥有什么权利?

(2)甲在担任合伙企业负责人期间,能否与王某合作建一个经营汽车配件的门市部,将该门市部的货物卖给大发汽车配件厂?

(3)假如合伙协议中明确规定,甲不得代表该合伙企业签订标的额 10 万元以上的合同,后来甲与某机械公司签订了标的额为 12 万元的合同,该合同的效力情形如何?

**【案例 3】** 有关合伙企业债务清偿的案例

2019 年 1 月,甲、乙、丙共同设立一普通合伙企业。合伙协议约定:甲以现金 5 万元出资,乙以房屋作价 8 万元出资,丙以劳务作价 4 万元出资;各合伙人按相同比例分配利益,分担亏损。合伙企业成立后,为扩大经营,于 2019 年 6 月向银行借款 5 万元,期限为 1 年。2019 年 8 月,甲提出退伙,鉴于当时合伙企业盈利,乙、丙表示同意。同月,甲办理了退伙结算手续。2019 年 9 月,丁入伙。丁入伙后,因经营环境变化,企业严重亏损。2020 年 5 月,乙、丙、丁决定解散合伙企业,并将合伙企业现有财产价值 3 万元予以分配,但对未到期的银行贷款未予清偿。2020 年 6 月,银行贷款到期后,银行找合伙企业清偿债务,发现该企业已经解散,遂向甲要求偿还全部贷款,甲称自己早已退伙,不负责清偿债务;银行向丁要求偿还全部贷款,丁称该笔贷款是在自己入伙前发生的,不负责清偿;银行向乙要求偿还全部贷款,乙表示只按照合伙协议约定的比例清偿相应数额;银行向丙要求偿还全部贷款,丙则表示自

己是以劳务出资的,不承担偿还贷款义务。

**问题:**
(1)甲、乙、丙、丁各自的主张能否成立?
(2)合伙企业所欠银行贷款应如何清偿?
(3)在银行贷款清偿后,甲、乙、丙、丁之间应如何分担清偿责任?

## 二、实务操作

### 审查、修改合伙协议

**【背景材料】** 下面是一份普通合伙协议的主要条款所包含的内容:
①合伙企业的名称和主要经营场所的地点;②合伙目的和合伙经营范围;③合伙人的姓名或者名称、住所;④合伙人的出资方式、数额和缴付期限;⑤利润分配、亏损分担方式;⑥合伙企业的经营期限;⑦争议解决办法。

**【要求】** 依照法律规定,补充本协议中欠缺的条款内容。

## 课后自测题

### 一、判断题

1.一个合伙人或者数个合伙人在执业活动中因故意或者重大过失造成合伙企业债务的,应当承担有限责任。( )

2.甲、乙、丙拟设立一家合伙企业,出资比例为4∶4∶2。合伙协议约定利润按3∶3∶4的比例分配,亏损由丙承担。( )

3.合伙协议可以采用书面形式也可以采用口头形式,合伙协议应当由全体合伙人签名或盖章。( )

4.有限合伙企业的有限合伙人不得同本有限合伙企业进行交易。( )

5.新合伙人入伙,除合伙协议另有约定外,应当经全体合伙人一致同意,并依法订立书面入伙协议。( )

6.有限合伙人转变为普通合伙人的,对其作为有限合伙人期间有限合伙企业发生的债务承担无限连带责任。( )

7.普通合伙企业退伙人对基于其退伙前的原因发生的合伙企业债务,承担无限连带责任。( )

8.作为有限合伙人的自然人在有限合伙企业存续期间丧失民事行为能力的,其他合伙人可以因此要求其退伙。( )

9.有限合伙企业由普通合伙人和有限合伙人组成,普通合伙人对合伙企业债务承担无限连带责任,有限合伙人以其认缴的出资额为限对合伙企业债务承担责任。( )

10.合伙企业注销后,原普通合伙人对合伙企业存续期间的债务仍应承担无限连带责任。债权人在5年内没有行使其债权的,不再清偿。( )

## 二、单项选择题

1.合伙人在合伙企业清算前,(    )请求分割合伙企业的财产;但是,《中华人民共和国合伙企业法》(以下简称《合伙企业法》)另有规定的除外。
　　A.可以　　　　　B.不得　　　　　C.必须　　　　　D.没有必要

2.合伙协议未约定合伙期限的,合伙人在不给合伙企业事务执行造成不利影响的情况下,可以退伙,但应当提前(    )通知其他合伙人。
　　A.10 日　　　　B.20 日　　　　C.30 日　　　　D.45 日

3.合伙企业依法被宣告破产的,(    )对合伙企业债务仍应承担无限连带责任。
　　A.合伙人　　　　　　　　　　B.普通合伙人
　　C.有限合伙人　　　　　　　　D.特殊的普通合伙人

4.合伙人已不具备法定人数满(    ),合伙企业应当解散。
　　A.10 天　　　　B.20 天　　　　C.30 天　　　　D.45 天

5.以专业知识和专门技能为客户提供有偿服务的专业服务机构,可以设立为(    )。
　　A.合伙企业　　　　　　　　　B.普通合伙企业
　　C.有限合伙企业　　　　　　　D.特殊的普通合伙企业

6.有限合伙企业的有限合伙人不得以(    )作价出资。
　　A.货币　　　　B.实物　　　　C.劳务　　　　D.土地使用权
　　E.知识产权

7.有限合伙企业仅剩有限合伙人的,应当解散;有限合伙企业仅剩普通合伙人的,转为(    )。
　　A.合伙企业　　　　　　　　　B.有限合伙企业
　　C.普通合伙企业　　　　　　　D.特殊的普通合伙企业

8.合伙企业不能清偿到期债务的,债权人可以依法向人民法院提出破产清算申请,也可以要求(    )清偿。
　　A.合伙人　　　B.普通合伙人　　　C.有限合伙人　　　D.特殊的普通合伙人

9.非企业专业服务机构依据有关法律采取合伙制的,其合伙人承担责任的形式可以适用《合伙企业法》关于(    )合伙人承担责任的规定。
　　A.普通合伙企业　　　　　　　B.连带合伙企业
　　C.有限合伙企业　　　　　　　D.特殊的普通合伙企业

10.合伙协议自(    )生效。
　　A.向企业登记机关备案后　　　B.全体合伙人签名盖章后
　　C.合伙企业的成立之日起　　　D.合伙人实际从事经营之日起

## 三、多项选择题

1.(    )不得成为普通合伙人。
　　A.事业单位　　B.国有企业　　C.上市公司　　D.国有独资公司

2.合伙协议应当载明下列(    )等事项。
　　A.合伙人的姓名或者名称、住所　　B.合伙人的出资方式、数额和缴付期限
　　C.利润分配、亏损分担方式　　　　D.入伙与退伙

3.(　　)均为合伙企业的财产。
A.以合伙企业名义取得的收益　　B.合伙人接受赠予
C.合伙人的出资　　　　　　　　D.合伙人个人财产

4.有限合伙人可以用(　　)出资。
A.货币　　B.实物　　C.知识产权　　D.土地使用权
E.劳务

5.除合伙协议另有约定外,合伙企业的下列(　　)事项应当经全体合伙人一致同意。
A.改变合伙企业的名称　　　　B.处分合伙企业的不动产
C.转让财产权利　　　　　　　D.以合伙企业名义为他人提供担保

6.合伙人有下列(　　)情形之一的,经其他合伙人一致同意,可以决议将其除名。
A.未履行出资义务　　　　　　B.因故意或者重大过失给合伙企业造成损失
C.执行合伙事务时有不正当行为　D.发生合伙协议约定的事由

7.合伙协议约定合伙期限的,在合伙企业存续期间,有下列(　　)情形之一的,合伙人可以退伙。
A.合伙协议约定的退伙事由出现
B.经全体合伙人一致同意
C.发生合伙人难以继续参加合伙企业的事由
D.其他合伙人严重违反合伙协议约定的义务

8.设立普通合伙企业应当具备的条件有(　　)。
A.有两个以上合伙人,合伙人为自然人的,应当具有完全民事行为能力
B.有书面合伙协议
C.有合伙人认缴或者实际缴付的出资
D.有合伙企业的名称和生产经营场所

9.有限合伙企业的有限合伙人的下列(　　)行为,不视为执行合伙事务。
A.参与决定普通合伙人入伙、退伙
B.对企业的经营管理提出建议
C.参与选择承办有限合伙企业审计业务的会计师事务所
D.获取经审计的有限合伙企业的财务会计报告

10.合伙人有下列(　　)情形之一的,为当然退伙。
A.作为合伙人的自然人死亡或者被依法宣告死亡
B.个人丧失偿债能力
C.作为合伙人的法人或者其他组织依法被吊销营业执照、责令关闭撤销,或者被宣告破产
D.法律规定或者合伙协议约定合伙人必须具有相关资格而丧失该资格

## 四、案例分析

【案例1】李某为一合伙企业的合伙人之一,因该合伙企业经营状况不佳,故李某决定退出该合伙企业,并按规定通知了其他合伙人。这期间,另一合伙人以该合伙企业名义与远达计算机公司签订了代销平板电脑的合同。李某在办理退伙事宜时,因该合伙企业与远达计算机公司的代销平板电脑合同刚签订不久,故未将此合同有关事宜进行结算。李某退伙后,即去外地经商。

后来孙某要求加入该合伙企业,提出只负责销售并需给其一定的利润提成,其他合伙人口头表示认可。从此,孙某便以该合伙企业的名义到处活动。此后该合伙企业因违法被吊销营业执照,远达计算机公司知悉后即向法院起诉,要求该合伙企业偿还代销平板电脑的款项。

问题:
(1)李某对该合伙企业的债务是否应承担责任?
(2)在该案的诉讼活动中,孙某可否被列为被告?

【案例2】 A是一个普通合伙企业,在清算时,其企业财产加上各合伙人的可执行财产,共计有50万元现金和价值150万元的实物。其负债为:职工工资10万元,银行贷款40万元和其他债务160万元,欠缴税款60万元。

问题:
(1)如果你是清算人,该如何清算和清偿?
(2)全部财产不足以清偿其债务时,应该如何处理?

【案例3】 甲、乙、丙拟设立一普通合伙企业,其合伙协议部分内容如下:
(1)甲的出资为现金10万元和劳务作价20万元;
(2)乙的出资为注册商标使用权,作价20万元,于合伙企业成立后半年内缴付;
(3)丙的出资为作价50万元的房产一栋,不办理产权转让手续;
(4)合伙企业的经营期限,于合伙企业成立满2年时再协商确定。

问题:
该合伙协议中的上述内容是否符合法律规定?为什么?

## 课内实训参考答案

### 一、课内案例参考答案

【案例1】
(1)《合伙企业法》第二条第一款规定:"本法所称合伙企业,是指自然人、法人和其他组织依照本法在中国境内设立的普通合伙企业和有限合伙企业。"

该合伙企业为有限合伙企业,设立有限合伙企业必须具备的条件是:①有限合伙企业由两个以上五十个以下合伙人设立;但是,法律另有规定的除外。有限合伙企业至少应当有一个普通合伙人。②有书面合伙协议。③有合伙人认缴或实际缴付的出资。有限合伙人可以用货币、实物、知识产权、土地使用权或者其他财产权利作价出资。有限合伙人不得以劳务出资。④有合伙企业的名称和生产经营场所。有限合伙企业的名称中应当标明"有限合伙"字样。有限合伙企业要有经营场所,以便开展经营活动。⑤法律、法规规定的其他条件。

(2)协议规定亏损时责任与风险一律由A承担的做法不符合法律规定。《合伙企业法》第三十三条第二款规定:"合伙协议不得约定将全部利润分配给部分合伙人或者由部分合伙人承担全部亏损。"同时,A在对合伙企业进行经营管理的过程中以B有限责任公司的名义对外进行活动不符合法律规定,他只能以该合伙企业名义对外进行活动。

## 【案例2】

(1)《合伙企业法》第二十七条第二款规定:"不执行合伙事务的合伙人有权监督执行事务合伙人执行合伙事务的情况。"第二十八条规定:"由一个或者数个合伙人执行合伙事务的,执行事务合伙人应当定期向其他合伙人报告事务执行情况以及合伙企业的经营和财务状况,其执行合伙事务所产生的收益归合伙企业,所产生的费用和亏损由合伙企业承担。合伙人为了解合伙企业的经营状况和财务状况,有权查阅合伙企业会计账簿等财务资料。"所以,乙、丙作为不执行合伙企业事务的合伙人,享有监督权、了解权和查阅账簿等权利。

(2)不能。《合伙企业法》第三十二条规定:"合伙人不得自营或者同他人合作经营与本合伙企业相竞争的业务。除合伙协议另有约定或者经全体合伙人一致同意外,合伙人不得同本合伙企业进行交易。合伙人不得从事损害本合伙企业利益的活动。"所以甲在担任合伙企业负责人期间,不能与王某合作再建一个经营汽车配件的门市部。

(3)《合伙企业法》第三十七条规定:"合伙企业对合伙人执行合伙事务以及对外代表合伙企业权利的限制,不得对抗善意第三人。"因此,合同效力要看某机械公司是否知道甲没有签订该合同的权利。如果该机械公司不知道甲无执行权而签订该合同,合同是具有法律效力的,由此协议造成的损失,其他合伙人可以向甲追偿。如果该机械公司已知甲无执行权仍签订该合同,则可以认定为该机械公司和甲有共同过错,合同无效,由此造成的损失由甲和该机械公司共同承担。

## 【案例3】

(1)甲的主张不能成立。根据《合伙企业法》的规定,退伙人对基于其退伙前的原因发生的合伙企业债务,承担无限连带责任,故甲对其退伙前发生的银行贷款应负无限连带清偿责任。

乙的主张不能成立。根据《合伙企业法》的规定,合伙人之间对债务承担份额的约定对债权人没有约束力,故乙提出应按约定比例清偿债务的主张不能成立,其应对银行贷款承担无限连带清偿责任。

丙的主张不能成立。根据《合伙企业法》的规定,以劳务出资成为合伙人,也应承担合伙人的法律责任,故丙也应对银行贷款承担无限连带清偿责任。

丁的主张不能成立。根据《合伙企业法》的规定,新合伙人对入伙前合伙企业的债务承担无限连带责任。故丁对其入伙前企业发生的银行贷款应负无限连带清偿责任。

(2)根据《合伙企业法》的规定,合伙企业对其债务,应先以其全部财产进行清偿。合伙企业不能清偿到期债务的,合伙人承担无限连带责任。因此,合伙企业所欠银行贷款首先应用合伙企业的财产清偿,合伙企业财产不足清偿时,由各合伙人承担无限连带清偿责任。乙、丙、丁在合伙企业解散时,未清偿债务便分配财产的行为是违法无效的,应全部退还已分得的财产。退还的财产应首先用于清偿银行贷款,不足清偿的部分,由甲、乙、丙、丁承担无限连带清偿责任。

(3)根据《合伙企业法》的规定,合伙人由于承担无限连带责任,清偿数额超过其按合伙协议约定的分担比例的,有权向其他合伙人追偿。据此,甲因已办理退伙结算手续,结清了对合伙企业的财产债务份额,如在银行的要求下承担了对外部债务的连带清偿责任,则可向乙、丙、丁追偿。乙、丙、丁按合伙协议的约定分担比例承担清偿责任。如果乙、丙、丁任何一人实际支付的清偿数额超过其应承担的份额时,有权就其超过的部分向其他未支付或未足额支付应承担份额的合伙人追偿。

## 二、实务操作参考意见
**【审查、修改意见】**

依照《合伙企业法》的规定,该合伙协议应补充以下条款内容:①合伙事务的执行;②入伙与退伙;③合伙企业的解散与清算;④违约责任。

# 课后自测题参考答案

### 一、判断题
1.错 2.错 3.错 4.错 5.对 6.对 7.对 8.错 9.对 10.错

### 二、单项选择题
1.B 2.C 3.B 4.C 5.D 6.C 7.C 8.B 9.D 10.B

### 三、多项选择题
1.BCD 2.ABCD 3.AC 4.ABCD 5.ABD 6.ABCD 7.ABCD 8.ABCD 9.ABCD 10.ABCD

### 四、案例分析
**【案例1】**

(1)《合伙企业法》第五十三条规定:"退伙人对基于其退伙前的原因发生的合伙企业债务,承担无限连带责任。"本案例中代销平板电脑合同签订于李某退伙之前,且李某退伙时没有进行结算,因此李某应对此项债务承担连带责任。

(2)孙某不具有诉讼主体资格。《合伙企业法》第四十三条规定:"新合伙人入伙,除合伙协议另有约定外,应当经全体合伙人一致同意,并依法订立书面入伙协议。"本案例中孙某不具备入伙条件,未取得合伙人的合法身份,所以不具备诉讼主体资格,不能被列为被告。

**【案例2】**

(1)清算和清偿:

①首先用50万元现金中的10万元偿还职工工资。

②其次用余下的40万元现金缴纳税款;以实物变现所得150万元中的20万元缴齐税款,余下130万元。

③再次用余下的130万元偿还银行贷款与其他债务,尚有70万元缺口。

(2)合伙企业的全部财产不足以清偿其债务时,适用以下规定:

①《合伙企业法》第三十三条规定:"合伙企业的利润分配、亏损分担,按照合伙协议的约定办理;合伙协议未约定或者约定不明确的,由合伙人协商决定;协商不成的,由合伙人按照实缴出资比例分配、分担;无法确定出资比例的,由合伙人平均分配、分担。"合伙企业清算时,其全部财产不足以清偿其债务的,合伙人应当用其在合伙企业出资以外的财产承担清偿责任,由全体合伙人依照合伙协议约定的比例分配、分担。合伙协议未约定利润分配和亏损分担比例的,由各合伙人平均分配、分担,承担无限连带责任。合伙人由于承担连带责任,所清偿数额超过其应当承担的数额时,有权向其他合伙人追偿。

②在清算期间,如果全体合伙人以个人财产承担清偿责任后,仍不足以清偿合伙企业的债务,应当结束清算程序。

③《合伙企业法》第九十二条规定:"合伙企业不能清偿到期债务的,债权人可以依法向人民法院提出破产清算申请,也可以要求普通合伙人清偿。"对于未能清偿的债务,由合伙人在今后继续承担连带清偿责任。债权人享有在清算结束后以原合伙人为连带债务人,继续请求清偿的权利。

【案例3】

(1)甲的出资合法。普通合伙人可以用货币、实物等出资,也可以用劳务出资。

(2)乙的出资合法。合伙人可以先认缴出资额,等合伙企业成立后再缴付出资。

(3)丙的出资不符合法律规定。非货币财产出资的,应当依法办理财产转移手续。

(4)未约定合伙企业经营期限符合法律规定。合伙企业经营期限不属于合伙协议中应当记载的事项。

# 第四章 公司法

## 实训目标

训练学生能够独立处理公司日常法律事务,并培养学生自主创业的能力。

## 实训要求

通过案例分析,学生掌握并熟练运用有限责任公司和股份有限公司的主要法律规定。

## 主要知识点

### 1.重点概念
有限责任公司　一人有限责任公司　国有独资公司　股份有限公司　上市公司　公司债券

### 2.重点问题
(1)公司的法律特征
(2)公司的分类
(3)公司的一般规定
(4)一人有限责任公司特殊的法律规定
(5)有限责任公司的设立及组织机构
(6)股份有限公司的设立及组织机构
(7)公司董事、监事及公司高管的任职资格及法定义务
(8)公司债券发行
(9)上市公司的特别法律规定
(10)公司的合并、分立、解散和终止

### 3.难点问题
(1)股份有限公司股份转让的限制性规定
(2)公司的治理结构

# 课内实训

## 一、课内案例

**【案例1】 有关有限责任公司设立条件的案例**

甲、乙、丙、丁、戊商议设立一家以生产经营饮料为主的公司,命名为"六月雪饮料有限责任公司",并制定了公司章程,设立了公司的组织机构。甲出资10万元,乙提供厂房和机器设备作价18万元,丙有一项未申请专利的饮料配方技术作价12万元,丁出资5万元,戊出资4万元。于是甲等5人以49万元资金向市场监督管理部门申请注册。

问题:

(1)案例中该公司在注册资本出资方式上是否与《中华人民共和国公司法》(以下简称《公司法》)的有关规定相符?

(2)市场监督管理部门能否给拟成立的该公司办理注册登记?

**【案例2】 有关国有独资公司经营方面的案例**

某国有企业为配合国家现代企业制度建设,由国家授权的机构转变为国有独资公司。该公司内未设股东会,只设董事会行使股东会的部分职权。董事会有5名成员,皆为国家授权机构任命的干部,无一职工代表。董事长黄某还兼任另一家股份有限公司的副董事长。2019年3月该公司在上海设立一有限责任公司为子公司,该公司对其投资1 000万元。在一大型投资活动中,该子公司以自己全部资金2 000万元加上银行贷款1 000万元进行投资。结果投资失败,损失3 000万元。债权人提出破产申请。

问题:

(1)该公司不设股东会是否合法?

(2)该公司董事会的成员组成是否合法?

(3)该公司是否承担上海子公司的破产责任?为什么?

**【案例3】 有关股份有限公司设立的案例**

2020年6月,A市四家企业拟发起成立一家从事高新技术开发的大海股份有限公司,股本总额为800万元,四家发起企业认购250万元(每股1元),其余部分向社会公开募集。

2020年10月,发起企业中的三家以现金共认购了70万元的股份,另一家企业则以其非专利技术入股,作价180万元。2021年1月,社会认股人缴纳股款400万元,发起人以大海股份有限公司的名义申请银行抵押贷款150万元,从而募足了股款。2021年2月,在A市证券监督管理机构的主持下,四家企业召开了大海股份有限公司的创立大会,作出建立股份有限公司的决定。

问题:

根据《公司法》的相关规定,分析大海股份有限公司的设立是否合法。

**【案例4】 关于竞业禁止义务的案例**

王某为A股份有限公司董事长兼总经理。2020年4月,王某以B公司名义从国外进口了一批家电产品,价值共计380万元。之后,王某将该家电产品销售给C公司。A公司董事会得知此事后,认为王某身为本公司董事长兼总经理,负有竞业禁止义务,不得经营与本公司同类的业务,王某的行为应属无效。于是,决议责成王某取消该合同,而该批家电产品由 A 公司买下。C 公司认为,这笔买卖是在 C 公司与 B 公司之间进行的,与 A 公司无关。至于王某作为 A 公司董事长兼总经理而经营与 A 公司同类的业务,属于 A 公司内部事务,与 B 公司和 C 公司无关。

**问题:**

(1)王某的行为是否违反了竞业禁止义务?

(2)该合同是否有效?应该如何处理?

**【案例 5】 有关召开临时股东大会的案例**

某房地产股份有限公司注册资本为人民币 2 亿元。后来由于房地产市场不景气,公司于年底出现了无法弥补的经营亏损,亏损总额为人民币 7 000 万元。某股东据此请求召开临时股东大会。公司决定于次年 10 月 10 日召开临时股东大会,并于次年 9 月 20 日在报纸上发布了公告。通知确定的会议议程包括以下事项:

(1)选举更换部分董事,选举更换董事长;

(2)选举更换全部监事;

(3)更换公司总经理;

(4)就发行公司债券作出决议;

(5)就公司与另一房地产公司合并事宜作出决议。

在股东大会上,上述各事项均经出席大会的股东所持表决权的半数通过。

**问题:**

(1)公司发生亏损后,在股东请求时,应否召开股东大会?为什么?

(2)公司在临时股东大会的召集、召开过程中,有无与法律规定不相符的地方?如有,请指出,并说明理由。

## 二、实务操作

### (一)审查、修改公司章程

**【背景材料】** 下面是一份有限责任公司的章程的主要条款所包括的内容:

(1)公司的名称和住所;

(2)开办公司的宗旨和经营范围;

(3)注册资本和投资者的出资数额;

(4)投资者的姓名、权利及义务;

(5)投资者转让出资的条件;

(6)利润分配和亏损承担办法;

(7)其他。

**【要求】** 依照《公司法》规定,补充欠缺条款。

### (二)审查、修改公司出资证明书

**【背景材料】** 下面是某有限责任公司成立后向股东签发的出资证明书所记载的主要事项:

(1)公司名称;

(2)法定代表人；
(3)股东的姓名或名称、缴纳出资的数额；
(4)出资证明书核发的日期。

【要求】 请依照《公司法》的规定,补充修改以上出资证明书。

## 课后自测题

### 一、判断题

1.公司登记是国家赋予公司法人资格与企业经营资格,并对公司的设立、变更、注销加以规范、公示的法律行为。（  ）

2.我国的公司登记机关是市场监督管理机关。公司登记机关实行国家、省(自治区、直辖市)、市(县)三级管理制度。（  ）

3.股东设立有限责任公司,必须先订立股东协议,将要设立的公司的基本情况以及各方面的权利、义务加以明确规定。（  ）

4.有限责任公司股东以非货币财产出资的,应当依法办理其财产权的转移手续,该转移手续一般在12个月内办理完毕。（  ）

5.法律对有限责任公司的股东资格没有限制,自然人和法人均可。（  ）

6.公众可以向公司登记机关申请查询公司登记事项,公司登记机关应当提供查询服务。（  ）

7.一人有限责任公司的股东不能证明公司财产独立于股东自己财产的,应当对公司债务承担连带责任。（  ）

8.《公司法》规定,国有独资公司的设立和组织机构适用特别规定,没有特别规定的,适用有限责任公司的特别规定。（  ）

9.国有独资公司的董事长、副董事长、董事、高级管理人员,未经国有资产监督管理机构同意,不得在其他有限责任公司、股份有限公司或者其他国家机关兼职。（  ）

10.股份有限公司的设立可以采取发起设立或者募集设立的方式。（  ）

11.以募集方式设立的股份有限公司,发起人制定的公司章程,应当召开有其他认股人参加的创立大会,并经出席会议的认股人所持表决权的过半数通过,方为有效。（  ）

12.公司章程应当采用书面形式,经公司登记机关登记即发生法律效力。（  ）

13.股份有限公司不能成立时,公司的发起人对设立行为所产生的债务和费用负连带责任。（  ）

14.依据《公司法》的规定,公司应当自作出合并决议之日起10日内通知债权人,并于30日内在报纸上公告。（  ）

15.公司债券是指公司依照法定程序发行,约定在一定期限还本付息的有价证券。（  ）

### 二、单项选择题

1.有限责任公司注册资本为(    )。
A.3万元                   B.5万元
C.10万元                  D.在公司登记机关登记的全体股东认缴的出资额

2.《公司法》规定,有限责任公司全体股东的货币出资金额不得低于公司注册资本的(　　)。
A.20%　　　　　B.30%　　　　　C.40%　　　　　D.法律没有做具体限制

3.有限责任公司的股东会是有限责任公司的(　　)。
A.权力机构　　　B.执行机构　　　C.议事机构　　　D.参谋机构

4.《公司法》规定以超过票面金额发行股票所得的溢价款列入(　　)。
A.法定公积金　　B.法定公益金　　C.公司资本　　　D.资本公积金

5.有限责任公司的股东对公司的债务(　　)。
A.负有限责任　　　　　　　　　B.负无限责任
C.负连带无限责任　　　　　　　D.不负责任

6.有限责任公司执行董事的职权由(　　)规定。
A.股东　　　　　B.股东会　　　　C.公司章程　　　D.董事会

7.采取募集方式设立的股份有限公司注册资本为(　　)。
A.500万元　　　　　　　　　　B.1 000万元
C.1 500万元　　　　　　　　　D.在公司登记机关登记的实收股本总额

8.根据《公司法》的规定,设立公司的登记机关是(　　)。
A.地方人民政府　　　　　　　　B.市场监督管理机关
C.审计机关　　　　　　　　　　D.业务主管机关

9.上市公司是指发行的股票已经上市交易的(　　)。
A.股份有限公司　　　　　　　　B.有限责任公司
C.国有独资公司　　　　　　　　D.股份有限公司和有限责任公司

10.股份有限公司股票的交付应当在(　　)。
A.公司章程制定后　　　　　　　B.公司登记成立前
C.公司登记成立后　　　　　　　D.公司经营1年后

11.国有独资公司的董事长依照(　　)的办法产生。
A.公司章程规定
B.股东选举
C.国有资产监督管理机构从董事会成员中指定
D.全体职工选举

12.依照《公司法》的规定,只有(　　)可以发行可转换为股票的公司债券。
A.股份有限公司　　　　　　　　B.有限责任公司
C.国有独资公司　　　　　　　　D.股票已经上市的股份有限公司

13.甲公司的分公司在核准的经营范围内以自己的名义对外签订一份货物买卖合同,此项合同(　　)。
A.无效,甲公司和分公司均不承担民事责任
B.有效,其民事责任由分公司独立承担
C.有效,其民事责任由甲公司承担
D.有效,其民事责任由分公司承担,甲公司负连带责任

14.根据《公司法》的规定,下列人员中,可以担任公司监事的是(　　)。
A.公司董事　　　B.公司股东　　　C.公司财务负责人　　D.公司经理

15.根据《公司法》的规定,股份有限公司的财务会计报告应在召开股东大会年会的( )前置备于本公司,供股东查阅。

A.10 日　　　　　B.15 日　　　　　C.20 日　　　　　D.25 日

### 三、多项选择题

1.关联关系,是指公司( )、高级管理人员与其直接或者间接控制的企业之间的关系,以及可能导致公司利益转移的其他关系。

A.控股股东　　　B.实际控制人　　　C.董事　　　　　D.监事

2.国有独资公司监事会成员不得少于( ),其中职工代表的比例不得低于( ),具体比例由公司章程规定。

A.5 人　　　　　B.7 人　　　　　　C.1/3　　　　　 D.2/3

3.( )等是任何公司在设立时都必须具备的基本条件。

A.发起人　　　　　　　　　　　B.资本

C.制定公司章程　　　　　　　　D.在登记前报经审批

4.公司不得收购本公司股份。但是,有下列情形之一的除外( )。

A.减少公司注册资本

B.与持有本公司股份的其他公司合并

C.将股份用于员工持股计划或者股权激励

D.股东因对股东大会作出的公司合并、分立决议持异议,要求公司收购其股份的

5.依据《公司法》的规定,有限责任公司股东会依法行使下列职权( )。

A.决定公司的经营方针和投资计划

B.选举和更换董事

C.审议批准董事会和监事会的报告

D.对公司合并、分立、解散和清算等事项作出决议

6.根据《公司法》的规定,公司董事会职权包括( )。

A.决定公司的经营计划和投资方案　　B.决定公司的利润分配方案

C.决定公司的合并、分立、解散方案　　D.决定内部管理机构的设置

7.根据《公司法》的规定,股份有限公司的下列文件中,股东无权要求查阅的有( )。

A.员工名册　　　B.会计账簿　　　C.董事会会议记录　　　D.借款合同

8.下列关于公司债券的说法中正确的有( )。

A.公司债券在发行时未作出转换约定的为不可转换公司债券

B.公司债券的发行应当符合《中华人民共和国证券法》(以下简称《证券法》)对公司发行债券规定的发行条件及程序

C.发行无记名公司债券的,公司债券存根簿上应当载明债券总额、利率、偿还期限和方式、发行日期及债券的编号

D.公司债券不能随意转让

9.根据《公司法》的规定,在有限责任公司中,( )有权提议召开临时股东会会议。

A.代表十分之一以上表决权的股东　　B.三分之一以上的董事

C.监事会　　　　　　　　　　　　　D.董事长

10.根据《公司法》的规定,公司高级管理人员包括(　　)。

A.公司的经理

B.副经理

C.财务负责人

D.上市公司董事会秘书和公司章程规定的其他人员

### 四、案例分析

**【案例 1】** 某有限责任公司董事会曾经于 2021 年 1 月 5 日召开会议,所有董事一致同意在当年 5 月召开股东会临时会议,按照《公司法》的规定对公司章程进行修改,并决定由董事长章某代表公司及董事会寄发会议通知。2021 年 5 月 15 日,股东李某等 9 人收到了仅有章某签名而没有董事会签名的会议通知,并于同年 5 月 27 日参加了股东会。在 5 月 27 日的股东会上,章某宣读了公司章程修改草案,该草案得到部分股东的赞成,也遭到部分股东的反对。经过激烈的争论,王某等代表 3/5 股权的 5 名股东投票同意此修改草案,李某等代表 2/5 股权的 4 名股东则投了反对票。最后会议主持人章某宣布,按照少数服从多数的原则,公司章程修改草案通过。但李某等股东不同意章某的意见,他们认为股东会通过的决议是无效的。

问题:

(1)本案例中股东会的召开是否合法?为什么?

(2)本案例中修改公司章程的决议是否有效?为什么?

**【案例 2】** 张某是一位个体户,他与另一位个体户共同发起成立了一家 A 服装贸易公司,并由该公司买下了张某的全部产业。不过,公司并没有给他现款,而只是给他股份和债权(即公司承认欠他的钱),张某几乎拥有了公司全部股份(90%)。由于经营不善,该公司最终解散。张某声称自己是公司的债权人,有权要求公司偿还他借给公司的钱。但是,公司其他债权人主张,既然公司成立后的业务与公司成立前完全一样,而且张某拥有公司几乎全部的股份,所以,A 公司实质上就是张某的私人企业。因此,张某与公司之间并不存在什么债权、债务关系,张某无权要求用公司财产偿还所欠其债务,而公司财产只能由其他债权人共同分配。为此,他们之间发生纠纷,于是其他债权人将张某诉至法院。

问题:

(1)张某在公司的身份究竟是什么?

(2)张某要求 A 公司偿还债务有无法律依据?

(3)法院将如何处理该债务清偿案件?

**【案例 3】** 某股份有限公司董事会由 11 名董事组成。2021 年 5 月 10 日,公司董事长李某召集并主持召开董事会会议,出席会议的共 8 名董事,另有 3 名董事因事请假。董事会会议讨论了下列事项,经表决有 6 名董事同意而通过。

(1)鉴于公司董事会成员工作任务加重,决定给每位董事涨工资 30%。

(2)鉴于监事会成员中的职工代表张某生病,决定由本公司职工王某参加监事会。

(3)鉴于公司的财务会计工作日益繁重,拟将财务科升级为财务部,并向社会公开招聘会计人员 3 名,招聘会计人员事宜及财务科升格为财务部的方案经股东大会通过后实施。

(4)鉴于公司的净资产额已达 2 900 万元,符合有关公司发行债券的法律规定,董事会决定发行公司债券1 000万元。

问题：

(1)公司董事会的召开和表决程序是否符合法律规定？为什么？

(2)公司董事会通过的事项有无不符合法律规定之处？如有，请分别说明理由。

【案例4】 某公司是由甲、乙、丙、丁、戊5个自然人出资设立的有限责任公司，公司章程规定不设董事会，只设一名执行董事。股东会决定由甲担任公司执行董事，乙担任公司经理。在公司经营过程中，因执行董事甲与经理乙因公司经营方式产生分歧，致使公司管理陷入混乱状态，经营状况不佳。乙提出辞去公司经理职务，并拟将其所持公司股份转让给庚。公司召开股东会会议，作出如下决议：

(1)同意乙辞去公司经理职务，由执行董事甲兼任公司经理；

(2)同意乙将其所持有的公司股份转让给庚；

(3)为扩大公司经营规模，拟申请发行公司债券200万元。

问题：

(1)该公司不设董事会，只设一名执行董事的做法是否符合《公司法》规定？请说明理由。

(2)该公司的法定代表人是谁？

(3)该公司由执行董事甲兼任公司经理的做法是否符合法律规定？

(4)该公司股东会作出同意乙将其所持公司股份转让给庚的决议是否符合法律规定？

(5)该公司是否具备发行公司债券的主体资格？简要说明理由。

【案例5】 单某为某市电器商场股份有限公司（以下简称电器商场）的董事兼总经理。2020年11月，单某以本市百货公司名义从国外进口一批家电产品，价值共计80多万元。之后，单某将该批家电产品销售给了本市五金交化公司。电器商场董事会得知此事后，认为单某身为本公司董事兼总经理，负有竞业禁止义务，不得经营与本公司同类的业务，单某的行为违反了有关法律规定，应属无效。于是，决议责成单某取消该合同，而将该批家电产品由电器商场买下。

五金交化公司认为，该批家电产品的买卖是在本公司与百货公司之间进行的，与电器商场无关。合同的成立基于双方当事人意思表示一致，而且合同的内容不违法，所以是有效的。至于单某作为电器商场董事却经营与电器商场相同的业务，属于电器商场的内部事务，与百货公司和五金交化公司无关。双方争执不下，遂诉诸人民法院。法院查明，单某曾于2019年10月将自己的一辆小轿车卖给电器商场，事后公司的股东才知晓情况；于2019年12月以电器商场一幢楼房为电器商场第四大股东本市建筑工程公司的债务提供担保。

问题：

(1)单某买卖家电的行为是否合法？为什么？

(2)电器商场的主张有依据吗？为什么？

(3)对单某买卖家电的行为应如何处理？

(4)单某将小轿车卖给电器商场的行为是否有效？为什么？

(5)对单某为建筑工程公司提供担保的行为可作出哪些处理？

## 课内实训参考答案

### 一、课内案例参考答案

**【案例 1】**

(1)本案例中,该公司的注册资本符合法律规定。2014年3月1日起施行的修订后的《公司法》已经取消了有限责任公司注册资本最低限额的规定。《公司法》第二十六条规定:"有限责任公司的注册资本为在公司登记机关登记的全体股东认缴的出资额。"所以该公司的注册资本符合法律规定。

(2)根据上述理由,市场监督管理部门可以给拟成立的该公司办理注册登记。

**【案例 2】**

(1)国有独资公司不设股东会合法。《公司法》第六十六条规定:"国有独资公司不设股东会,由国有资产监督管理机构行使股东会职权。国有资产监督管理机构可以授权公司董事会行使股东会的部分职权,决定公司的重大事项,但公司的合并、分立、解散、增加或者减少注册资本和发行公司债券,必须由国有资产监督管理机构决定;其中,重要的国有独资公司合并、分立、解散、申请破产的,应当由国有资产监督管理机构审核后,报本级人民政府批准。"

(2)该公司董事会的成员组成违反了《公司法》。根据《公司法》第六十七条的规定,国有独资公司董事会的成员中应当有公司职工代表。

(3)上海子公司的破产责任应由其独自承担。根据《公司法》第十四条第二款的规定:"公司可以设立子公司,子公司具有法人资格,依法独立承担民事责任。"

**【案例 3】** 大海股份有限公司的设立不符合《公司法》的有关规定,主要表现在:

(1)在募集设立情况下,发起人认购的股份不得少于公司股份总额的35%,因此大海股份有限公司的四家发起企业应认购的股份为800万元×35%=280万元,而该公司发起企业共认购250万元,不够其股份总额的35%。

(2)《公司法》规定,只有在已发行股份的股款已经缴足的前提下才能召开创立大会。而该公司是在办理了抵押贷款后才将资金筹足,资金的募集不符合法律规定,所以不能召开创立大会。

(3)《公司法》规定,创立大会应由发起人召集主持,A市证券监督管理机构主持召开创立大会不符合法律规定。

**【案例 4】**

(1)《公司法》第一百四十八条第(五)项规定:"董事、高级管理人员不得有下列行为:未经股东会或者股东大会同意,利用职务便利为自己或者他人谋取属于公司的商业机会,自营或者为他人经营与所任职公司同类的业务。"本案例中王某的行为违反了《公司法》有关竞业禁止义务的规定。

(2)该合同仍为有效。合同双方意思表示一致,内容也合法,同时C公司为善意,不能认为是无效合同。依据《公司法》第一百四十八条规定,董事、高级管理人员违反竞业禁止义务,其所得的收入应当归公司所有。所以,王某因买卖这批家电产品所得的一切收入,应当归 A 公司所有。

【案例 5】

(1)公司发生经营亏损后,在股东请求时,应当召开临时股东大会。召开的理由是,该公司的未弥补亏损 7 000 万元,已超过注册资本 2 亿元的 1/3。

(2)根据《公司法》的规定,该公司在临时股东大会的召集、召开过程中,存在以下问题:选举更换董事长,不属于股东大会的职权,应由董事会选举更换董事长;股东大会不能选举、更换全部监事,因其中有公司职工选出的监事,股东大会只能选举、更换非由职工代表担任的监事;更换、聘任公司总经理是董事会的职权,不是股东大会的职权;公司合并决议应经出席会议的股东所持表决权的 2/3 以上通过,而不是半数以上通过。

二、实务操作参考意见

(一)【审查、修改公司章程意见】

依照《公司法》的规定,该有限责任公司的章程应补充以下条款:

(1)公司的机构及其产生办法、职权、议事规则;

(2)股东的出资方式和出资时间;

(3)公司法定代表人;

(4)股东会会议认为需要规定的其他事项。

(二)【审查、修改公司出资证明书意见】

根据《公司法》第三十一条的规定,出资证明书应当载明下列事项:①公司名称;②公司成立日期;③公司注册资本;④股东的姓名或者名称、缴纳的出资额和出资日期;⑤出资证明书的编号和核发日期。出资证明书由公司盖章。基于此规定,该出资证明书应当补充下列事项:公司成立日期、公司注册资本、股东的出资日期、出资证明书的编号、公司盖章。

## 课后自测题参考答案

### 一、判断题

1.对　2.对　3.错　4.错　5.对　6.对　7.对　8.对　9.错　10.对　11.对　12.错　13.对　14.对　15.对

### 二、单项选择题

1.D　2.D　3.A　4.D　5.A　6.C　7.D　8.B　9.A　10.C　11.C　12.D　13.C　14.B　15.C

### 三、多项选择题

1.ABCD　2.AC　3.ABC　4.ABCD　5.ACD　6.AD　7.ABD　8.ABC　9.ABC　10.ABCD

## 四、案例分析

**【案例 1】**

(1)《公司法》第四十一条规定,召开股东会会议,应当于会议召开 15 日前通知全体股东。本案例中召开股东会的通知虽然是董事长章某一人签名发出的,但因所有董事一致同意召开临时股东会,并授权章某通知所有股东,所以这一点是合法的。但是,本次股东会是 5 月 15 日通知股东,5 月 27 日就召开了,没有提前 15 天通知全体股东,所以股东会的召开是不合法的。

(2)没有效力。因为根据《公司法》第四十三条的规定,股东会会议作出修改公司章程的决议,必须经代表三分之二以上表决权的股东通过。

**【案例 2】**

(1)张某与另一位个体户共同设立的 A 服装贸易公司性质是有限责任公司,张某的身份既是公司股东又是公司债权人。

(2)张某要求公司清偿其债务的行为有法律依据。根据《公司法》规定,张某作为股东持有公司股份所代表的财产,在公司解散时,不能与其他债权人共同受偿,只有在公司财产满足全部债权人的债权以后,才能就剩余部分按出资比例进行分配;张某又是公司的债权人,他对公司的债权属于他的个人财产,这一部分财产不属于公司财产的范围。在《公司法》中,由于公司财产与股东出资以外的个人财产是分离的,所以张某对于公司的债权,应当与公司其他债权人一起参与分配。

(3)法院对本案的处理,首先应就公司解散的财产对包括张某在内的债权人的债务进行清偿,然后,就剩余部分财产对公司股东按出资比例进行分配。

**【案例 3】**

(1)公司董事会会议的召开和表决程序符合法律规定。按照《公司法》的规定,股份有限公司董事会应有过半数的董事出席方可举行,董事会会议由董事长召集并主持,董事会决议须经全体董事的过半数通过。

(2)董事会拟将公司财务科升格为财务部的方案须经股东大会通过的观点不符合法律规定。根据《公司法》的规定,公司董事会有权决定公司内部管理机构的设置。

董事会决定发行公司债券的事项不符合法律规定。根据《公司法》的规定,股份有限公司发行公司债券,其净资产额应不低于人民币 3 000 万元。

**【案例 4】**

(1)符合法律规定。根据《公司法》的规定,股东人数较少和规模较小的有限责任公司,可以不设董事会,只设一名执行董事。

(2)根据《公司法》的规定,该公司的法定代表人可以是执行董事甲,也可以是经理乙。

(3)执行董事甲兼任公司经理的做法符合法律规定。根据《公司法》的规定,执行董事可以兼任公司经理。

(4)符合法律规定。根据《公司法》的规定,有限责任公司股东向股东以外的人转让股权,应当经全体股东过半数同意。本案例中全体股东一致同意乙将所持公司股份转让给庚。

(5)该公司可以发行公司债券。《证券法》第十五条规定:"公开发行公司债券,应当符合下列条件:(一)具备健全且运行良好的组织机构;(二)最近三年平均可分配利润足以支付公司债券一年的利息;(三)国务院规定的其他条件。"

**【案例 5】**

(1)不合法。因单某买卖家电的行为违反了公司董事、经理的竞业禁止义务。

(2)于法无据。单某以百货公司名义购买家电又出售给五金交化公司,业务是在百货公司、五金交化公司之间进行的,该合同合法有效,不能因单某违反竞业禁止义务而认定其竞业行为本身为无效民事行为。

(3)应将单某所得收入收归电器商场所有,并由电器商场追究其责任。

(4)无效。因为该行为违反了公司董事、经理的自我交易禁止义务。

(5)可作以下处理:①责令取消该担保;②由单某赔偿电器商场损失;③单某因担保所得收入归电器商场所有;④由电器商场给予单某处分。

# 第五章 企业破产法

## 实训目标

训练学生独立处理企业破产过程中涉及的基本法律问题及运用法律武器维护企业权益的能力。

## 实训要求

通过实训,学生熟悉破产程序中的相关规定,掌握企业破产基本的法律制度,并在实际工作中能够为企业提供相关的法律帮助。

## 主要知识点

### 1.重点概念
破产　破产界限　破产财产　破产债权　破产管理人　重整　和解

### 2.重点问题
(1)破产申请的提出和受理
(2)管理人制度
(3)债务人财产
(4)破产债权
(5)重整与和解
(6)破产宣告与清算

### 3.难点问题
(1)债权人会议
(2)破产财产及债务的清偿

# 课内实训

## 一、课内案例

**【案例1】 有关破产受理的案例**

2021年7月1日,北京市西城区人民法院裁定受理债务人甲公司的破产申请。7月4日受理裁定送达甲公司,人民法院指定乙律师事务所担任管理人。管理人接管甲公司后,发现了以下事实:

(1)7月3日,甲公司向其债权人A企业清偿了100万元的货款。

(2)4月10日,因甲公司拒绝支付B企业120万元的货款,被B企业提起诉讼。6月25日,人民法院终审判决甲公司向B企业支付120万元货款,同时应B企业的申请,将甲公司办公楼查封,拟用以清偿B企业的货款。7月1日西城区人民法院受理甲公司破产申请时,该判决尚未执行。

(3)6月20日,因甲公司拒绝支付C企业150万元的货款,被C企业提起诉讼。合同履行地海淀区人民法院受理了该诉讼。7月1日西城区人民法院裁定受理甲公司的破产申请时,海淀区人民法院尚未作出一审判决。

(4)7月10日,因甲公司拒绝支付D企业180万元的货款,债权人D企业向合同履行地朝阳区人民法院提起了诉讼。

问题:

根据破产法律制度的规定,分别回答下列问题:

(1)根据本题事实(1)所提示的内容,指出管理人是否有权向A企业追回100万元的货款,并说明理由。

(2)根据本题事实(2)所提示的内容,办公楼拍卖价款能否用以清偿所欠B企业的货款,并说明理由。

(3)根据本题事实(3)所提示的内容,海淀区人民法院对该诉讼应如何处理,并说明理由。

(4)根据本题事实(4)所提示的内容,债权人D企业向合同履行地朝阳区人民法院提起诉讼是否符合法律规定,并说明理由。

**【案例2】 有关破产债权方面的案例**

某国有企业因资不抵债,拟向法院申请破产,聘请律师代理破产中的法律事务。律师经过一段时间工作后掌握了以下情况:

(1)该企业系在省市场监督管理局注册登记的全民所有制工业企业。

(2)该企业的债权人之一甲公司因追索150万元货款而在一个月前起诉该企业,该案尚在审理中。

(3)该企业欠当地中国工商银行贷款1 200万元,贷款时曾提供该企业的一套进口成套设备做抵押,该套设备现值800万元。

(4)该企业曾为乙公司向当地中国建设银行借款300万元作为保证人,现乙公司对该笔借款未予偿还。

(5)该企业资不抵债已达3 500万元。

**问题：**

(1)该企业如申请破产,应由哪级人民法院受理?

(2)向人民法院申请破产时,律师需向法院提交哪些材料?

(3)甲公司与该企业之间尚未审结的追索货款之诉应如何处理?

(4)当地中国工商银行的1 200万元贷款应如何处理?

(5)当地中国建设银行能否参加破产程序、申报破产债权?简要说明理由。

(6)破产企业的破产费用包括哪些?

## 二、实务操作

### 计算破产企业破产财产总额并提出处理方法

**【背景材料】** 某国有企业破产后被管理人接管,管理人接管的财产情况如下:

(1)企业破产时经营管理的财产300万元,其中价值200万元的办公楼一座,全额用于抵押担保;

(2)破产企业对外投资价值200万元。

(3)破产企业租用他人设备价值150万元。

(4)破产企业有专利权一项,评估价值25万元。

**【要求】** 分析:上述财产中哪些属于破产财产,总额是多少?哪些不属于破产财产,应如何处理?

## 课后自测题

### 一、判断题

1.人民法院受理破产申请后,债务人对个别债权人的债务清偿无效。　　　(　)

2.债务人财产不足以清偿所有破产费用和共益债务的,先行清偿共益债务。(　)

3.在破产程序中,债权人会议主席从有表决权的债权人中选举产生。　　　(　)

4.人民法院受理破产申请后,已经开始而尚未终结的有关债务人的民事诉讼或者仲裁应当终止。(　)

5.债权人会议表决破产财产的分配方案时,经二次表决仍未通过的,由人民法院裁定。
(　)

6.对破产的财产享有担保权利的权利人,对该财产享有优先受偿的权利。　(　)

7.经人民法院裁定批准的重整计划,对债务人和全体债权人均有约束力。　(　)

8.债务人不能清偿到期债务,债权人可以向人民法院提出重整、和解或者破产清算申请。
(　)

9.根据《中华人民共和国企业破产法》(以下简称《企业破产法》)规定,债权人会议通过和解协议草案的决议应当由出席会议的有表决权的债权人过半数通过,并且其所代表的债权额占无财产担保债权总额的1/2以上。(　)

10.经人民法院裁定认可的和解协议,对债务人和全体债权人均有约束力。　(　)

## 二、单项选择题

1.根据《企业破产法》的规定,下列关于债权人委员会的表述中,正确的是( )。
A.在债权人会议中应当设置债权人委员会
B.债权人委员会的成员人数不得超过 7 人
C.债权人委员会中的债权人代表由人民法院指定
D.债权人委员会中应当有 1 名债务人企业的职工代表或者工会代表

2.根据《企业破产法》的规定,人民法院受理破产案件后,管理人由( )指定。
A.人民法院　　B.债权人会议　　C.债权人委员会　　D.职工代表大会

3.根据《企业破产法》的规定,人民法院受理破产申请后,管理人对破产申请受理前成立而债务人和对方当事人均未履行完毕的合同,有权决定( )。
A.一律解除合同　　　　　B.一律继续履行合同
C.解除或者继续履行合同　　D.变更合同

4.根据《企业破产法》的规定,人民法院受理破产申请后,债务人占有的不属于债务人的财产,该财产的权利人可以通过( )取回。
A.人民法院　　B.债权人会议　　C.债权人委员会　　D.管理人

5.根据《企业破产法》的规定,债务人或者管理人应当自人民法院裁定债务人重整之日起( )内,同时向人民法院和债权人会议提交重整计划草案。
A.1 个月　　B.3 个月　　C.6 个月　　D.2 年

6.企业董事、监事或者高级管理人员违反忠实义务、勤勉义务,致使所在企业破产的,依法承担民事责任,并自破产程序终结之日起( )内不得担任任何企业的董事、监事或者高级管理人员。
A.1 年　　B.2 年　　C.3 年　　D.4 年

7.重整计划由( )负责执行。
A.债权人　　B.债务人　　C.清算组　　D.管理人

8.根据《企业破产法》的规定,债权申报期限自人民法院发布受理破产申请公告之日起计算,( )。
A.不得少于 10 日,不得超过 1 个月
B.不得少于 15 日,不得超过 3 个月
C.不得少于 30 日,不得超过 3 个月
D.不得少于 30 日,不得超过 6 个月

9.破产案件的管辖机关是( )。
A.债权人所在地人民法院　　　B.债务人所在地人民法院
C.债务人所在地市场监督管理部门　D.债务人所在地仲裁机构

10.人民法院应当自裁定受理破产申请之日起( )日内通知已知债权人,并予以公告。
A.5　　B.10　　C.15　　D.25

## 三、多项选择题

1.根据《企业破产法》的规定,人民法院裁定受理破产申请的同时,应当指定管理人。下列各项中,属于管理人职责的有( )。

A.决定债务人的内部管理事务　　B.拟订破产财产的分配方案
C.提议召开债权人会议　　　　　D.代表债务人参加诉讼、仲裁

2.根据《企业破产法》的规定,下列各项中,属于破产费用的有(　　)。
A.破产案件的诉讼费用　　　　　B.管理、变价和分配债务人财产的费用
C.管理人执行职务的费用、报酬　D.因债务人不当得利所产生的债务

3.根据《企业破产法》的规定,人民法院受理债务人的破产申请后,下列各项中,债权人可以申报债权的有(　　)。
A.附条件、附期限的债权　　　　B.诉讼、仲裁未决的债权
C.未到期的债权　　　　　　　　D.债务人所欠职工的工资

4.根据《企业破产法》的规定,第一次债权人会议由人民法院召集主持。下列各项中,属于第一次债权人会议后应当召开债权人会议的情形有(　　)。
A.人民法院认为必要时
B.破产管理人提议时
C.债权人委员会提议时
D.占无财产担保债权总额1/4以上的债权人提议时

5.根据《企业破产法》的规定,在破产程序中,当事人对人民法院作出的下列裁定,有权提出上诉的有(　　)。
A.不予受理破产申请的裁定　　　B.宣告破产的裁定
C.撤销债权人会议决议的裁定　　D.终结破产程序的裁定

6.人民法院受理破产申请前一年内,涉及债务人财产的(　　)行为,管理人有权请求人民法院予以撤销。
A.无偿转让财产的
B.以明显不合理的价格进行交易的
C.对没有财产担保的债务提供财产担保的
D.对未到期的债务提前清偿的
E.放弃债权的

7.破产申请后发生的(　　)为破产费用。
A.破产案件的诉讼费用
B.管理、变价和分配债务人财产的费用
C.管理人执行事务的费用、报酬
D.聘用工作人员的费用

8.根据《企业破产法》的规定,下列各项中,属于债权人会议职权的有(　　)。
A.调整管理人的报酬　　　　　　B.审查管理人的费用
C.监督管理人　　　　　　　　　D.通过破产财产的分配方案

9.破产财产在优先清偿破产费用和共益债务后,依照(　　)顺序清偿。
A.破产人所欠职工的工资和医疗、伤残补助、抚恤费用
B.破产人欠缴的除前项规定以外的社会保险费用和破产人所欠税款
C.普通破产债权
D.担保破产债权

10.(　　)有《企业破产法》第二条规定情形的,国务院金融监督管理机构可以向人民法

院提出对该金融机构进行重整或者破产清算的申请。

A.商业银行　　　B.证券公司　　　C.保险公司　　　D.中国人民银行

### 四、案例分析

**【案例1】** 甲企业因不能清偿到期债务,向法院申请破产,法院受理了该破产案件。甲企业是乙企业向银行借款的保证人,银行在得知甲企业破产情况后,决定将其债权作为破产债权申报受偿。丙企业是甲企业的债权人,丙企业由于担心自己的债权得不到全额清偿,一再要求甲企业以部分财产偿还所欠丙企业的未到期债务,甲企业同意了丙企业的要求,并进行了清偿。

**问题:**

(1)银行能否将其担保债权作为破产债权申请受偿?为什么?

(2)甲企业提前偿还丙企业未到期债务的行为是否符合法律规定?为什么?

**【案例2】** 2021年7月30日,人民法院受理了甲公司的破产申请,并同时指定了管理人。管理人接管甲公司后,在清理其债权债务过程中,有如下事项:

(1) 2020年4月,甲公司向乙公司采购原材料而欠乙公司80万元货款未付。2021年3月,甲、乙双方签订一份还款协议,该协议约定:甲公司于2021年9月10日前偿还所欠乙公司货款及利息共计87万元,并以甲公司所属一间厂房作抵押。还款协议签订后,双方办理了抵押登记。乙公司在债权申报期内就上述债项申报了债权。

(2)2020年6月,丙公司向A银行借款120万元,借款期限为1年。甲公司以所属部分设备为丙公司提供抵押担保,并办理了抵押登记。借款到期后,丙公司未能偿还A银行借款本息。经甲公司、丙公司和A银行协商,甲公司用于抵押的设备被依法变现,所得价款全部用于偿还A银行,但尚有20万元借款本息未能得到清偿。

(3)2020年7月,甲公司与丁公司签订了一份广告代理合同,该合同约定:丁公司代理发布甲公司产品广告,期限为2年;一方违约,应当向另一方承担违约金20万元。至甲公司破产申请被受理时,双方均各自履行了部分合同义务。

(4)2020年8月,甲公司向李某购买一项专利,尚欠李某19万元专利转让费未付。李某之子小李创办的戊公司曾于2020年11月向甲公司采购一批电子产品,尚欠甲公司货款21万元未付。人民法院受理甲公司破产申请后,李某与戊公司协商一致,戊公司在向李某支付19万元后,取得李某对甲公司的19万元债权。戊公司向管理人主张以19万元债权抵销其所欠甲公司相应债务。

(5)甲公司共欠本公司职工工资和应当划入职工个人账户的基本养老保险、基本医疗保险费用37.9万元,其中,在2021年6月1日《企业破产法》施行之前,所欠本公司职工工资和应当划入职工个人账户的基本养老保险、基本医疗保险费用为20万元。甲公司的全部财产在清偿破产费用和共益债务后,仅剩余价值1 500万元的厂房及土地使用权,但该厂房及土地使用权已于2020年6月被甲公司抵押给B银行,用于担保一笔2 000万元的借款。

**问题:**

(1)管理人是否有权请求人民法院对甲公司将厂房抵押给乙公司的行为予以撤销?并说明理由。

(2)A银行能否将尚未得到清偿的20万元欠款向管理人申报普通债权,由甲公司继续偿还?说明理由。

(3)如果管理人决定解除甲公司与丁公司之间的广告代理合同,并由此给丁公司造成实际损失5万元,则丁公司可以向管理人申报的债权额应为多少?并说明理由。

(4)戊公司向管理人提出以19万元债权抵销其所欠甲公司相应债务的主张是否成立?并说明理由。

(5)甲公司所欠本公司职工工资和应当划入职工个人账户的基本养老保险、基本医疗保险费用共计37.9万元应当如何受偿?

## 课内实训参考答案

### 一、课内案例参考答案

**【案例1】**

(1)管理人有权向A企业追回100万元的货款。根据《企业破产法》第十六条的规定,人民法院受理破产申请后,债务人对个别债权人的债务清偿无效。管理人有权予以追回,计入债务人财产。

(2)办公楼的拍卖价款不能用以清偿所欠B企业的货款。根据《企业破产法》第十九条的规定,人民法院受理破产申请后,有关债务人财产的保全措施应当解除,执行程序应当中止。在本题中,保全措施解除后,办公楼的拍卖价款计入债务人财产,债权人B企业凭生效的法律文书向受理破产案件的人民法院申报债权。

(3)海淀区人民法院应当中止该诉讼,在管理人接管债务人的财产后,该诉讼继续进行。《企业破产法》第二十条规定,人民法院受理破产申请后,已经开始而尚未终结的有关债务人的民事诉讼或者仲裁应当中止;在管理人接管债务人的财产后,该诉讼或仲裁继续进行。

(4)不符合规定。根据《企业破产法》第二十一条的规定,人民法院受理破产申请后,有关债务人的民事诉讼,只能向受理破产申请的人民法院(本案是西城区人民法院)提起。

**【案例2】**

(1)该企业申请破产,应由该企业所在地的中级人民法院受理。《企业破产法》第三条规定:"破产案件由债务人住所地人民法院管辖。"

(2)企业破产申请有两种形式:一种是企业的债权人向法院提出破产申请;另一种是企业作为债务人自己向法院提出破产申请。依照法律的规定提出破产申请应该采用书面形式。债务人提出破产申请,还应当向人民法院提供下列材料:企业亏损情况的说明;会计报表;企业财产状况明细表和有形财产的处所;债权清册和债务清册(包括债权人和债务人名单、住所、开户银行、债权债务发生的时间、债权债务数额、有无争议等);破产企业上级主管部门或者政府授权部门同意其申请破产的意见;人民法院认为依法应当提供的其他材料。

(3)甲公司与该企业之间的追索货款之诉应终结,并由债权人甲公司向法院申报债权。《最高人民法院关于贯彻执行〈中华人民共和国企业破产法(试行)〉若干问题的意见》第十二条规定:"人民法院受理破产案件后,以破产企业为债务人的其他经济纠纷案件,根据下列不同情况分别处理:①已经审结但未执行的,应当中止执行,由债权人凭生效的法律文书向受理破产案件的人民法院申报债权。②尚未审结且另无连带责任人的,应终结诉讼,由债权人向受理破产案件的人民法院申报债权。③尚未审结且另有连带责任人的,应当中止诉讼,由债权人向受理破产案件的人民法院申报债权。待破产程序终结后,恢复审理。"本案例中甲公司与该企业间的诉讼属上述法律规定中的第②种情形,因此应依法终结诉讼,由债权人申报债权,参加破产还债程序。

(4)当地中国工商银行的1 200万元贷款中的800万元具有抵押担保的财产可用该成套设备优先受偿,其余400万元可申报破产债权。破产企业有财产担保的债权,有优于一般债权的效力,它可不列入破产债权,在破产还债程序之外优先受偿。《企业破产法》第一百零九条规定:"对破产人的特定财产享有担保权的权利人,对该特定财产享有优先受偿的权利。"《企业破产法》第一百一十条规定:"享有本法第一百零九条规定权利的债权人行使优先受偿权利未能完全受偿的,其未受偿的债权作为普通债权;放弃优先受偿权利的,其债权作为普通债权。"本案例中中国工商银行的1 200万元贷款,以该企业的一套设备作抵押,属于有财产担保的债权,依法享有优先受偿的权利,但由于该抵押财产只值800万元,因此,不能优先受偿的其余400万元则作为普通债权,依照破产程序受偿。

(5)当地中国建设银行能参加破产程序、申报破产债权。

(6)根据《企业破产法》第四十一的条规定,破产费用包括:破产案件的诉讼费用;管理、变价和分配债务人财产的费用;管理人执行职务的费用、报酬和聘用工作人员的费用。

### 二、实务操作参考意见

(1)本案例所述财产中,属于破产财产的有:

①企业破产时经营管理的300万元财产中,扣除已作为担保的200万元后,所余100万元财产为破产财产。

②破产企业对外投资200万元属破产财产。

③破产企业的专利权25万元属破产财产。

(2)据此,破产财产总额为325万元。

(3)破产企业抵押担保的价值200万元的办公楼和租用他人的设备150万元,不属于破产财产,由其权利人行使取回权取回。

(4)破产财产在优先清偿破产费用和共益债务后,依照下列顺序清偿:

①破产人所欠职工的工资和医疗费、伤残补助费、抚恤费,所欠的应当划入职工个人账户的基本养老保险费、基本医疗保险费,以及法律、行政法规规定应当支付给职工的补偿金。

②破产人欠缴的除前项规定以外的社会保险费用和破产人所欠税款。

③普通破产债权。

破产财产不足以清偿同一顺序的清偿要求的,按照比例分配。

## 课后自测题参考答案

### 一、判断题

1.对  2.错  3.错  4.错  5.对  6.错  7.对  8.错  9.对  10.错

### 二、单项选择题

1.D  2.A  3.C  4.D  5.C  6.C  7.B  8.C  9.B  10.D

### 三、多项选择题

1.ABCD  2.ABC  3.ABC  4.ABC  5.AB  6.ABCDE  7.ABCD  8.BCD
9.ABC   10.ABC

## 四、案例分析

**【案例1】**

(1)银行可以将其担保债权作为破产债权申请受偿。依据《企业破产法》规定,被申请破产的债务人为他人担任保证人的,保证责任不因保证人被宣告破产而免除。债权人在得知保证人破产的情况后,享有是否将其担保债权作为破产债权申报受偿的选择权。

(2)甲企业提前偿还丙企业未到期债务的行为不符合法律规定。依据《企业破产法》规定,人民法院受理破产案件前6个月至破产宣告之日的期间内,破产企业对未到期的债务提前清偿的行为是无效的,是违法行为。

**【案例2】**

(1)管理人有权请求人民法院予以撤销。根据《企业破产法》规定,人民法院受理破产申请前1年内,债务人对没有财产担保的债务提供财产担保的,管理人有权请求人民法院予以撤销。本案例中,甲公司在人民法院受理破产申请前1年内对之前没有担保的乙公司的货款提供了担保,因此这是可以撤销的。

(2)A银行不能将尚未得到清偿的20万元欠款向管理人申报普通债权。根据《企业破产法》规定,如破产人仅作为担保人为他人债务提供物权担保,担保债权人的债权虽然在破产程序中可以构成别除权,但因破产人不是主债务人,在担保物价款不足以清偿担保债额时,余债不得作为破产债权向破产人要求清偿,只能向原主债务人求偿。本案例中甲公司仅仅为丙公司提供了抵押担保,因此对于抵押物不能够清偿的部分,A银行只能要求丙清偿,不能向甲公司申报债权。

(3)丁公司可以向管理人申报的债权额为5万元。根据《企业破产法》规定,管理人依照《企业破产法》规定解除合同的,对方当事人以因合同解除所产生的损害赔偿请求权申报债权。可申报的债权以实际损失为限,违约金不作为破产债权。本案例中管理人解除甲、丁公司之间的合同给丁公司造成的损失为5万元,因此丁公司只能以5万元去申报债权。

(4)戊公司的主张不成立。根据规定,债务人在破产申请受理后取得他人对债务人的债权的,不得抵销。本案例中戊公司是在破产申请受理后取得李某对甲公司的债权的,因此戊公司不能主张债务抵销。

(5)甲公司应当在优先清偿破产费用和共益债务后,清偿所欠职工的工资和应当划入职工个人账户的基本养老保险、基本医疗保险费用。

# 综合实训一

## 综合实训目标

通过综合实训,学生能够熟练运用市场主体法律法规处理和解决未来职场或自主创业中可能遇到的实际问题,具有自主创业能力。

## 综合实训操作

## 一、综合示范案例分析

【案例1】 A先生与B有限责任公司协商后,决定设立一家合伙企业。合伙企业协议中规定:B有限责任公司向合伙企业投资30万元,A先生负责经营管理,并且A先生也有投资,B有限责任公司每年从合伙企业取得60%的收益。亏损时,责任及其他一切风险均由A先生负担。随后,双方共同向登记机关申请合伙登记,登记机关工作人员C在收取了A先生的贿赂后,做出登记决定,并颁发给合伙企业营业执照。后A先生为了经营方便一直使用B有限责任公司的名义对外进行经营活动。

问题:

本案例中哪些行为不符合法律规定?

注意事项:

公司不得对所投资企业的债务承担无限责任。

【案例2】 张某、王某和李某于2018年1月成立了一家合伙企业,经营城乡日用品批发,经营效益一直很好。2020年5月,张某的母亲突发疾病,需要住院治疗,于是张某想将自己价值8万元的投资份额转让,用来给母亲治病。张某的表兄谭某想受让其份额。张某表示乐意转让,于是没有通知王某和李某就进行了转让,从谭某处拿到了8万元。谭某在后来要行使合伙企业中的权利时,王某和李某才得知张某已将自己的份额转让,二人非常生气,不承认转让的效力,并表示他们愿意出同样的价格受让张某在合伙企业中的财产份额。但是张某认为,自己是自己财产份额的权利人,他想转让给谁由他自己决定,王某和李某无权干涉。于是王某和李某将张某告上了法庭,请求认定张某的转让行为无效,并将张某的财产份额转让给他们。

**问题:**

张某是否有权在未经其他合伙人同意的情况下将自己的财产份额转让给合伙人以外的第三人。

**注意事项:**

合伙人对外转让其在合伙企业中的财产份额时,应当经其他合伙人一致同意,在同等条件下其他合伙人有优先受让的权利。

【**案例3**】 某市三个有限公司共同投资设立有限责任公司,以批发工业品为主要业务。甲公司出资10万元;乙公司提供房产,实际估价20万元,但乙公司虚报为价值30万元;丙公司是市政府下属企业,出资10万元,同时将其和市政府的特殊关系,作价为20万元,计折合股份总额30万元。三公司按以上出资额约定分成比例,于是新成立的有限责任公司以注册资本70万元登记,取得营业执照。

**问题:**

该有限公司能否成立?丙公司能否以其和市政府之间的特殊关系作为出资?

【**案例4**】 2020年,由于市场变化以及公司经营不善,G市煤炭(集团)股份有限公司不能弥补的亏损达股本的30%。公司董事长决定召开临时股东会,遂于2月28日发出通知;3月10日召开股东会,讨论如何解决公司的亏损问题,请公司持股前10名的大股东参加会议。3月10日,会议如期举行。会议议程为:讨论公司亏损问题;关于聘任一名独立董事的问题。最后,股东会认为,继续经营公司利小弊大,占出席会议股东表决权65%的7名股东同意解散公司。会后,以董事会决议的形式,作出解散公司的决定。该公司小股东知道此信息后,以大股东侵犯了其权益为由,起诉至法院。

**问题:**

(1)临时股东会议的召开是否符合《公司法》规定?为什么?

(2)以董事会决议的形式解散公司是否违反《公司法》规定?为什么?

【**案例5**】 A上市公司注册资本为10 000万元,2019年末经审计资产总额为50 000万元,经审计负债总额为30 000万元,公司2020年之前没有担保业务。

2020年A公司召开的董事会会议情形如下:

(1)该公司共有董事7人,其中有1名是A公司的子公司B的董事。董事会有5人出席,其中包括B公司的董事。列席本次董事会的监事张某向会议提交另一名因故不能到会的董事出具的代为行使表决权的委托书,该委托书委托张某代为行使本次董事会的表决权。

(2)会议通过了A公司的子公司B向董事高某提供10万元借款的决定。

(3)另外,董事会通过了一项与B公司签订房屋租赁合同的决定,经确认,5名董事全部通过。

(4)为了扩大生产规模,会议通过了购买一项大型流水线的决定,该项流水线总价值为20 000万元。

(5)董事会会议结束后,以上所有决议事项均载入会议记录,并由出席董事会会议的全体董事和列席会议的监事签名后存档。

**问题：**

根据《公司法》的规定，分析说明下列问题：

(1) 董事会出席人数是否符合规定？在董事会会议中张某是否能接受委托代为行使表决权？分别说明理由。

(2) 董事会会议通过了 A 公司的子公司 B 向董事高某提供 10 万元借款的决定是否合法？请说明理由。

(3) 董事会通过了一项与 B 公司签订房屋租赁合同的决定是否合法？并说明理由。

(4) 董事会会议记录是否存在不当之处？并说明理由。

【案例 6】 2020 年 4 月，某市经济协作发展公司与长征汽车集团公司(私营)等 3 家公司订立了以募集方式设立某汽车配件股份有限公司的发起人协议，公司注册资本 5 000 万元。同年 5 月 6 日，省有关部门批准同意组建该公司。3 家发起人公司按协议制定章程，认购部分股份，起草招股说明书，签订股票承销协议、代收股款协议，经国务院证券监督管理机构批准，向社会公开募股。由于该汽车配件股份有限公司发展前景光明，所以股份募集顺利，发行股份股款缴足并经约定的验资机构验资证明后，发起人认为已完成任务，但迟迟不召开创立大会。经股民强烈要求才在 2 个月后召开创立大会，发起人为图省事，只通知了代表股份总数的 1/3 以上的发起人、认股人出席，会议决定了一些法定事项。

**问题：**

(1) 汽车配件股份有限公司的募集设立是否存在问题？

(2) 本案例中创立大会的召开是否符合法律规定？

【案例 7】 甲公司为股份有限公司。甲公司的主要发起人乙企业以经营性资产投入甲公司，并认购了相应的发起人股份。在甲公司成立后，乙企业将已经作为出资应当交付给甲公司的部分机器设备(价值 150 万)作为自己的资产使用了 3 年有余，至今尚未交付给甲公司。

**问题：**

根据《公司法》等法律的规定，乙企业的行为属于何种性质的违法行为？乙企业应当承担何种法律责任？

【案例 8】 2021 年 3 月 19 日，因甲有限责任公司(简称甲公司)出现无法清偿到期债务的事实，人民法院受理了由债权人提出的对甲公司进行破产清算的申请。管理人接管甲公司后，对其债权债务进行了清理。其中，包括以下事实：

(1) 2020 年 1 月 7 日，鉴于与乙公司之间的长期业务合作关系，甲公司向乙公司赠送复印机一台，价值 2.5 万元。

(2) 2020 年 1 月 15 日，甲公司以其部分设备作抵押，为乙公司所欠丙公司 80 万元货款提供了担保，并办理了抵押登记。后乙公司未能在约定期限内清偿所欠丙公司货款。2020 年 3 月 30 日，经甲、乙、丙三方协商，甲公司将抵押设备依法变现 70 万元，价款全部用于偿还丙公司后，丙公司仍有 10 万元货款未得到清偿。

(3) 2020 年 5 月 7 日，甲公司与丁公司订立合同，从丁公司处租赁机床一台，双方约定：租期 1 年，租金 5 万元。当日，甲公司向丁公司支付 5 万元租金，丁公司向甲公司交付机床。2021 年 3 月 8 日，甲公司故意隐瞒事实，以机床所有人的身份将该机床以 20 万元的市场价格卖给戊公司，双方约定，戊公司应于 2016 年 5 月 1 日前付清全部价款。当日，甲公司向戊公司交付了机床。人民法院受理甲公司破产清算申请后,丁公司向管理人要求返还其出租给甲公司的机床时,得知机床已被甲公司卖给戊公司而戊公司尚未支付 20 万元价款的事实。

(4)2020 年 12 月 1 日,甲公司向 A 银行借款 100 万元,期限 1 年,庚公司为该笔借款向 A 银行提供了连带责任保证。

2021 年 4 月 5 日,由于甲公司申请的一项国家一类化学药品新药获得批准,经营出现转机,遂向人民法院申请和解,同时提交了和解协议草案。人民法院审查后受理了甲公司的和解申请,并裁定和解。2021 年 6 月 23 日,债权人会议通过了和解协议,主要内容如下:除对甲公司特定财产享有担保物权的债权人外,其他债权人均按 30% 的比例减免甲公司债务;自和解协议执行完毕之日起,甲公司不再承担清偿责任;甲公司与主要债权人建立战略性合作安排等。2021 年 8 月 31 日,和解协议执行完毕。A 银行就甲公司所欠其 100 万元借款本息申报债权后,通过和解程序获偿 70%。随后,A 银行致函庚公司,要求其承担保证责任,清偿其剩余 30% 未获偿借款本息。庚公司回函拒绝,理由是:A 银行等债权人已与甲公司达成减免债务的和解协议,主债务减免后,保证债务亦应减免。

**问题:**

根据上述内容,分别回答下列问题:

(1)管理人是否有权请求人民法院撤销甲公司向乙公司赠送复印机的行为?请说明理由。

(2)丙公司是否有权就其未获清偿的 10 万元货款向管理人申报债权,要求甲公司继续偿还?请说明理由。

(3)丁公司是否有权要求戊公司返还机床?请说明理由。

(4)丁公司是否有权要求管理人请求人民法院撤销甲公司与戊公司之间的机床买卖行为?请说明理由。

(5)丁公司是否有权要求戊公司将 20 万元机床价款直接支付给自己?请说明理由。

(6)庚公司拒绝对 A 银行未获清偿的 30% 借款本息承担保证责任的理由是否成立?请说明理由。

**注意事项:**

(1)根据《企业破产法》规定,人民法院受理破产申请前 1 年内,债务人无偿转让财产的,管理人有权请求人民法院予以撤销。

(2)根据《企业破产法》规定,破产人仅作为担保人为他人债务提供物权担保,担保债权人的债权虽然在破产程序中可以构成别除权,但因破产人不是主债务人,在担保物价款不足以清偿担保债额时,余债不得作为破产债权向破产人要求清偿,只能向原主债务人求偿。

## 二、综合实务操作

☞ **实训方案示例 1　起草一份合伙协议**

【**实训目的**】　在学生掌握《合伙企业法》法律规定的基础上,能够依据《合伙企业法》起草合伙协议。明确合伙协议的具体内容,学会处理合伙企业的相关法律问题,培养自主创业能力。

**【实训要求】**

(1)准确掌握合伙协议的内容。

(2)实践中能够独立起草符合法律规定的合伙协议。

**【实训步骤】**

(1)对背景材料进行深入了解。

(2)明确合伙协议应载明的事项。合伙协议应载明下列事项:①合伙企业的名称和主要经营场所的地点;②合伙目的和合伙企业的经营范围;③合伙人的姓名或者名称、住所;④合伙人出资的方式、数额和缴付期限;⑤利润分配、亏损分担方式;⑥合伙事务的执行;⑦入伙与退伙;⑧争议解决办法;⑨合伙企业的解散与清算;⑩违约责任。合伙协议可以载明合伙企业的经营期限。合伙协议经全体合伙人签名、盖章后生效。合伙人依照合伙协议享有权利,履行义务。经全体合伙人协商一致,可以修改或者补充合伙协议。

(3)起草合伙协议。

**【注意事项】**

(1)要按照合伙协议的主要事项起草合伙协议。

(2)在背景材料中如有未表述清楚的事项,可以按照合伙协议的要求补充进去。

(3)要按照合伙协议的格式起草合伙协议。

**【背景材料】**

东河县刘庄村民刘立明、刘立光、李伟和宋辉于2021年10月15日商议合伙开办砖厂,并就企业的名称、出资、经营管理、利润分配、亏损分担等事项书面达成一致意见。协议约定:合伙企业名称为刘庄砖厂;合伙人以现金出资,其中刘立明15万元、刘立光14万元、李伟13万元、宋辉12万元;缴款期限为2022年10月底前;4人按出资比例分享利润,分担风险;刘立明为负责人;合伙企业存续期暂定5年。合伙人违反协议约定,破坏合伙经营或违反生产管理纪律,其他合伙人都可以提出退伙或将其除名。合伙企业由刘立明到登记机关办理设立登记。请根据以上情节起草一份合伙协议书。

### ☞实训方案示例2 出具公司设立登记申请书

**【实训目的】** 在学习《公司法》的基础上了解公司设立的法律要求,掌握公司设立的法律程序,拟写公司设立登记申请书。

**【实训要求】**

(1)了解公司设立的要求。

(2)对公司设立的有效要件进行详细的了解。

(3)书面表达准确、清晰且符合书写格式的要求。

**【实训步骤】**

(1)了解公司设立的基本要求。

(2)明确公司设立应载明的事项。公司设立登记申请书应载明如下事项:①公司的名称;②公司的住所;③公司的法定代表人姓名、电话、邮政编码;④注册资本、企业资产;

⑤经营范围;⑥营业期限;⑦审批机关;⑧有关部门意见、专项意见;⑨董事长签字;⑩公司设立应提交的其他文件。

(3)关于公司设立登记申请书的格式,可以按照国家市场监督管理总局统一印制的表格来填写,在此可以书写简要申请书。

**【注意事项】**

(1)有限责任公司和股份有限公司的设立登记申请书所含内容的区别。

(2)公司设立登记申请书要求所填内容不能有任何虚假成分。

(3)向公司登记机关申请公司设立登记,同时还要提交公司章程、验资证明等有关文件。

**【背景材料】** 2020年9月某商业公司与某文化用品公司达成协议,决定共同出资成立一家家具有限公司。在确定成立新公司后,两家公司共同制定了公司章程,新公司暂定名为"新光家具有限公司"。章程中确定新公司的注册资本为200万元,其中商业公司出资110万元,其他部分由文化用品公司承担,出资方式有实物(包括厂房价值20万元、机器设备价值15万元)、土地使用权(作价40万元)及非专利技术(价值15万元)等。经营期限暂定为5年,自2020年9月15日起算。当缴足出资后,新光家具有限公司筹备处委托该市财政局指定的某会计师事务所进行验资,该会计师事务所验资后出具了验资证明。2020年11月新光家具有限公司筹备处向市市场监督管理局申请设立登记,并向其提交了公司设立登记申请书、公司章程、验资证明等文件。

## 三、热点及深度问题探讨

**【问题1】** 《民法典》对社会生活的影响。

**目的:**

充分认识颁布实施《民法典》的重大意义。

**【问题2】** 公司法人财产权的限制。

**目的:**

正确理解公司法人财产权在公司治理中的意义。

## 综合实训课后练习

## 一、作业案例

**【案例1】** 李某、陈某、吴某、刘某、宋某等五人均属五星饮料厂的合伙人。2020年12月7日,李某、陈某又与张某一起合伙开办了一家饮料厂,专门生产冰激凌、汽水等食品饮料,其产品与红星饮料厂的产品相同。

**问题:**

李、陈二人的行为是否合法?为什么?

**【案例2】** 2020年9月,张某、高某、方某达成书面协议,三人共同出资开设"通达服装店",注册为合伙企业。其中,张某提供房屋场地,作价60万元;高某对房屋进行装修,提供相应设施,作价20万元。三人约定由方某负责管理服装店的日常事务,对外签订合同,但数额在40万元以上的交易必须征得其他合伙人一致同意,否则合同无效。同年11月,方某在没有征得张某、高某同意的情况下,以"通达服装店"的名义向某布料厂定购了一批价值80万元的布料,货款则一直未付。后来,通达服装店连续亏损。2020年12月,方某将通达服装店90万元资金取出后携款潜逃。此时,通达服装店资产的全部价值为70万元。布料厂无法找到方某,便要求张某、高某清偿债务。张某、高某认为与布料厂的交易超过40万元,合同无效,拒绝清偿债务。

于是服装厂将张某、高某二人诉至法院,张某、高某二人也向法院提出起诉方某,要求其赔偿私自签订40万元以上标的合同和侵占合伙企业财产所造成的损失。

问题:

(1)方某与布料厂签订的合同是否有效?为什么?

(2)本案应如何处理?

【案例3】 2021年7月初,甲、乙、丙、丁四方商议共同投资改造甲所有的HO型微波炉厂,并把厂名改为"宏意微波炉有限责任公司",总投资额为4 000万元。甲以旧厂折价800万元,并以HO红星牌微波炉商标折价200万元;乙出资550万元,并以其拥有的微波炉生产改造技术折价450万元;丙、丁各出资1 000万元。四方商定,在合同生效后10日内资金到位,由甲负责办理公司登记手续。

问题:

请根据以上案例,判断下列各题是否正确,并说明理由。

(1)为尽快设立公司,甲、乙、丙、丁四方约定,各方出资应保证真实、合法,经四方共同确认后,不再进行评估作价。

(2)股东乙用工业产权出资的比例已超过20%,因此其出资不符合法律的规定,应予以调整。

(3)在合同生效后第5天,甲、乙、丙都按照合同规定办理了出资手续和财产权转移手续。但丁因资金困难要求退出,甲、乙、丙可以接受丁的要求,但认为丁应赔偿他们的损失。

(4)公司登记成立后,丙提出自己公司改造缺乏资金,要求抽回自己的出资,同时愿意赔偿其他股东的经济损失各50万元。丙的要求也可以接受。

(5)甲在公司运作一段时间后,提出将自己所有股权的四分之一转让给戊。甲的要求必须经全体股东的二分之一同意才有效。如同意甲的转让要求,在同等条件下其他股东有优先购买权。

【案例4】 海容文化用品有限公司(以下简称"海容公司")系由甲、乙、丙、丁四名自然人和丰利印刷有限责任公司(以下简称"丰利公司")共同发起设立,于2018年组建的股份有限公司。该公司注册资本为5 000万元,总股本5 000万股,其中甲、乙、丙、丁各持有500万股,丰利公司持有300万股。海容公司2018年、2019年均为保本经营,2020年盈利500万元(税后利润)。2021年初,公司董事会为2021年度股东大会拟定了以下两项议案:①决定以上年的500万元利润,按每10股送1股的比例向全体股东发放股票股利;②为海容公司取得银行贷款,拟以海容公司全体股东所持股份质押给银行。股东大会的表决结果是,全体股东一致同意第①项议案;对于第②项议案,只有丰利公司赞成,甲、乙、丙、丁均投票反对。

**问题：**

试分析上述两项议案是否可以实施，并说明理由。

**【案例 5】** 某百货公司是以商品零售为主的公司，由两个私人股东设立，公司成立登记的注册资本为 200 万元。两个股东中，一个为执行董事，一个为财务负责人，其中执行董事兼任监事。该公司聘请在市工商局工作的杜某担任总经理。此时杜某个人买回一批服装正欲销售，上任后未经两个私人股东同意私下和该百货公司签了一份合同，用公司的名义买下了他自己买来的服装，总价值达 100 万元，占用了公司大量流动资金。后来，该批服装由于数量太多、款式陈旧而积压，致使公司半年的投资计划流产，大量的购货合同难以履行，于是公司执行董事向法院提起诉讼，要求杜某赔偿损失。杜某认为，他是公司的总经理，有权同任何人签订合同，决定经营方式，公司起诉他是没有道理的。

**问题：**

(1) 该百货公司是什么性质的公司？其注册资本是否符合法律规定？为什么？

(2) 公司只设立一名执行董事而不设立董事会是否符合规定？为什么？

(3) 公司聘请杜某为总经理有无不妥之处？为什么？

(4) 杜某是否应对公司造成的经济损失承担赔偿责任？为什么？

**【案例 6】** 刘某是甲有限责任公司的董事兼总经理，该公司主要经营计算机销售业务。任职期间，刘某代理乙公司从国外进口一批计算机并将其销售给丙公司，甲公司得知后提出异议。

**问题：**

本案例应如何认定和处理？

**【案例 7】** 某国有独资公司因经营亏损，不能清偿到期债务。经核查该公司的资产和负债情况如下：

(1) 属于企业的实物、现金等共计价值 500 万元；一幢办公楼价值 1 200 万元，已作为 1 000 万元贷款的抵押物；不久前为维护日常开支，向企业职工借款 200 万元；作为联营一方向联营企业投入 300 万元；A 企业欠其货款 400 万元。

(2) 欠银行贷款 1 000 万元及利息 300 万元；欠税款 600 万元；欠其他企业货款 3 000 万元；欠职工工资 150 万元。

**问题：**

(1) 该公司能否自己提出破产申请？

(2) 该公司所在地人民法院能否受理该破产案件？

(3) 该公司的资产中哪些属于破产财产？

(4) 依据《企业破产法》有关规定，该公司应如何清偿所欠款项和费用？

## 二、实训练习

### ☞ 训练 1　　拟写合伙协议书

**【背景材料】** 王某是大学被辞退人员，张某是技术人员，赵某是个体工商户。2021 年 2 月 20 日三人商议拟开办教育软件开发合伙企业。王某以自己的两间临街房作为公用房出资;张某以劳务出资;赵某以货币出资。三人为该企业起名为"三友教育软件开发中心",并依法定要求拟订书面合伙协议,合伙期限暂定为四年;四人平均分配利润,分担风险;合伙事务由王某和张某负责管理;合伙人如违反协议规定,破坏合伙经营,其他合伙人可以提出退伙或者将其除名。

**【实训要求】** 请根据以上材料拟写一份合伙协议书。

### ☞训练2　　拟写公司设立登记申请书

**【背景材料】** 2021年7月15日,某电器公司与某电器开关厂协商,欲成立一家生产家用电灯的有限责任公司。电器公司投资150万元,电器开关厂投资100万元。两个投资人共同确定了公司章程,新公司暂命名为"保华家用电灯有限责任公司",并选举刘某为法定代表人。经营期限暂定为10年,自公司成立之日起算。当缴足出资后,新公司筹备处委托会计师事务所进行验资,该会计师事务所验资后出具了验资证明。2021年10月,新公司筹备处向所在地市场监督管理局申请设立登记,并向其提交了公司设立登记申请书、公司章程、验资证明等文件。

**【实训要求】** 请根据以上资料拟写一份公司设立登记申请书。

## 综合实训操作参考答案

### 一、综合示范案例分析参考答案

**【案例1】**

本案例中不符合法律规定的行为有:

(1)该合伙企业为有限合伙企业,根据《合伙企业法》规定,有限合伙人对合伙企业的债务以其出资额为限承担有限责任。所以B公司只收取利益、不承担亏损这一点不符合法律规定。

(2)该合伙企业以"B有限责任公司"名义对外进行经营活动,不符合法律规定。根据《合伙企业法》的规定,合伙企业必须以自己的名义对外进行经营活动。

**【案例2】**

张某无权在未经过王某和李某同意的情况下,将自己的财产份额转让。张某转让其在合伙企业中的财产份额时,应该征得王某和李某的同意,而且在同等条件下王某和李某有优先受让的权利。

**【案例3】**

《公司法》第二十七条规定,股东可以用货币出资,也可以用实物、知识产权、土地使用权等可以用货币估价并可以依法转让的非货币财产作价出资。甲以货币,乙以实物即房产作价出资,都是符合法律规定的,而丙公司以与市政府的特殊关系作为出资于法无据。丙公司实际出资只能按10万元计算。乙公司的出资属于不足额出资,应当补缴。《公司法》对有限责任公司注册资本没有最低限额要求,所以该公司可以成立。

**【案例 4】**

(1)临时股东会的召开违反《公司法》规定。《公司法》第一百条规定:"股东大会应当每年召开一次年会。有下列情形之一的,应当在两个月内召开临时股东大会:(一)董事人数不足本法规定人数或者公司章程所定人数的三分之二时;(二)公司未弥补的亏损达实收股本总额三分之一时;(三)单独或者合计持有公司百分之十以上股份的股东请求时;(四)董事会认为必要时;(五)监事会提议召开时;(六)公司章程规定的其他情形。"《公司法》第一百零一条规定:"股东大会会议由董事会召集,董事长主持;董事长不能履行职务或者不履行职务的,由副董事长主持;副董事长不能履行职务或者不履行职务的,由半数以上董事共同推举一名董事主持。董事会不能履行或者不履行召集股东大会会议职责的,监事会应当及时召集和主持;监事会不召集和主持的,连续九十日以上单独或者合计持有公司百分之十以上股份的股东可以自行召集和主持。"《公司法》第一百零二条规定,临时股东大会应当于会议召开十五日前通知各股东。本案例中,董事会没有于会议召开十五日前通知全体股东,而仅仅通知了前 10 名的大股东参加会议;股东会应该是由董事会召集,董事长主持,而不是董事长个人召集开会;会议原定讨论公司亏损问题,临时增加讨论人事问题不妥;召开股东大会的理由是公司亏损,但是,亏损尚不足股本总额的三分之一,开会理由不充足。

(2)以董事会决议的形式解散公司不符合法律规定。《公司法》第一百零三条规定:"股东出席股东大会会议,所持每一股份有一表决权。但是,公司持有的本公司股份没有表决权。股东大会作出决议,必须经出席会议的股东所持表决权过半数通过。但是,股东大会作出修改公司章程、增加或者减少注册资本的决议,以及公司合并、分立、解散或者变更公司形式的决议,必须经出席会议的股东所持表决权的三分之二以上通过。"本案例中,仅仅占出席会议股东表决权 65% 的 7 名股东同意解散公司,没有达到三分之二以上通过的要求;此外,解散公司不能由董事会作出决议,而应由股东大会决定。

**【案例 5】**

(1)①董事会出席人数符合《公司法》规定。根据《公司法》第一百一十一条的规定,董事会会议应有过半数的董事出席方可举行。本题亲自出席会议的董事有 5 名,符合规定。

②张某不能接受委托代为行使表决权。根据规定,董事因故不能出席董事会会议的,可以书面委托其他董事代为出席,而张某为本公司的监事,不是董事,不能代为行使表决权。

(2)会议通过了 A 上市公司的子公司 B 向董事高某提出提供 10 万元借款的决定不符合《公司法》规定。《公司法》第一百一十五条规定:"公司不得直接或者通过子公司向董事、监事、高级管理人员提供借款。"因此,本案例中,A 上市公司通过自己的子公司向董事高某借款的决定是违法的。

(3)董事会通过了一项与 B 公司签订房屋租赁合同的决定是合法的。根据《公司法》规定,上市公司董事与董事会会议决议事项所涉及的企业有关联关系的,该董事会会议有过半数的无关联关系的董事出席即可举行。本案例出席董事会的董事中,有 4 名是无关联关系的董事,是符合规定的。另外,董事会会议所作决议须经无关联关系董事过半数通过,本案例中 5 名董事全部通过,是可以通过该决议的。

(4)董事会会议记录存在如下不当之处:《公司法》规定,董事会会议记录应由出席会议的董事在会议记录上签名。因此,列席董事会会议的监事无须在会议记录上签名,而该公司列席董事会会议的监事在会议记录上签名,是不符合规定的。

**【案例 6】**

(1)《公司法》第七十八条规定,设立股份有限公司,应当有二人以上二百人以下为发起人,其中须有半数以上的发起人在中国境内有住所。本案例中,发起人有 3 家公司,符合法定条件。

(2)关于创立大会,《公司法》第八十九条、第九十条有下述有关规定:发行股份的股款缴足后,必须经依法设立的验资机构验资并出具证明。发起人应当自股款缴足之日起 30 日内主持召开公司创立大会。创立大会由发起人、认股人组成。创立大会应有代表股份总数过半数的发起人、认股人出席,方可举行。本案例中,汽车配件股份有限公司的发起人在股款缴足并验资后不及时召开创立大会,拖延两个月,损害了股东与公司的利益。并且,创立大会的股东人数低于法定比例,因此创立大会的召开不合法。

**【案例 7】**

乙企业的行为属于虚假出资行为。乙企业应承担的法律责任:由公司登记机关责令改正,处以虚假出资金额 5% 以上 15% 以下的罚款。构成犯罪的,依法追究刑事责任。

**【案例 8】**

(1)管理人无权请求人民法院撤销甲公司向乙公司赠送复印机的行为。根据规定,人民法院受理破产申请前 1 年内,债务人无偿转让财产的,管理人有权请求人民法院予以撤销。在本案例中,甲公司向乙公司赠送复印机的行为发生于破产受理 1 年之前。

(2)丙公司无权就其未获清偿的 10 万元货款向管理人申报债权。根据《企业破产法》规定,破产人仅作为担保人为他人债务提供物权担保,担保债权人的债权虽然在破产程序中可以构成别除权,但因破产人不是主债务人,在担保物价款不足以清偿担保债额时,余债不得作为破产债权向破产人要求清偿,只能向原主债务人求偿。

(3)丁公司无权要求戊公司返还机床。因为戊公司受让财产时主观上为善意,并以合理价格有偿受让,且机床已经交付,戊公司有权主张善意取得该机床的所有权。

(4)丁公司无权要求管理人请求人民法院撤销甲公司与戊公司之间的机床买卖行为。根据《企业破产法》规定,人民法院受理破产申请前 1 年内,以明显不合理价格进行交易的,管理人有权请求人民法院予以撤销。在本案例中,戊公司受让丁公司机床的价格合理。

(5)丁公司有权要求戊公司将 20 万元机床价款直接支付给自己。根据《企业破产法》规定,如果转让其财产的对待给付财产尚未支付(如购买价款)或存在补偿金等,该财产的权利人有权取回代偿物。在本案例中,戊公司购买机床的价款尚未支付,丁公司有权行使代偿取回权。

(6)庚公司的理由不成立。根据《企业破产法》规定,和解债权人对债务人的保证人和其他连带债务人所享有的权利,不受和解协议的影响。

**二、综合实务操作参考意见**

**【实训方案示例 1】**

合伙协议书

合伙人:刘立明,男,××年×月×日出生,现住东河县刘庄村;
合伙人:刘立光,男,××年×月×日出生,现住东河县刘庄村;
合伙人:李伟,男,××年×月×日出生,现住东河县刘庄村;
合伙人:宋辉,男,××年×月×日出生,现住东河县刘庄村。

合伙人本着公平、平等、互利的原则订立合伙协议如下：

第一条　合伙宗旨

合伙经营,共同受益,同担风险,发展刘庄村经济。

第二条　合伙经营项目和范围

红砖的生产和销售。

第三条　合伙期限

合伙期限为5年,自2021年11月1日起至2026年10月31日。

第四条　出资额、方式、期限

1.合伙人刘立明出资人民币15万元,合伙人刘立光出资人民币14万元,合伙人李伟出资人民币13万元,合伙人宋辉出资人民币12万元。

2.各合伙人的出资于2021年10月31日以前缴齐。合伙人逾期不缴或未缴齐的,应对应缴而未缴金额数计付银行利息并赔偿由此造成的损失。

3.合伙人出资共计人民币54万元。合伙期间各合伙人的出资为共有财产,不得随意请求分割。合伙终止后,各合伙人的出资应为个人所有,届时予以返还。

第五条　盈余分配与债务承担

1.盈余分配:以出资额为依据,按出资比例分配。

2.债务承担:合伙企业债务先由合伙财产偿还,合伙财产不足以清偿时,以各合伙人的自有财产,按出资比例承担。

第六条　入伙、退伙、出资的转让

1.入伙：

(1)需承认本协议。

(2)需经全体合伙人同意。

(3)执行协议规定的权利和义务。

2.退伙：

(1)需有正当理由方可退伙。

(2)不得在合伙不利时退伙。

(3)退伙需提前1个月告知其他合伙人并经全体合伙人同意。

(4)以退伙时合伙企业的财产状况进行结算,不论以何种方式出资,均以现金结算。

(5)未经合伙人同意而自行退伙给合伙企业造成损失的,应进行赔偿。

3.出资的转让:允许合伙人转让自己的出资。转让时合伙人有优先受让权,如受让人为合伙人以外的第三人,第三人应按入伙对待,否则以退伙对待转让人。

第七条　合伙负责人及其他合伙人的权利

1.刘立明为合伙企业负责人。其权限:

(1)对外开展业务,订立协议。

(2)对合伙事务进行日常管理。

(3)出售合伙企业的产品(货物),购进常用物品。

(4)支付合伙债务。

(5)开展业务以5万元为限,超过5万元的事项要由合伙人共同商议,否则由此给合伙企业造成的损失要承担赔偿责任。

2.其他合伙人的权利:

(1)参与合伙事务的管理。

(2)听取合伙负责人开展业务情况的报告。

(3)检查合伙账册及经营情况。

(4)共同决定合伙企业的重大事项。

第八条　禁止行为

1.未经全体合伙人同意,禁止任何合伙人私自以合伙企业名义进行业务活动。否则,其业务活动获得利益归合伙企业,造成损失按实际损失赔偿。

2.禁止合伙人经营与本合伙企业竞争的业务。

3.禁止合伙人再加入其他合伙企业。

4.禁止合伙人与本合伙企业签订协议。

如合伙人违反上述各条款,应按合伙企业实际损失赔偿。劝阻不听者,经其他合伙人一致同意,可以决议将其除名。

第九条　合伙的终止及终止后的事项

1.合伙出现以下事由之一,应当终止:

(1)合伙期届满。

(2)全体合伙人同意终止合伙关系。

(3)合伙目的已经实现或者无法实现。

(4)合伙事务违反法律被撤销。

(5)法院根据有关当事人请求判决解散。

2.合伙终止后的事项:

(1)即行推举清算人,并邀请会计师事务所的会计师参与清算。

(2)清算后如有盈余,则按收取债权、清偿债务、返还出资、按比例分配剩余财产的顺序进行。固定资产和不可分物,可作价卖给合伙人或第三人,其价款参与分配。

(3)清算后如有亏损,不论合伙人出资多少,先以合伙共同财产偿还,合伙财产不足以清偿的部分,由合伙人按出资比例承担。

第十条　纠纷的解决

合伙人之间如发生纠纷,应共同协商,本着有利于合伙企业发展的原则予以解决。如协商不成,可以诉诸法院。

第十一条　本协议自订立并报经市场监督管理机关批准之日起生效,同时合伙企业开始营业。

第十二条　本协议如有未尽事宜,应由合伙人集体讨论补充或修改。补充和修改的内容与本协议具有同等效力。

合伙人:刘立明(签字)(盖章)

刘立光(签字)(盖章)

李伟(签字)(盖章)

宋辉(签字)(盖章)

2021年10月15日

**【实训方案示例 2】**

# 公司设立登记申请书

| 名称 | ××市新光家具有限公司 | | |
|---|---|---|---|
| 住所 | ××市××区××街××号 | 邮政编码 | ×××××× |
| 法定代表人 | ××× | 电话 | ×××××××× |
| 注册资本 | 200(万元) | 企业类型 | 有限 |
| 经营范围 | 家具制作和销售 | | |
| 营业期限 | 自 2020 年 9 月 15 日至 2025 年 9 月 14 日 | | |
| 审批机关 | ××× | 批准文号 | ××× |
| 有关部门意见 | | | |

谨此确认,本表所填内容不含虚假成分。
董事长签字:×××
××××年××月××日

注:①经营范围中有法律、行政法规规定必须报经审批项目的,国家有关部门可在"有关部门意见"栏签署意见并盖章。国家有关部门签署意见后,申请人可不再提交国家有关部门的批准文件。②法律、行政法规规定设立公司必须报经审批的,申请人应填写"审批机关"和"批准文号"栏。③"住所"应填写市(县)、区(村)、街道名、门牌号。④"企业类型"填"有限"或"股份"。

## 三、热点及深度问题探讨提示

**【问题 1】**

2020 年 5 月 28 日,十三届全国人大三次会议审议通过了《中华人民共和国民法典》。这是新中国成立以来第一部以"法典"命名的法律,是新时代我国社会主义法治建设的重大成果。"法与时转则治",《民法典》是社会生活的百科全书,是市场经济的行动指南,涉及社会经济生活的方方面面。老百姓的生老病死都会与民法典产生关联。民法典的内容可以说覆盖了社会经济生活的各个领域,对民事主体的许多领域都会产生重大影响。

一、加强小区治理

为了解决近年来群众普遍反映的业主大会、业主委员会成立难,业主作出决议难,公共维修资金使用难,以及物业管理不规范、业主维权难等问题,《民法典》规定:

第一,在物权编中,从物权的角度加强对建筑物业主权利的保护。一是强化业主对共有部分共同管理的权利。实践中,一些物业服务企业未征求业主意见擅自改变共有部分的用途或者利用外墙、电梯张贴广告等营利。对此,增加规定,改变共有部分的用途或者利用共有部分从事经营活动应当由业主共同决定。二是为了解决物业管理活动中业主作出决议难的问题,适当降低业主作出决议的门槛。三是明确共有部分产生的收益属于业主共有。四是增加规定地方人民政府有关部门、居民委员会应当对设立业主大会和选举业主委员会给予指导和协助。五是完善公共维修资金使用的表决规则,降低这一事项的表决要求,明确应当经参与表决的业主"双过半数"同意。增加规定:紧急情况下需维修建筑物及其附属设施的,业主大会或者业主委员会可以依法申请使用维修资金。六是加强对业主维权的保障,明确主管部门的责任,增加规定:在建筑区划内违反规定饲养动物、违章搭建、侵占通道等的行为人拒不履行相关义务的,有关当事人可以向有关行政主管部门报告或者投诉,有关行政主管部门应当依法处理。

第二,在合同编中,单设一章创设性地规定了物业服务合同的具体规则,明确了物业服务人和业主的具体权利与义务。一是为了更好保护业主的知情权,便于业主对物业服务事项予以监督,明确规定物业服务人应当定期公布服务信息;二是赋予业主单方解除权,规定业主依照法定程序共同决定解聘物业服务人的,可以解除物业服务合同;等等。

二、加大对弱势群体的保护力度

一是增加规定居住权。《民法典》在用益物权部分增加一章,专门规定居住权,居住权人有权按照合同约定并经登记占有、使用他人的住宅,以满足其稳定生活居住需要。这一制度安排有助于为公租房和老年人以房养老提供法律保障。

二是在合同编加大对弱势合同当事人一方的保护。规定了电、水、气、热力供应人以及公共承运人对社会公众的强制缔约义务,完善了格式条款制度。为了体现对残疾人权益的保护,解决实践中存在的虚假助残捐,《民法典》在不可撤销的赠与情形中增加"助残"。为落实党中央提出的建立租购同权住房制度的要求,保护承租人利益,促进住房租赁市场健康发展,增加了住房承租人的优先承租权制度。

三、维护网络当事人的权益

一是为适应电子商务和数字经济快速发展的需要,规范电子交易行为,《民法典》对电子合同订立、履行的特殊规则作了规定。

二是完善网络侵权责任规则。随着互联网的快速发展,网络侵权行为越来越复杂,为了更好地保护权利人的利益,同时平衡好网络用户和网络服务提供者之间的利益,在侵权责任法的基础上细化了网络侵权责任的具体规则。

四、维护正常的运输秩序

近年来,客运合同领域出现不少新问题,为了维护正常的运输秩序,保护旅客在运输过程中的人身、财产安全,《民法典》一是明确旅客应当按照有效客票记载的时间、班次和座位号乘运;二是明确实名制客运合同的旅客丢失客票的,可以要求承运人挂失补办,承运人不得再次收取票款和其他不合理费用;三是明确承运人应当严格履行安全运输义务,及时告知旅客安全运输应当注意的事项。旅客对承运人为安全运输所作的合理安排应当积极协助和配合。遇有不能正常运输的特殊情形和重要事由,承运人应当及时告知旅客并采取必要的安置措施。

五、禁止高利放贷

近年来,社会上出现大量套路贷、校园贷等非法放贷问题,严重扰乱社会经济秩序,特别是"高利贷"对金融经济秩序和社会生活带来了很多负面影响。为了防范金融风险,维护正常的金融秩序,《民法典》明确规定,禁止高利放贷,借款的利率不得违反国家有关规定。

### 六、加强人格权的保护

民法典将人格权制度独立设为一编,强调人格权保护,这是《民法典》的一大亮点。

《民法典》对信息社会日益凸显的隐私权和个人信息保护问题进行了规定,及时回应社会需求,顺应时代发展要求。同时,为了适应未来社会发展需求,在隐私权和个人信息保护方面也为未来立法留下了空间。现代科技的发展,人体细胞、人体组织、人体器官、遗体捐献,医学临床试验,与人体基因、人体胚胎等有关的医学和科研活动日益走进现代社会生活,人格权编对这些问题进行了回应,兼顾科技发展和权利保护,为满足人民日益增长的美好生活需要提供了有力的法治保障。同时,立法也为这些领域的未来发展留下了空间。

### 七、维护婚姻家庭的稳定

一是《民法典》明确规定,家庭应当树立优良家风,弘扬家庭美德,重视家庭文明建设;夫妻应当互相忠实,互相尊重,互相关爱;家庭成员应当敬老爱幼,互相帮助,维护平等、和睦、文明的婚姻家庭关系。

二是《民法典》明确了夫妻共同债务的范围,规定夫妻双方共同签字或者夫妻一方事后追认等共同意思表示所负的债务,以及夫妻一方在婚姻关系存续期间以个人名义为家庭日常生活需要所负的债务,属于夫妻共同债务;夫妻一方在婚姻关系存续期间以个人名义超出家庭日常生活需要所负的债务,不属于夫妻共同债务,但是债权人能够证明该债务用于夫妻共同生活、共同生产经营或者基于夫妻双方共同意思表示的除外。

三是《民法典》明确规定了30天的离婚冷静期。在此期间,任何一方可以向登记机关撤回离婚申请。离婚冷静期制度仅适用于协议离婚即双方自愿离婚的情况,实践中对于一方因对方实施家庭暴力的原因而要求离婚的,一般是通过起诉离婚的方式,法院经调解无效,依法应准予离婚。

### 八、保护老百姓"头顶上的安全"

完善高空抛物坠物责任规则。《民法典》对高空抛物坠物责任规则作了进一步的完善:一是禁止从建筑物中抛掷物品。二是从建筑物中抛掷物品或者从建筑物上坠落的物品造成他人损害的,由侵权人依法承担侵权责任。三是规定"公安等机关应当依法及时调查,查清责任人",并明确"经调查难以确定具体侵权人"的,才适用由可能加害的建筑物使用人给予补偿的规定。四是规定可能加害的建筑物使用人补偿后发现侵权人的,有权向侵权人追偿。五是增加规定物业服务企业等建筑物管理人应当采取必要的安全保障措施防止此类行为的发生;未采取必要的安全保障措施的,应当依法承担未履行安全保障义务的侵权责任。

《民法典》在中国特色社会主义法律体系中具有重要地位,是一部固根本、稳预期、利长远的基础性法律,对推进全面依法治国、加快建设社会主义法治国家,对发展社会主义市场经济、巩固社会主义基本经济制度,对坚持以人民为中心的发展思想、依法维护人民权益、推动我国人权事业发展,对推进国家治理体系和治理能力现代化,都具有重大意义。

【问题2】

公司法人财产是指公司设立时,由股东投资以及公司成立后在经营过程中形成的财产的总和。公司享有法人财产权,即公司依法对其财产享有占有、使用、收益和处分的权利。

为了避免公司法人滥用财产权利损害公司股东、债权人、公司本身的合法权益,更好地实现公司治理,《公司法》对公司法人行使财产权从投资、担保等方面作了限制性规定。

1.对外投资的限制。《公司法》第十五条规定:"公司可以向其他企业投资;但是,除法律另有规定外,不得成为对所投资企业的债务承担连带责任的出资人。"同时,《公司法》第十六条规定,公司向其他企业投资,依照公司章程的规定,由董事会或者股东会、股东大会决议;公司章程对投资的总额及单项投资的数额有限额规定的,不得超过规定的限额。

2.担保的限制。根据《公司法》第十六条的规定,公司为他人提供担保,依照公司章程的规定,由董事会或者股东会、股东大会决议;公司章程对担保的总额或者单项担保的数额有限额规定的,不得超过规定的限额。公司为公司股东或者实际控制人提供担保的,必须经股东会或者股东大会决议。接受担保的股东或者受实际控制人支配的股东不得参加表决。该项表决由出席会议的其他股东所持表决权的过半数通过。

3.借款的限制。一般情况下,除非公司章程有特别规定或经过股东会(股东大会)的批准同意,公司董事、经理不得擅自将公司资金借贷给他人。

# 第六章 合同法律制度

## 实训目标

培养学生对合同事务处理的基本能力

## 实训要求

通过案例分析和实务操作,学生能够独立订立合同、审查合同,并学会依法处理合同履行中出现的法律问题。

## 主要知识点

### 1.重点概念

缔约过失责任　表见代理　代位权　撤销权　违约责任　先诉抗辩权　不安抗辩权　买卖合同　违约金

### 2.重点问题

(1)合同的特征
(2)合同的内容与形式
(3)合同的履行规则及合同履行中的抗辩权制度和合同保全制度
(4)合同转让的法律规定
(5)合同终止的情形

### 3.难点问题

(1)缔约过失责任
(2)合同订立的程序
(3)合同的解除

## 课内实训

### 一、课内案例

**【案例1】 有关要约和承诺方面的案例**

甲公司向乙公司发出传真①,称:"现有××牌高标号水泥一批,价格优惠,每吨仅200元;存货不多,欲购从速。"乙公司随即回复"需水泥50吨,于××年7月9日在贵公司处提货"(传真②)。甲公司立即回复"同意,但7月9号为周末,请于7月10日来提货"(传真③)。但是,由于通信线路故障,该传真于7月10日清晨到达乙公司,乙公司收到后未再与甲公司联系。7月10日,甲公司将50吨水泥从位于外地的库房拉到公司院内,但始终未见乙公司派人来提货。7月11日,突然天降暴雨,堆放在院内的水泥虽被遮掩,但仍被雨淋泡变质,不能使用。

问题:

(1)三个传真的法律性质是什么?

(2)甲、乙公司之间的合同是否成立?应自何时成立?为什么?

(3)水泥毁损所受的损失应由谁负担?为什么应由其负担?

(4)本案例中,若传真②称"我公司急需50吨水泥,于三日后赴你处提货",甲公司收到后立即组织人员将50吨水泥包装完毕,并做好装车准备,但在甲公司次日回电承诺前,乙公司传真告知"已从他处购得水泥,原要约撤销"。则此撤销效力如何?为什么?

**【案例2】 有关预期违约和标的物毁损、灭失风险责任承担方面的案例**

A县的甲公司与B县的乙公司于2021年7月3日签订一份空调购销合同,约定甲公司向乙公司购进100台空调,单价为2 000元;乙公司负责在B县代办托运,甲公司于货到后立即付款。乙公司于7月18日在B县的火车站发出了该合同约定的100台空调,甲公司由于遇到资金周转困难,于7月19日传真告知乙公司自己将不能履行合同。乙公司收到传真后努力寻找新的买家,于7月22日与C县的丙公司签订了该100台空调的购销合同。合同约定:丙公司买下这100台托运中的空调,单价为1 900元。丙公司于订立合同时向乙公司支付定金10 000元,并约定:丙公司在收到货物后15天内付清全部货款;在丙公司付清全部货款前,乙公司保留对空调的所有权;如有违约,违约方应承担合同总价款20%的违约金。乙公司同时于当日传真通知甲公司解除与甲公司签订的合同。运输火车在运输过程中于7月21日遇上泥石流,托运中的空调有30台毁损。丙公司于7月26日收到70台完好无损的空调后,又与丁公司签订合同,准备将这70台空调全部卖与丁公司,同时丙公司以其未能如约收到100台空调为由拒付乙公司剩余货款。

问题:

(1)乙公司在与甲公司的合同履行期限届满前解除合同的理由是什么?在此解除的情形下,乙公司能否向甲公司主张违约责任?

(2)遭遇泥石流而毁损的空调损失应由谁承担?为什么?

(3)乙公司认为丙公司拒付货款违约,决定不返还定金并要求其支付38 000元的违约金,其主张能否得到支持?为什么?

(4)丙、丁公司所签合同效力如何?为什么?

**【案例3】** 有关合同履行中不安抗辩权方面的案例

甲企业委托乙企业为其生产一批通用机械配件，双方约定2021年4月1日交货，验货合格后10日内甲企业支付货款。同年2月1日，乙企业有确切证据得知甲企业经营状况恶化，已丧失履行债务的能力，遂停止为其生产配件并与甲企业交涉，要求其在1个月内提供担保，否则乙企业将解除合同。到同年3月25日，甲企业的经营状况未得到明显改善，也未提供担保，于是乙企业通知甲企业解除合同。

问题：

(1) 乙企业单方中止履行合同，并要求甲企业提供担保的行为是否合法？

(2) 乙企业单方解除合同的行为是否合法？

**【案例4】** 关于合同保全中代位权行使方面的案例

甲公司向乙商业银行借款10万元，借款期限为一年。借款合同期满后，由于甲公司经营不善，无力偿还借款本息。但是丙公司欠甲公司到期货款20万元，甲公司不积极向丙公司主张支付货款。为此，乙商业银行以自己的名义请求法院执行丙公司的财产，以使甲公司偿还贷款。

问题：

(1) 法院是否应支持乙商业银行的请求？

(2) 若乙商业银行行使代位权花费3 000元必要费用，此费用应由谁承担？

**【案例5】** 甲某年近六旬，其妻乙遭遇车祸，急需巨额医疗费。甲某为了筹集医疗费，急售自己仅存的一幅清代名画给丙。丙见甲窘迫，明知该画时值60万，表示仅愿意半价购买，甲迫于无奈，只好半价出售。2021年3月1日，付款交货，双方成交。半年后甲病故，乙于2021年10月向律师咨询，欲撤销甲、丙之间买卖名画的合同。

问题：

乙可否申请撤销甲、丙之间的名画买卖合同？

## 二、实务操作

### (一) 提供有关合同转让方面的法律咨询

**【背景材料】** 甲旅游公司与公民王某签订了一份旅游合同。在合同订立后履行前，甲旅游公司欲将合同转让给丙旅游公司。

**【要求】** 请问甲旅游公司应当如何做才不用承担法律责任？

### (二) 提供有关合同谈判方面的法律咨询

**【背景材料】** 甲商场要购买乙公司生产的"风花"牌月饼100箱以备中秋节出售，拟与乙公司签订购销合同一份。

**【要求】** 请问甲商场在签订此份合同时应注意什么问题？

## 课后自测题

**一、判断题**

1.依据《民法典》合同编规定,合同是民事主体之间设立、变更、终止民事法律关系的协议。（  ）

2.婚姻、收养、监护等有关身份关系的协议,适用有关该身份关系的法律规定;没有规定的,可以根据其性质参照适用《民法典》合同编规定。（  ）

3.依法成立的合同,受法律保护。依法成立的合同,仅对当事人具有法律约束力,但是法律另有规定的除外。（  ）

4.依据《民法典》合同编规定,当事人订立合同,只能采取要约、承诺方式。（  ）

5.当事人约定在将来一定期限内订立合同的认购书、订购书、预订书等,构成预约合同。当事人一方不履行预约合同约定、订立合同义务的,对方不得请求其承担预约合同的违约责任。（  ）

6.当事人迟延履行债务,约定违约金的,违约方支付违约金后还应当履行债务。（  ）

7.只要发生不可抗力,当事人就可以在发生违约时不承担任何违约责任。（  ）

8.合同不生效、无效、被撤销或者终止的,不影响合同中有关解决争议方法的条款的效力。（  ）

9.买卖合同的出卖人将收取价款的权利转让给第三人,无须得到买受人的同意,但是应当通知买受人。（  ）

10.甲以欺诈手段订立合同,损害国家利益,该合同应属于无效合同,而不是可撤销合同。（  ）

11.债权人甲与债务人乙约定由乙向丙履行债务,乙未履行,则乙应向丙承担违约责任。（  ）

12.合同履行期限不明确的,债务人可以随时履行,债权人也可以随时要求履行。（  ）

13.因债务人怠于行使其债权或者与该债权有关的从权利,影响债权人的到期债权实现的,债权人可以向人民法院请求以债务人的名义代位行使债务人对相对人的权利,但是该权利专属于债务人自身的除外。（  ）

14.如果合同约定的违约金低于因为违约给当事人造成的实际损失,当事人可以请求人民法院或者仲裁机构予以增加。（  ）

15.甲、乙公司签订一份买卖合同。甲公司在合同约定的交货期前,有充分的证据证明乙公司经营情况严重恶化,甲公司有权解除合同。（  ）

**二、单项选择题**

1.2020年5月28日,十三届全国人民代表大会第三次会议表决通过了(    ),自2021年1月1日起施行,原《中华人民共和国合同法》废止。

A.《中华人民共和国民法典》　　B.《中华人民共和国民法》

C.《中华人民共和国民法通则》　　C.《中华人民共和国民法总则》

2. 合同文本采用两种以上文字订立并约定具有同等效力的,对各文本使用的词句推定具有相同含义。各文本使用的词句不一致的,应当根据合同的相关条款、性质、目的以及(　　)等予以解释。

A.自愿原则　　　B.有偿原则　　　C.诚信原则　　　D.公平原则

3. 承诺应当以(　　)作出;但是,根据交易习惯或者要约表明可以通过行为作出承诺的除外。

A.书面的方式　　　　　　　　B.口头的方式
C.通知的方式　　　　　　　　D.沉默的方式

4. 对格式条款的理解发生争议的,应当按照通常理解予以解释。对格式条款有两种以上解释的,应当作出不利于提供格式条款一方的解释。格式条款与非格式条款不一致的,应当采用(　　)。

A.格式条款　　　　　　　　　B.当事人的约定
C.非格式条款　　　　　　　　D.法律规定

5. 下列合同中当事人一方有权请求人民法院或仲裁机构变更或撤销的是(　　)。

A.恶意串通,损害国家、集体或第三人利益的
B.以合法形式掩盖非法目的的
C.损害社会公共利益的
D.在订立合同时显失公平的

6. 合同对履行费用的负担约定不明确的,由(　　)负担。

A.接受履行义务一方　　　　　B.第三人
C.受益人　　　　　　　　　　D.履行义务一方

7. 在合同履行期限届满前,当事人一方明确表示或以自己的行为表明不履行主要债务的,对方可以(　　)。

A.撤销合同　　B.变更合同　　C.解除合同　　D.宣告合同无效

8. 当事人一方不履行合同或者履行合同义务不符合约定的,承担违约责任的归责原则为(　　)。

A.严格责任原则　　　　　　　B.过错责任原则
C.过错推定原则　　　　　　　D.缔约过失责任原则

9. 逾期交货的,遇价格上涨时,按(　　)实行;价格下降时,按(　　)执行。

A.原价格、新价格　　　　　　B.新价格、原价格
C.新价格、新价格　　　　　　D.原价格、原价格

10. 甲的女儿患重病住院,急需用钱又求借无门,乙趁机表示愿借给2 000元,但半年后须加倍偿还,否则以甲的房子代偿。甲表示同意。根据《民法典》的规定,甲、乙之间的借款合同属于(　　)。

A.欺诈而无效　　　　　　　　B.欺诈而可撤销
C.乘人之危而无效　　　　　　D.乘人之危而可撤销

11. 甲、乙双方订立买卖合同,甲为出卖人,乙为买受人,约定收货后10日内付款。甲在

交货前有确切证据证明乙经营状况严重恶化。根据《民法典》合同编的规定,甲可采取的措施是(    )。

A.行使同时履行抗辩权　　　　B.行使后履行抗辩权

C.行使不安抗辩权　　　　　　D.行使撤销权

12.王某与某县农科所签订了一份良种买卖合同。合同约定,若农科所小麦良种培育成功,则以每公斤500元的价格向王某出卖10公斤。根据《民法典》合同编的规定,该合同(    )。

A.属于要式合同　　　　　　　B.已成立,但未生效

C.成立并生效　　　　　　　　D.所附条件成立,则合同成立并生效

13.根据《民法典》合同编的规定,由于债权人的原因,债务人无法向债权人交付合同标的物时,可以将该标的物交给提存部门,从而消灭债务。在标的物提存后,标的物毁损、灭失风险责任的承担者是(    )。

A.债权人　　　　　　　　　　B.债务人

C.债权人和债务人　　　　　　D.提存部门

14.乙对甲负有债务且无力清偿,乙对丙享有权利且怠于行使,下列表述正确的是(    )。

A.甲可以乙的名义直接向丙主张权利　B.甲可请求丙向乙履行义务

C.甲可诉请丙向自己履行义务　　　　D.甲可诉请丙向乙履行义务

15.根据法律规定,以下不是专属于债务人自身债权的是(    )。

A.抚养关系　　　　　　　　　B.继承关系

C.赡养关系　　　　　　　　　D.基于买卖合同产生的关系

### 三、多项选择题

1.根据《民法典》合同编的规定,当事人订立合同,可以采用书面形式、口头形式或者其他形式,书面形式包括(    )。

A.合同书形式

B.信件形式

C.电报、电传、传真等可以有形地表现所载内容的形式

D.以电子数据交换、电子邮件等方式能够有形地表现所载内容,并可以随时调取查用的数据电文形式

2.根据《民法典》的规定,有下列(    )情形之一的,该格式条款无效。

A.具有《民法典》第一编民事法律行为无效情形

B.具有《民法典》合同编免责条款无效情形

C.提供格式条款一方不合理地免除或者减轻其责任、加重对方责任、限制对方主要权利

D.提供格式条款一方排除对方主要权利

3.甲公司向乙公司发出要约,欲向其出售一批货物。要约发出后,甲公司因进货发生困难而欲撤回要约。甲公司撤回要约的通知应当(    )有效。

A.在要约到达乙公司之前到达乙公司

B.在乙公司发出承诺之前到达乙公司

C.与要约同时到达乙公司

D.在乙公司发出承诺的同时到达乙公司

4.下列合同中,既可以是有偿合同也可以是无偿合同的有( )。

A.保管合同　　　B.委托合同　　　C.借款合同　　　D.互易合同

5.甲公司与乙公司签订了一份买卖合同,合同订完后,甲公司分立为丙公司与丁公司,则就该合同( )。

A.债权人与债务人有约定的,从约定

B.无约定的,由丙、丁公司根据各自资产份额各自享受债权,承担债务

C.无约定的,就合同债权,丙、丁公司享有连带债权

D.无约定的,就合同义务,丙、丁公司承担连带债务

6.甲、乙签订的买卖合同约定了定金和违约金条款。甲违约,给乙造成经济损失。根据《民法典》的规定,下列各项中,乙追究甲违约责任的方式有( )。

A.要求单独适用定金条款

B.要求单独适用违约金条款

C.要求同时适用定金和违约金条款

D.要求同时适用定金和违约金条款,并要求另行赔偿损失

7.甲公司欠乙公司 30 万元一直无力偿还,现丙公司欠甲公司 20 万元已到期,但是甲公司明确表示放弃对丙公司的债权。对甲公司的这一行为( )。

A.乙公司可以行使代位权,要求丙公司偿还 20 万元

B.乙公司可以请求人民法院撤销甲公司的弃权行为

C.乙公司行使权利的必要费用可向甲公司主张

D.乙公司应在知道或应当知道甲公司弃权两年内行使权利

8.债权人可以将债权的全部或者部分转让给第三人,但是有下列( )情形之一的除外。

A.根据债权性质不得转让　　　　　B.按照当事人约定不得转让

C.依照法律规定不得转让　　　　　D.未经债务人同意转让的

9.根据《民法典》合同编的规定,具备下列( )条件的合同为有效合同。

A.行为人具有相应的民事行为能力

B.当事人意思表示真实

C.不违反法律、行政法规的强制性规定

D.不违背公序良俗

10.甲厂与乙厂签订了一份螺母零件买卖合同,约定由甲厂向乙厂提供 m 型号的螺母零件 50 万件。后甲厂向乙厂提供的是 n 型号的零件,致使乙厂无法使用。对于本题正确的表述有( )。

A.乙厂可要求甲厂包换或包退,并承担因此而支付的实际费用

B.甲厂不能调换或不能退换时,按不能交货处理

C.乙厂可要求甲厂承担违约责任

D.乙厂只能要求调换货物,但不可解除合同

## 四、案例分析

【案例 1】　外出经商的李某准备回家送年货,在公路上等候汽车。但因当日刚下过大

雪,路面结冰,李某等候多时未见汽车。半个小时之后,李某拦了一辆个体出租车,但该车已挂出"停止营业"的标牌,司机程某准备开车回家休息。李某说明自己要赶火车回家,恳求程某送其到火车站。程某提出因路滑难行,如有意外其概不负责且要求加倍收费。李某因急于赶车,表示同意。车行6公里左右时,因前方车辆行驶缓慢,程某于是将车驶入人行道准备超车,但因路面太滑刹车失控,车撞到电线杆上,李某头部因此碰伤,李某为此花去医疗费5 000元。后李某要求司机程某赔偿损害,但程某提出他与李某事先有约定,对此事故一概不负责任。

**问题:**
该出租车司机是否应承担损害赔偿责任?

**【案例2】** 甲公司因转产致使一台价值1 000万元的精密机床闲置。该公司法定代表人张某与乙公司签订了一份机床转让合同。合同规定,精密机床作价950万元,甲公司于2021年10月31日前交货,乙公司在接货后10天内付清款项。在交货日前甲公司发现乙公司的经营状况恶化,遂通知乙公司中止交货并要求乙公司提供担保,乙公司予以拒绝。又过了一个月,乙公司的经营状况进一步恶化,于是甲公司提出解除合同。乙公司遂向法院起诉。法院查明:①甲公司规定,对精密机床的处置应经股东会特别决议。②甲公司的机床原由丙公司保管,保管期限至10月31日,保管费50万元。双方约定11月5日甲公司将机床提走并约定10天内支付保管费,如果10天内不支付保管费,丙公司可对该机床行使留置权。现丙公司对该机床行使了留置权。

**问题:**
(1)甲公司与乙公司之间转让机床的合同是否有效?为什么?
(2)甲公司中止履行合同的理由能否成立?为什么?
(3)甲公司能否解除合同?为什么?

**【案例3】** 甲公司与乙公司于2021年5月20日签订了设备买卖合同,甲为买方,乙为卖方。双方约定:①由乙公司于10月30日前分两批向甲公司提供10套设备,价款总计为150万元;②如一方迟延履行,应向另一方支付违约金20万元。7月1日,乙公司向甲公司交付了3套设备,甲公司支付了45万元货款。9月,该种设备价格大幅上涨,乙公司向甲公司提出变更合同,要求将剩余的7套设备价格提高到每套20万元,甲公司不同意,随后乙公司通知甲公司解除合同。甲公司不同意解除合同,要求乙公司继续履行。11月1日,甲公司仍未收到剩余的7套设备,严重影响了其正常生产,并因此遭受了50万元的经济损失。于是甲公司诉诸法院,要求增加违约金数额,并且要求乙公司继续履行合同。

**问题:**
(1)乙公司通知甲公司解除合同是否合法?说明理由。
(2)甲公司要求增加违约金数额依法能否成立?说明理由。
(3)甲公司要求乙公司继续履行合同依法能否成立?说明理由。

**【案例4】** 中国甲公司与外国乙公司签订了一份货物买卖合同,甲公司向乙公司购买机器设备,价款500万元,合同约定违约金100万元,甲公司付款后10天内乙公司交货。

**问题:**
(1)甲公司尚未付款前,发现有乙公司不能履行合同的确切证据时,应如何处理?

(2)如果乙公司违约未能供货,给甲公司造成损失5万元,乙公司要求降低违约金数额,法律是否允许?为什么?

(3)如果乙公司违约给甲方造成8 000万元损失,乙公司能否提出减少赔偿金的请求?为什么?

**【案例5】** 某建筑公司甲,因施工急需200吨水泥,同时向乙、丙两家水泥厂发函。函称:"如贵厂有300号水泥现货,吨价不超过2 000元,请于接信后10日内发货200吨。货到付款。"乙接信后立即与甲联系,表示愿以2 000元的吨价发货200吨,甲回电表示同意。丙在接到甲的信函后,积极组织货物,于接到信后第10天,直接将200吨水泥送至甲建筑公司。甲因为与乙已签订了合同,且公司仅需要200吨水泥,遂拒收丙送来的水泥。双方发生纠纷,诉至法院。

问题:
(1)建筑公司甲与丙水泥厂之间是否存在有效的合同关系?为什么?
(2)甲能否拒收丙的货物?为什么?
(3)对甲、丙之间的纠纷,应如何处理?

## 课内实训参考答案

### 一、课内案例参考答案

**【案例1】**

(1)传真①是要约邀请;传真②是要约;传真③是承诺。

(2)合同于7月10日清晨成立。因为甲公司发出的传真③为承诺,依据《民法典》的规定,承诺一经到达要约人能够控制的地方合同即成立,甲公司发出的传真③于7月10日清晨到达乙公司。

(3)应由乙公司负担。按合同约定,乙公司应于7月10日到甲公司所在地提取货物,甲公司按约定将标的物置于交付地点,而乙公司违反约定没有收取,标的物毁损、灭失的风险自违约之日起由乙公司负担。

(4)该要约不得撤销,撤销通知无效。依据要约,受要约人甲公司有理由认为要约是不可撤销的,且经为履行合同做了准备工作。

**【案例2】**

(1)乙公司在合同履行期限届满前,可以因为甲公司的预期违约行为而单方解除合同。根据《民法典》第五百六十三条的规定,在履行期限届满前,当事人一方明确表示或者以自己的行为表明不履行主要债务,当事人可以解除合同。

解除合同时乙公司可以向甲公司主张违约责任。根据《民法典》第五百七十八条的规定:"当事人一方明确表示或者以自己的行为表明不履行合同义务的,对方可以在履行期限届满前请求其承担违约责任。"

(2)因泥石流而毁损的空调损失,应由甲公司承担。依据《民法典》第六百零六条的规定:"出卖人出卖交由承运人运输的在途标的物,除当事人另有约定外,毁损、灭失的风险自合同成立时起由买受人承担。"此案例中,乙公司于7月22日通知甲公司解除合同,而7月21日合同没解除之前,因泥石流而毁损空调的事件已经发生,所以因泥石流而毁损的空调损失,由甲公司负担。

(3)不能得到支持。依据《民法典》第五百八十八条的规定,当事人既约定违约金,又约定定金的,一方违约时,对方可以选择适用违约金或者定金条款,即违约金与定金不能并用。

(4)效力未定合同。因为乙公司与丙公司约定了所有权保留条款,丙公司在没有付清货款前,空调所有权归乙公司。此时,丙公司签订合同转卖空调属无处分权人处分他人财产的行为,按照《民法典》规定,无处分权人处分他人财产,经权利人追认或者无处分权人订立合同后取得处分权的,该合同有效。案例中丙公司尚未取得空调所有权,所以其与丁公司的合同效力未定。

【案例3】

(1)乙企业单方中止履行合同,并要求甲企业提供担保的行为合法。根据《民法典》第五百二十七条的规定,应当先履行债务的当事人,有确切证据证明对方丧失或可能丧失履行债务的能力,可以中止履行合同。

(2)乙企业单方解除合同的行为合法。根据《民法典》第五百二十八条的规定,中止履行后,对方在合理期限内未恢复履行能力且未提供适当担保的,视为以自己的行为表明不履行主要债务,中止履行的一方可以解除合同并可以请求对方承担违约责任。

【案例4】

(1)法院应支持乙商业银行的请求。《民法典》第五百三十五条第一款规定:"因债务人怠于行使其债权或者与该债权有关的从权利,影响债权人的到期债权实现的,债权人可以向人民法院请求以自己的名义代位行使债务人对相对人的权利,但是该权利专属于债务人自身的除外。"本案例中,甲公司怠于行使对丙公司的债权,损害了债权人乙商业银行的利益,因此,乙商业银行有权行使代位权,请求人民法院执行丙公司的财产以使甲公司偿还贷款。

(2)花费的3 000元费用应由甲公司承担。《民法典》第五百三十五条第二款规定:"代位权的行使范围以债权人的到期债权为限。债权人行使代位权的必要费用,由债务人负担。"

【案例5】

乙可以申请法院撤销合同。《民法典》第一百五十一条规定:"一方利用对方处于危困状态、缺乏判断能力等情形,致使民事法律行为成立时显失公平的,受损害方有权请求人民法院或者仲裁机构予以撤销。"本案中,丙在甲处于危机之际,以半价收购了甲的名画,实属显失公平,甲可以在知道可撤销之日起1年内行使撤销权。甲在交易发生后半年内病故,所以乙作为甲的妻子可以依法行使撤销权。

## 二、实务操作参考意见

(一)【咨询意见】

第一,甲旅游公司在转让合同债权债务时,首先要考察丙旅游公司是否具有相应的权利能力和行为能力。

第二,甲旅游公司在转让合同债权债务时,要首先征得王某的同意,否则,要承担转让的法律后果。

第三,甲旅游公司在签订转让合同时,要注意应转让其合同名下的全部债权债务,包括从债权和从债务。

## (二)【咨询意见】

第一,注意合同的一般条款,如当事人、合同标的物的数量、质量、价款、履行地点、履行期限及违约责任等;

第二,强调该合同的特殊性,即履行期限的问题。因为甲商场所欲购物品为月饼,其消费的时间性非常强,所以在订立合同时要格外注意强调履行期限。

# 课后自测题参考答案

## 一、判断题

1.对 2.对 3.对 4.错 5.错 6.对 7.错 8.对 9.对 10.对 11.对 12.对 13.错 14.对 15.错

## 二、单项选择题

1.A 2.C 3.C 4.C 5.D 6.D 7.C 8.A 9.A 10.D 11.C 12.B 13.A 14.C 15.D

## 三、多项选择题

1.ABCD 2.ABCD 3.AC 4.ABC 5.ACD 6.AB 7.BC 8.ABC 9.ABCD 10.ABC

## 四、案例分析

【案例1】

《民法典》第五百零六条规定:"合同中的下列免责条款无效:(一)造成对方人身损害的;(二)因故意或重大过失造成对方财产损失的。"本案例中双方关于免责条款的约定是无效条款,司机应承担损害赔偿责任。

【案例2】

(1)甲公司与乙公司之间转让机床的合同有效。《民法典》第五百零四条规定:"法人的法定代表人或者非法人组织的负责人超越权限订立的合同,除相对人知道或者应当知道其超越权限外,该代表行为有效,订立的合同对法人或者非法人组织发生效力。"该案例中虽然甲公司规定,对精密机床的处置应经股东会特别决议,而该公司法定代表人张某超越公司规定的此项权限,自己代表公司签订了转让精密机床的合同,但买受方乙公司并不知道此情况,因此法定代表人张某的代表行为有效,进而甲公司与乙公司之间转让机床的合同有效。

(2)成立。《民法典》第五百二十七条规定,应当先履行债务的当事人,有确切证据证明对方经营状况严重恶化的,可以中止履行。

(3)可以解除合同。《民法典》第五百二十八条规定,当事人依法中止履行合同的,应当及时通知对方。对方提供适当担保时,应当恢复履行。中止履行后,对方在合理期限内未恢复履行能力且未提供适当担保的,视为以自己的行为表明不履行主要债务,中止履行的一方可以解除合同并可以请求对方承担违约责任。

【案例3】

(1)乙公司通知甲公司解除合同不合法。《民法典》第五百六十二条和五百六十三条虽然规定了合同可以解除,其中约定解除包括协商解除和约定解除,但甲、乙双方并未在合同中约定解除权,并且也未协商一致。法定解除有法定情形,当事人的情况不符合法定解除的情况,因此,乙公司通知甲公司解除合同于法无据。

(2)甲公司要求增加违约金数额依法成立。《民法典》第五百八十五条规定,约定的违约金低于造成的损失的,当事人可以请求人民法院或仲裁机构予以增加。甲、乙双方约定的违约金为20万元,而甲公司的损失达50万元,因此,甲公司可以请求人民法院予以增加。

(3)甲公司要求乙公司继续履行合同依法成立。《民法典》第五百七十七条规定:"当事人一方不履行合同义务或者履行合同义务不符合约定的,应当承担继续履行、采取补救措施或者赔偿损失等违约责任。"《民法典》第五百八十条规定:"当事人一方不履行非金钱债务或者履行非金钱债务不符合约定的,对方可以请求履行,但是有下列情形之一的除外:(一)法律上或者事实上不能履行;(二)债务的标的不适于强制履行或者履行费用过高;(三)债权人在合理期限内未请求履行。"此案例中的标的物不是法律规定的除外情形,因此,甲公司要求乙公司继续履行合同依法可以成立。

【案例4】

(1)甲公司可以行使不安抗辩权。根据《民法典》的规定,先履行债务的当事人有对方经营状况严重恶化的确切证据时,在对方未恢复履行能力且未提供担保之前有权中止合同履行。本案例中,甲公司有先履行义务,但在履行前,发现乙公司有不能履行合同的确切证据,甲公司有权暂时中止合同履行。

(2)乙公司要求降低违约金数额,法律可以允许。《民法典》规定,约定的违约金过分高于造成的损失的,当事人可以请求人民法院或者仲裁机构予以适当减少。乙公司的违约给甲公司造成损失5万元,而约定违约金为100万元,约定的违约金过分高于造成的损失,所以乙公司可以向人民法院或者仲裁机构请求予以适当减少。

(3)乙公司可以请求减少赔偿金。《民法典》规定,当事人一方不履行合同义务或者履行合同义务不符合约定,造成对方损失的,损失赔偿额应当相当于因违约所造成的损失,包括合同履行后可以获得的利益;但是,不得超过违约一方订立合同时预见到或者应当预见到的因违约可能造成的损失。合同约定违约金100万元,而造成损失8 000万元,有可能超过乙公司订立合同时预见到或者应当预见到的因违反合同可能造成的损失。所以乙公司可以提出减少赔偿金的请求。

【案例5】

(1)建筑公司甲与丙水泥厂之间存在有效的合同关系,因为甲公司发出急需水泥的函件为要约行为,丙公司在接到信后第10天,直接将200吨水泥送至建筑公司为承诺行为,所以合同成立生效。

(2)甲不能拒收丙的水泥。因为甲、丙之间的合同为有效合同,所以甲拒收丙的水泥为违约行为。

(3)甲、丙之间的纠纷应当由甲承担违约责任,甲对由此给丙造成的损失承担赔偿责任。

# 第七章 担保法律制度

## 实训目标

培养学生在实际生活和工作中能够运用担保法律制度维护自身和他人的合法权益。

## 实训要求

学生通过案例分析可以熟练掌握各种担保方式的具体法律规定,通过实务操作可以掌握担保和权利质押的法律规定。

## 主要知识点

### 1.重点概念
保证  抵押  质押  留置  定金  一般保证  连带责任保证  先诉抗辩权

### 2.重点问题
(1)保证方式
(2)抵押担保的法律规定
(3)动产质押和权利质押
(4)留置的性质及适用范围
(5)定金罚则

### 3.难点问题
(1)抵押物及抵押的效力
(2)抵押权的实现

## 课内实训

### 一、课内案例

**【案例1】 关于抵押与保证效力的案例**

甲合伙企业向银行借款200万元,银行责令其提供担保,甲合伙企业就以该企业的房屋(评估价为100万元)作为担保物抵押给银行,并办理了抵押登记手续;同时,甲合伙企业又提供了一个保证人,与银行签订了保证合同。结果,甲合伙企业不能如期归还银行贷款。

问题:

根据《民法典》的规定,银行如何实现自己的债权?

**【案例2】 关于保证人责任方面的案例**

2021年12月,甲公司欲向丙银行借款400万元,找到乙公司为其做保证人。乙公司同意为甲公司做保证人,并与丙银行签订了保证合同,承诺承担连带保证责任。2022年,甲公司由有限责任公司改组为股份有限公司,并分几次向丙银行借款300万元。银行借款到期后,丙银行多次向甲公司催促还款未果,遂向法院起诉,要求乙公司承担连带保证责任。

原告丙银行认为,根据保证合同的约定,乙公司有义务在甲公司(被保证人)不履行主债务时承担连带责任。被告乙公司认为,被保证人甲公司变更为股份有限公司,已经不是原来的有限责任公司,是两个独立的企业,本公司不应对新的股份有限公司承担保证责任。

问题:

(1)按照《公司法》规定,企业变更公司形式后,债务如何承担?

(2)乙公司是否应当承担保证责任?

**【案例3】 关于抵押权实现的案例**

张某欠李某80万元,已经超过还款履行期限半年仍未还款。当李某要求张某还钱时,张某以无钱为理由拒绝还款。李某请求张某变卖私家车还债,张某说其私家车昨天为帮朋友向银行借款已抵押给银行,并与银行签订了抵押合同,办理了抵押登记手续。于是,李某起诉到法院,以张某和银行为被告,请求撤销两被告之间的抵押合同。

问题:

抵押合同是否可被撤销?为什么?

### 二、实务操作

#### (一)关于权利质押问题的法律咨询

**【背景材料】** 王某拥有某上市公司的股票10万元,他在向张某借款时,张某要求其提供担保。

**【要求】** 请问王某所拥有的股票能否设定担保?

## (二)关于担保财产的限制性规定问题的法律咨询

【背景材料】 某学校要自筹资金建学生公寓,需要向银行借款,银行要求该学校提供担保,该学校以自己为公益单位,其所有的财产不能设定担保为由而予以拒绝。

【要求】 请问该学校的这种观点是否正确?

## 课后自测题

### 一、判断题

1.根据《民法典》合同编的规定,机关法人不得为保证人,但是经国务院批准为使用外国政府或者国际经济组织贷款进行转贷的除外。以公益为目的的非营利法人、非法人组织不得为保证人。（ ）

2.根据《民法典》合同编的规定,保证人与债权人可以协商订立最高额保证的合同,约定在最高债权额限度内就一定期间连续发生的债权提供保证。（ ）

3.甲以一台电脑出质给乙,同时约定由乙代管。根据法律规定,该质押合同应认定尚未生效。（ ）

4.担保合同被确认无效后,除债权人外,债务人、担保人有过错的,应当根据其过错各自承担相应的民事责任。（ ）

5.根据《民法典》物权编的规定,以动产设定抵押的,不得对抗正常经营活动中已经支付合理价款并取得抵押财产的买受人。（ ）

6.抵押权人不可以放弃抵押权或者变更抵押权的顺位。（ ）

7.同一财产既设立抵押权又设立质权的,拍卖、变卖该财产所得的价款按照登记、交付的时间先后确定清偿顺序。（ ）

8.定金的数额双方可以约定,但不得超过主合同债权的30%。（ ）

9.根据《民法典》物权编的规定,债权人留置的动产,应当与债权属于同一法律关系,但是企业之间留置的除外。（ ）

10.留置权人与债务人应当约定留置财产后的债务履行期限;没有约定或者约定不明确的,留置权人应当给债务人2个月以上履行债务的期限,但是鲜活易腐等不易保管的动产除外。（ ）

### 二、单项选择题

1.王某在小东电器修理部修理洗衣机,因为钱不够,就将自己的自行车放在修理部,说第二天拿钱来,就把自行车取走,小东修理部取得自行车的占有是依据（ ）。
A.质押权　　　　B.抵押权　　　　C.留置权　　　　D.债权

2.依照《民法典》的规定,下列（ ）可以抵押。
A.自留山　　　　　　　　　B.农村居民的宅基地使用权
C.某工厂的小汽车　　　　　D.某医院的B超仪

3.下列不可以作为质权客体的是（ ）。
A.债权　　　　　　　　　　B.某公司董事所持本公司的股票
C.存款单　　　　　　　　　D.记名支票

## 第七章 担保法律制度

4.甲为某国有公司(上市公司)的董事,因急需现金,将其个人所有的公司股票质押给乙,向其借款10万元。对该质押合同效力的下列表述中,正确的是( )。

A.质押合同自甲与乙办理质押合同登记之日起生效

B.质押合同自甲与乙签订质押合同之日起生效

C.质押合同自在公司股东名册上作登记之日起生效

D.质押合同因甲的股票不能设定质押而无效

5.关于定金合同,下列表述正确的是( )。

A.定金合同是诺成合同

B.定金合同从实际交付定金之日起生效

C.定金数额不超过主合同标的额的25%

D.收受定金的一方不履行约定义务的应当返还定金

6.同一债务存在两个以上保证人的,保证人的责任形式为( )。

A.保证人之间承担按份责任

B.保证人之间承担连带责任

C.约定保证份额的承担按份责任,否则承担连带责任

D.保证人与债权人、主债务人协商确定承担的份额

7.下列合同中,债权人可以行使留置权的是( )。

A.借款合同　　　B.保管合同　　　C.居间合同　　　D.买卖合同

8.在保证担保合同中,保证人与债权人未约定保证期间的,保证期间为主债务履行期满之日起( )。

A.3个月　　　B.6个月　　　C.1年　　　D.2年

9.甲、乙两个公司在签订合同时约定,由乙公司将一张1万元的国债单据交付甲公司作为合同的担保,该种担保方式在法律上称为( )。

A.抵押　　　B.动产质押　　　C.留置　　　D.权利质押

10.甲、乙签订了标的额为20万元的买卖合同,合同中附加了定金条款。根据《民法典》的规定,该合同的定金数额不得超过( )万元。

A.4　　　B.6　　　C.8　　　D.10

11.甲企业向乙银行借款100万元,丙为担保人,在保证期间,甲、乙协商银行贷款由100万元变更为80万元,则丙的担保责任为( )。

A.100万元　　　B.80万元　　　C.180万元　　　D.免除

12.一般保证和连带责任保证中,主债务诉讼时效中止的保证债务的诉讼时效同时( )。

A.中断　　　B.中止　　　C.延长　　　D.不变

13.根据《民法典》的规定,抵押物折价或者拍卖所得的价款,当事人没有约定的,应当首先用于清偿( )。

A.主债权　　　　　　　　　B.主债权的利息

C.违约金　　　　　　　　　D.实现抵押权的费用

14.按照《民法典》的规定,以企业股权进行质押的,质权设立的时间是( )。

A.权利凭证交付之日　　　　　B.质押合同签订之日

C.主合同签订之日　　　　　　D.向证券登记机构办理出质登记之日

15.下列可以留置的财产为( )。
A.动产　　　　　B.不动产　　　C.无形资产　　D.扣押物

### 三、多项选择题

1.下列担保合同中,无效的包括( )。
A.某大学以校长的专车为该校向银行的借款设定担保而订立的抵押合同
B.某公司董事以公司的资产为本公司的最大股东提供担保而签订的保证合同
C.甲企业以一张禁止转让的银行汇票为其对乙企业的债务设定质押而订立的质押合同
D.张某以其个人信用为王某和李某的债务担当保证人而签订的保证合同

2.当事人未约定保证担保的范围,保证人担保债务应包括( )。
A.主债务及利息　　　　　　　B.利息
C.损害赔偿金或违约金　　　　D.实现债权的费用

3.根据《民法典》的规定,当事人在订立合同时,可以约定的担保方式有( )。
A.保证　　　　B.抵押　　　　C.质押　　　　D.定金

4.根据《民法典》合同编的规定,下列主体中,具有保证人资格的有( )。
A.王某,25 岁,曾经营一个独资企业,因经营不善企业已破产
B.某私立大学
C.法律出版社
D.由甲、乙、丙三人合伙成立的合伙企业

5.甲以面值 5 万元的凭证式国库券为乙提供担保。下列说法正确的有( )。
A.该担保属于权利质押
B.该担保属于动产担保
C.甲应将该国库券交给债权人占有
D.甲可以将该国库券交给债权人占有,也可以自己占有该国库券

6.在下列权利中,依法可以质押的有( )。
A.依法可以转让的股份、股票
B.汇票、本票、支票、债券
C.存款单、提单、仓库
D.依法可转让的商标专用权、专利权、著作权中的财产权

7.根据《民法典》物权编的规定,下列可以抵押的财产有( )。
A.工厂的小轿车　　　　　　　B.耕地承包经营权
C.自留地所有权　　　　　　　D.国有企业的厂房、机器

8.下列属于物权担保方式的有( )。
A.留置担保　　　　　　　　　B.定金担保
C.质押担保　　　　　　　　　D.保证担保

9.下列各种合同中,债务人不履行债务时,债权人享有留置权的有( )。
A.保管合同　　　　　　　　　B.运输合同
C.租赁合同　　　　　　　　　D.加工承揽合同

10.留置权是担保物权,下列表述正确的有( )。
A.留置权属于法定的担保物权

B.债权人留置的动产,应当与债权属于同一法律关系,但企业之间留置的除外
C.留置财产为可分物的,留置权人可以就其留置物的全部行使留置权
D.债权人在其债权没有得到清偿时,有权留置债务人的财产,并给债务人确定 2 个月以上的履行期限

### 四、案例分析

**【案例 1】** 甲、乙于 2021 年 1 月 5 日签订一借款合同,丙作为担保方在借款合同上签字,合同约定乙的还款日期为 2021 年 4 月 5 日,到期未还由丙对借款本金 500 万元承担连带责任。2021 年 2 月 1 日,甲、乙双方经协商将还款期延至 2021 年 6 月 5 日,并通知丙,丙对此未置可否。2021 年 7 月 1 日,甲因乙未按期还款而首次要求丙偿还借款本息。

问题:
根据上述案情,请分析下列说法是否正确。
(1)就保证范围而言,丙对此笔借款本金的利息不承担保证责任。
(2)由于丙对延期还款未置可否,故丙不再承担保证责任。
(3)根据约定的保证方式,甲应该先向乙主张权利之后才能向丙主张权利。
(4)假若丙不同意延长还款期,则甲向丙主张权利的保证期间止于 2021 年 10 月 5 日。
(5)假若丙书面同意变更还款期,则甲向丙主张权利的保证期间止于 2021 年 12 月 5 日。

**【案例 2】** 甲欲购买一辆客车从事个体运输,拟向乙借款 10 万元。乙要求甲提供担保。甲遂找其兄丙,要丙为其提供担保,丙表示愿以自己的一块昂贵名表出质。之后,甲与乙签订了借贷合同,约定乙借给甲现金 10 万元,期限为 1 年,到期还本并按银行同期定期存款利率支付利息。丙与乙在该借贷合同中设定了质押条款,载明丙以自己的一块昂贵名表出质,作为乙的债权的担保。次日,丙将该手表移交乙占有。债务履行期限届满,甲不清偿债务。乙找到丙协议将手表折价清偿甲所欠款 10 万元及利息,丙则以当时未单独与乙签订书面质押合同为由否认质押合同的存在,但同时说出于道义,最多只为甲借的 10 万元的本金提供质押担保。双方为此发生争议,乙向人民法院提起诉讼。

问题:
(1)丙与乙之间的质押合同是否存在?为什么?
(2)假如丙与乙之间的质押合同存在,那么质押担保的范围如何确定?
(3)本案例应如何处理?

**【案例 3】** 2021 年 8 月 4 日,某招待所请某窗帘加工部加工窗帘 100 套,约定加工窗帘所需布料由招待所自己提供,每个窗帘加工费 35 元,并约定加工部于一个月内加工完毕,招待所取窗帘时付清加工费。9 月 4 日,招待所如约来到加工部取窗帘,却称加工费太高,要求打折支付,加工部拒绝了招待所的要求。于是加工部便扣留了该批窗帘,并告知招待所,2 个月内必须付清加工费,否则变卖窗帘折抵。到 11 月 4 日,招待所一直没能偿付加工费,加工部于 11 月 18 日将窗帘变卖,价款 20 000 元,以 3 500 元折抵加工费,其余退还招待所。

问题:
(1)加工部的做法是否正确?
(2)假设加工部在留置窗帘期间发生火灾,窗帘全部被烧毁,其损失应该由谁承担?

## 课内实训参考答案

### 一、课内案例参考答案

**【案例1】**

银行可以就甲合伙企业提供的抵押物拍卖、变卖所得的价款优先受偿,不足部分可以向债务人即甲合伙企业或保证人主张权利。本案例中,债务人不履行债务,银行要先实现物保,不足部分才能要求保证人承担保证责任。

**【案例2】**

(1)根据《公司法》第九条规定,有限责任公司变更为股份有限公司的,或者股份有限公司变更为有限责任公司的,公司变更前的债权、债务由变更后的公司承继。

(2)乙公司只对甲公司改组前的银行400万元债务承担保证责任。

**【案例3】**

根据《民法典》的规定,物权优先于债权,因此本案中抵押效力大于债权,抵押合同是有效的,不能被撤销。银行就抵押物可以优先受偿,也就是说,张某在其朋友无力偿还银行贷款时,用其私家车变卖款偿还了银行贷款后剩余的款项才能偿还李某。

### 二、实务操作参考意见

**(一)【咨询意见】**

王某可以用自己拥有的上市公司股票设定担保。具体地说,其可以以股票为质物而设定质押。依《民法典》的规定,质押包括动产质押和权利质押,以股票出质的属于权利质押。王某以其所拥有的上市公司的股票出质,则该质押合同自向证券登记机构办理出质登记之日起生效。

**(二)【咨询意见】**

该学校的这种观点不完全正确。根据《民法典》第三百九十九条的规定,学校、幼儿园、医疗机构等为公益目的成立的非营利法人的教育设施、医疗卫生设施和其他公益设施不得抵押。因此,这种情况下,如果该学校以其公益设施以外的财产,如出租的门市房等设定抵押是可以的,所以该学校的观点不完全正确。

## 课后自测题参考答案

### 一、判断题

1.对  2.对  3.对  4.错  5.对  6.错  7.对  8.错  9.对  10.错

### 二、单项选择题

1.A  2.C  3.B  4.D  5.B  6.C  7.B  8.B  9.D  10.A  11.B  12.B  13.A  14.D  15.A

### 三、多项选择题

1.BC  2.ABCD  3.ABCD  4.BCD  5.AC  6.ABCD  7.ACD  8.AC  9.ABD  10.ABD

## 四、案例分析

**【案例 1】**

(1)正确。根据合同约定,乙借款到期未还由丙对借款本金500万元承担连带责任。《民法典》第六百九十一条规定:"保证的范围包括主债权及其利息、违约金、损害赔偿金和实现债权的费用。当事人另有约定的,按照其约定。"

(2)错误。《民法典》第六百九十二条第二款规定:"债权人与保证人可以约定保证期间,但是约定的保证期间早于主债务履行期限或者与主债务履行期限同时届满的,视为没有约定;没有约定或者约定不明确的,保证期间为主债务履行期限届满之日起六个月。"

根据以上规定,合同约定的还款日期为2021年4月5日,则甲有权在2021年10月5日之前要求丙承担保证责任。

(3)错误。合同约定的是承担"连带责任",而非"一般保证责任"。

(4)正确。连带责任保证的保证人与债权人未约定保证期间的,保证期间为主债务履行期届满之日起六个月,所以,甲向丙主张权利的保证期间止于2021年10月5日是正确的。

(5)正确。理由同上。保证合同应当以书面形式订立。根据此规定,丙书面同意变更履行期限有效。

**【案例 2】**

(1)存在。《民法典》第四百二十七条第一款规定:设立质权,当事人应当采用书面形式订立质押合同。同时,《民法典》第三百八十八条第一款规定:"设立担保物权,应当依照本法和其他法律的规定订立担保合同。担保合同包括抵押合同、质押合同和其他具有担保功能的合同。担保合同是主债权债务合同的从合同。主债权债务合同无效的,担保合同无效,但是法律另有规定的除外。"据此,丙和乙虽未单独订立质押合同,但丙和乙在甲和乙之间的借贷合同中设定了质押条款(属担保条款),该质押条款即为质押合同。因此,丙和乙之间有质押合同存在,而且丙将手表移交乙占有,所以丙和乙之间的质押合同已经生效。

(2)《民法典》第三百八十九条规定:"担保物权的担保范围包括主债权及利息、违约金、损害赔偿金、保管担保财产和实现担保物权的费用。当事人另有约定的,按照其约定。"本案例中,质押条款载明"丙以自己的一块昂贵手表出质,作为乙的债权的担保"。而甲与乙的借贷合同明确写明"到期还本并按银行同期定期存款利率支付利息"。据此,丙主张只为乙的主债权即10万元提供质押担保,没有法律依据。

(3)本案例的处理:首先,确认丙与乙之间存在质押合同并已生效。其次,由乙与丙协议将手表折价或依法予以拍卖、变卖,并就拍卖、变卖的价款优先受偿,不足部分由债务人甲负责清偿。如果拍卖、变卖所得价款超过乙所享有的债权,超出的部分归出质人丙所有。对此,请参见《民法典》第四百三十六条。

**【案例 3】**

(1)加工部的做法正确。

《民法典》第四百四十七条规定:"债务人不履行到期债务,债权人可以留置已经合法占有的债务人的动产,并有权就该动产优先受偿。"

《民法典》第四百五十三条规定:"留置权人与债务人应当约定留置财产后的债务履行期限;没有约定或者约定不明确的,留置权人应当给债务人六十日以上履行债务的期限,但是鲜活易腐等不易保管的动产除外。债务人逾期未履行的,留置权人可以与债务人协议以留置财产折价,也可以就拍卖、变卖留置财产所得的价款优先受偿。留置财产折价或者变卖的,应当参照市场价格。"

本案例中,招待所到期不能履行债务,债权人加工部依法给予六十日的履行期,履行期已过,招待所仍不履行。加工部将其窗帘变卖,自己优先受偿,余额返还招待所,加工部的这些做法都是符合法律规定的,因而是正确的。

(2)假如留置期间发生火灾,窗帘全部被烧毁,其损失应由加工部承担。因为《民法典》第四百五十一条规定:"留置权人负有妥善保管留置财产的义务;因保管不善致使留置财产毁损、灭失的,应当承担赔偿责任。"

# 第八章

# 工业产权法

## 实训目标

要求学生熟知商标权和专利权的取得和实施,增强工业产权保护的法律意识。

## 实训要求

通过案例分析及实务操作,学生掌握专利权及商标权的取得、实施的相关法律规定,在实践中提高依法保护工业产权的意识。

## 主要知识点

### 1.重点概念
工业产权　专利　专利权　专利实施强制许可　职务发明　商标　商标权　注册商标　驰名商标

### 2.重点问题
(1)专利权的主体和客体
(2)专利申请的原则
(3)商标禁止使用的文字和图形
(4)商标权人的权利和义务
(5)驰名商标的保护方式
(6)注册商标的期限和续展
(7)注册商标的使用管理

### 3.难点问题
(1)职务发明与非职务发明的区别
(2)专利权的强制许可

(3)授予发明和实用新型专利的实质条件

(4)专利侵权行为的表现

(5)驰名商标的认定标准

(6)商标侵权行为的种类

# 课内实训

## 一、课内案例

**【案例1】 关于专利权归属方面的案例**

中国人张某在英国完成一项产品发明。2020年12月1日,张某在我国某学术研讨会上公布了他的这项发明成果。2021年5月5日,张某将这项成果在英国提出专利申请。2021年6月16日,出席过2020年12月1日学术研讨会的某研究所工程师李某,将这项成果作为自己的非职务发明,向中国专利局提出专利申请。2022年4月25日,张某又将该成果向中国专利局提出专利申请,同时提出要求优先权的书面声明,并提交了有关文件。

问题:

本案例中的专利权应当属于谁?

**【案例2】 关于注册商标转让方面的案例**

2020年1月,甲制药厂研制出一种抗生素类药,并向商标局申请名为"天源"的注册商标。但由于该制药厂经营管理不善,导致企业严重亏损,决定将该商标转让,遂与乙药品公司签订了注册商标转让合同。

问题:

该转让合同是否有效?

**【案例3】 关于工业产权法律保护的案例**

甲卷烟厂(以下简称甲厂)生产的香烟使用注册商标"蓝鸟"牌,一年后发现乙卷烟厂(以下简称乙厂)未经商标注册,也生产销售"蓝鸟"牌香烟,且质量低劣。甲厂认为乙厂的行为严重损害了自己的产品信誉,就委托某律师事务所的丙律师,意欲诉请法院求偿。乙厂得知后,找到甲厂,申明:本厂使用该商标已有两年之久,并无假冒侵权之意;本厂愿通过许可协议,取得甲厂的使用权。甲厂对此表示同意,并拟订商标许可协议,但坚持要求乙厂先行赔偿。双方僵持不下。

问题:

(1)乙厂的行为属于何种性质?该行为违反了《中华人民共和国商标法》(以下简称《商标法》)的哪些规定?其法律后果如何?

(2)如果甲、乙双方达成了使用许可协议,当事人应遵循《商标法》的哪些规定?

## 二、实务操作

### (一)关于专利申请问题的法律咨询

**【背景材料】** 王兵是某公司的技术人员,在工作中,做出一项技术发明,他想申请发明专利。可是听说申请专利时要递交很多申请文件,尤其是有一份"说明书",他不知该怎么写。

**【要求】** 请为王兵提供相关的信息。

### (二)关于注册商标申请问题的法律咨询

**【背景材料】** 张某为个体经营者,他有一手做饼的绝活,他做的饼一直卖得很好。张某为了扩大经营,想为他做的饼申请一个注册商标。

**【要求】** 请问张某是否可以申请商标注册?如果可以,应准备哪些文件?

## 课后自测题

### 一、判断题

1.为了保护专利权人的合法权益,鼓励发明创造,推动发明创造的应用,提高创新能力,促进科学技术进步和经济社会发展,特制定《中华人民共和国专利法》(以下简称《专利法》)。（  ）

2.《专利法》规定,对违反法律、社会公德或者妨害公共利益的发明创造,不授予专利权。（  ）

3.《专利法》中的外观设计,是指对产品的整体或者局部的形状、图案或者其结合以及色彩与形状、图案的结合所作出的富有美感并适于工业应用的新设计。（  ）

4.根据专利法律制度的规定,申请人自发明或者实用新型在中国第一次提出专利申请之日起18个月内,又向国务院专利行政部门就相同主题提出专利申请的,可以享有优先权。（  ）

5.依据《专利法》的规定,国家鼓励被授予专利权的单位实行产权激励,采取股权、期权、分红等方式,使发明人或者设计人合理分享创新收益。（  ）

6.为了加强商标管理,保护商标专用权,促使生产、经营者保证商品和服务质量,维护商标信誉,以保障消费者和生产、经营者的利益,促进社会主义市场经济的发展,特制定《商标法》。（  ）

7.《商标法》规定,两个以上的自然人、法人或者其他组织不得共同向商标局申请注册同一商标,不得共同享有和行使该商标专用权。（  ）

8.生产、经营者不得将"驰名商标"字样用于商品、商品包装或者容器上,或者用于广告宣传、展览以及其他商业活动中。（  ）

9.注册商标需要改变其标志的,应当重新提出注册申请。（  ）

10.《商标法》规定转让注册商标的,转让人和受让人应当签订转让协议,并共同向商标局提出申请。受让人应当保证使用该注册商标的商品质量。（  ）

## 二、单项选择题

1.发明专利权的期限为二十年,实用新型专利权的期限为十年,外观设计专利权的期限为( )年,均自申请日起计算。

A.十年　　　　　B.十五年　　　C.二十年　　　D.二十五年

2.某公司以挂号邮件向专利局寄出专利申请文件,邮件信封上的寄出邮戳日期不清。依照法律规定该文件的递交日应为( )。

A.专利申请文件上填写的日期

B.该公司提交的寄出地邮局收据上的邮戳日期

C.邮件信封上的送达地邮戳日期

D.专利局收到该邮件的日期

3.王某研制出一种饮料的新式防伪包装,欲申请专利,依照《专利法》,该项技术成果可以申请( )。

A.产品发明专利　　　　　　　B.方法发明专利

C.实用新型专利　　　　　　　D.外观设计专利

4.根据专利法律制度的规定,下列各项中,不授予专利权的是( )。

A.药品的生产方法

B.对产品的构造提出的适于实用的新的技术方案

C.对平面印刷品的图案作出的主要起标识作用的设计

D.对产品的形状作出的富有美感并适于工业应用的新设计

5.根据专利法律制度的规定,下列行为中,构成假冒专利的是( )。

A.专利权终止前在依照专利方法直接获得的产品上标注专利标识,在专利权终止后许诺销售该产品的

B.未经专利权人许可,为生产经营目的使用其专利产品

C.伪造专利证书

D.专利权终止前在专利产品上标注专利标识,在专利权终止后销售该产品的

6.根据专利法律制度的规定,申请专利的发明创造在申请日以前六个月内,存在特定情形的,不丧失新颖性。下列各项中,不属于该特定情形的是( )。

A.申请人向媒体披露其内容的

B.他人未经申请人同意而泄露其内容的

C.在规定的学术会议或者技术会议上首次发表的

D.在中国政府主办或者承认的国际展览会上首次展出的

7.下列商品中必须使用注册商标的有( )。

A.儿童营养食品　　　　　　　B.频谱治疗仪

C.雪茄烟　　　　　　　　　　D.海藻面膜

8.《商标法》所称( ),是指由对某种商品或者服务具有监督能力的组织所控制,而由该组织以外的单位或者个人使用于其商品或者服务,用以证明该商品或者服务的原产地、原料、制造方法、质量或者其他特定品质的标志。

A.商标　　　　B.注册商标　　　C.集体商标　　　D.证明商标

9.自然人、法人或者其他组织在生产经营活动中,对其商品或者服务需要取得商标专用权的,应当向(　　)申请商标注册。

A.商标局　　　　　　　　　　B.省级工商局

C.市场监督管理局　　　　　　D.税务局

10.某地工商局在审查某皮革制品厂拟使用在其生产的皮制品上的商标时,发现其中有不符合法律规定的商标,该商标是(　　)。

A."千里"牌商标　　　　　　　B."七匹狼"牌商标

C."羊皮"牌商标　　　　　　　D."耐斯"牌商标

11.下列商品中,属于法律、行政法律规定必须使用注册商标的是(　　)。

A.卷烟　　　　B.化妆品　　　　C.食品　　　　D.服装

12.根据商标法律制度的规定,两个或两个以上的商标注册申请人,在同一种商品或类似商品上,以相同或近似的商标申请注册的,在确定权利人时遵循先申请原则。下列关于先申请原则的表述中,错误的是(　　)。

A.申请人就先申请人的确定不愿协商或者协商不成的,商标局驳回所有申请人申请

B.两个或两个以上的商标注册申请人同日申请的,商标局初步审定并公告使用在先的商标,驳回其他人的申请,不予公告。

C.两个或两个以上的商标注册申请人同日使用的,各申请人可以自收到商标局通知之日起30日内自行协商确定先申请人,并将书面协议报送商标局

D.商标局初步审定并公告申请在先的商标

13.对申请注册的商标,商标局应当自收到商标注册申请文件之日起一定期间内审查完毕,符合《商标法》有关规定的,予以初步审定公告。根据商标法律制度的规定,该期间是(　　)。

A.15日　　　　B.30日　　　　C.3个月　　　　D.9个月

14.商标局作出不予注册决定,被异议人不服的,可以自收到通知之日起(　　)内向商标评审委员会申请复审。

A.5日　　　　B.10日　　　　C.15日　　　　D.20日

15.注册商标的有效期为(　　)年,自核准注册之日起计算。

A.5年　　　　B.10年　　　　C.15年　　　　D.20年

### 三、多项选择题

1.2019年,甲公司决定由本公司科研人员张某负责组建团队进行一项发明创造,2021年4月,张某带领其团队完成了该项任务,根据专利法律制度的规定,下列主体中,无权为该项发明创造申请专利的有(　　)

A.甲公司　　　　　　　　B.张某

C.张某组建的团队　　　　C.张某及张某组建的团队

2.依照《专利法》的规定,不可以授予专利权的有(　　)。

A.科学发现　　　　　　　　　B.智力活动的规则和方法

C.疾病的诊断和治疗方法　　　D.动物和植物品种

E.对平面印刷品的图案、色彩或者二者的结合作出的主要起标识作用的设计

3. 根据专利法律制度的规定,未经专利权人许可的下列行为中,不构成侵犯专利权的有( )。

A.丙科研院为科学研究使用赵某的专利技术

B.王某将购买的专利产品出售给李某

C.丁公司在专利许可协议期满后,在专利有效期内继续生产该专利产品

D.乙公司在甲公司申请专利之前已经制造某产品,在甲公司就相同产品获得专利权后,乙公司在原有范围内继续生产该产品

4. 申请专利的发明创造在申请日以前六个月内有( )情形的,不丧失新颖性。

A.在国家出现紧急状态或者非常情况时,为公共利益目的首次公开的

B.在中国政府主办或者承认的国际展览会上首次展出的

C.在规定的学术会议或者技术会议上首次发表的

D.他人未经申请人同意而泄露其内容的

5. 根据《专利法》的规定,有下列( )情形之一的,专利权在期限届满前终止:

A.没有按照规定缴纳年费的

B.专利权人以书面声明放弃其专利权的

C.企业营业执照被依法吊销的

D.国家强制许可的

6. 某公司所拥有的以下成果中,( )等可以申请专利。

A.X 光治疗仪 B.先进工作者的奖励和提成办法

C.动植物产品的生产方法 D.计税软件

7. 根据《商标法》的规定,下列( )标志不得作为商标注册。

A.仅有本商品的通用名称的

B.仅有本商品的通用图形、型号的

C.仅直接表示商品的质量、主要原料、功能、用途、重量、数量及其他特点的

D.其他缺乏显著特征的

8. 甲公司与乙公司签订合同,甲公司许可乙公司独占使用其"大华"注册商标。在合同履行期间,市场上出现大量假冒"大华"商标的商品。对此商标侵权行为,有权向法院提起诉讼的有( )。

A.甲公司 B.乙公司

C.消费者协会 D.县级以上市场监督管理部门

9. 根据《商标法》的规定,下列各项中,属于侵犯注册商标专用权的有( )。

A.未经商标注册人的许可,在类似商品上使用相同的商标的

B.销售侵犯注册商标专用权的商品的

C.擅自制造他人注册商标的

D.销售伪造的注册商标的

10. 商标管理的内容主要有( )。

A.商标的注册管理 B.商标的使用管理

C.商标的制造管理 D.商标的印制管理

## 四、案例分析

**【案例 1】** 王某于 2019 年 6 月研制成功"整体型小青瓦",同年 7 月向中国专利局申请实用新型专利。中国专利局 2020 年 7 月予以公告,2021 年 2 月授予专利权。某研究所自行研制出"新型多节瓦",2020 年 6 月提出实用新型专利申请,2021 年 8 月被公告,同年 11 月被授予专利权。其主要技术特征与"整体型小青瓦"基本相同,但有一定的改进,在底瓦有一平面,起稳定作用。从 2021 年 11 月起该研究所就开始转让专利使用权。后王某得知该研究所正转让技术,认为其主要特征都在"整体型小青瓦"专利的保护范围内,故向法院起诉,请求认定其行为已构成侵权,并赔偿经济损失。

问题:

该研究所的行为是否构成侵权?

**【案例 2】** 甲玩具厂在其制作的玩具上注册的"天使"商标,因连续三年不使用,于 2020 年 9 月被商标局撤销注册。2021 年 7 月 18 日,乙玩具厂在其经营的玩具上使用"天使"商标,并向商标局提出了商标注册申请。

问题:

(1)商标局是否应核准乙玩具厂的商标注册申请?为什么?

(2)商标申请的审查和核准程序是什么?

**【案例 3】** 2020 年 1 月 10 日,经国家商标局核准,某公司获得不间断交流电源产品"LION"商标专用权。A 市思展电子有限公司未经某公司的许可,便生产"LION"商标 UPS 机(属不间断交流电源产品),并销售 2 000 台,总销售额为人民币 200 万元,非法获利 46 万元。2020 年 4 月,某公司致函 A 市思展电子有限公司,要求其停止侵权行为,但 A 市思展电子有限公司置之不理,并辩称:本公司自 2019 年开始与某公司共同开发"LION"牌产品,某公司向本公司提供散件、图纸等,本公司负责对该产品进行改造。后某公司在国家商标局注册了"LION"商标,致使本公司在不知情的情况下生产了产品。

问题:

(1)A 市思展电子有限公司的行为是否侵犯了某公司的注册商标专用权?为什么?

(2)某公司对 A 市思展电子有限公司的行为可以采取哪些维权措施?

(3)本案例中 A 市思展电子有限公司对其行为应当承担何种责任?

(4)假设 A 市思展电子有限公司的行为构成侵犯注册商标专用权,应当赔偿某公司的损失,赔偿额应如何确定?

## 课内实训参考答案

### 一、课内案例参考答案

**【案例 1】**

专利权应当属于张某。根据《专利法》第二十九条的规定,申请人在申请专利权时,可以主张优先权,即申请人自发明或者实用新型在外国第一次提出专利申请之日起十二个月内,或者自外观设计在外国第一次提出专利申请之日起六个月内,又在中国就相同主题提出专利申请的,依照该外国同中国签订的协议或者共同参加的国际条约,或者依照相互承认优先权的原则,可以享有优先权。本案例中张某在2021年5月5日第一次提出该项技术的专利申请,并在十二个月内即2022年4月25日向中国专利局提出专利申请,并主张了优先权,提交了相关材料,因而张某的优先权成立。2021年5月5日视为其申请日,这样张某的申请日就早于李某的申请日,依据先申请原则,专利权应属于张某。

**【案例2】**

该转让合同无效。根据《商标法》的规定,商标注册采用自愿注册和强制注册相结合的原则,而人用药品和烟草制品是属于强制注册的范畴。同时,对于这种商标转让合同,需要到商标局审查批准方可生效,而本案当事人并未履行这一程序,因而其所签订的转让合同是无效的。

**【案例3】**

(1)乙厂的行为属于违反商标注册管理和商标侵权的双重性质。

①乙厂的行为违反了《商标法》强制性注册规定。根据规定,产销烟草制品必须使用注册商标,否则不得在市场上销售。对乙厂的此种行为,市场监督管理部门可依法责令其限期注册,并罚款。

②乙厂的行为侵犯了甲厂的注册商标专用权。根据《商标法》第五十七条的规定,未经商标注册人的许可,在同一种商品上使用与其注册商标相同或近似的商标,容易导致混淆的,构成商标侵权。市场监督管理部门或人民法院可根据甲厂请求,责令乙厂停止侵权,赔偿损失,并加处罚款。

(2)如果甲、乙双方事后达成使用许可协议,乙厂又承担侵权行为,双方应遵循以下规定:

①双方除订立书面协议外,甲厂作为许可方,还必须在规定期间内将合同副本交市场监督管理部门存查,并报送商标局备案,否则不发生合同效力。

②根据我国商标管理和质量管理相结合的原则,甲厂作为许可方,有义务监督乙厂使用其注册商标的所生产的商品的质量,乙厂作为被许可方,则必须保证使用甲厂注册商标所生产的商品的质量。

## 二、实务操作参考意见

### (一)【咨询意见】

说明书应当包括下列内容:①技术领域,即写明要求保护的技术方案所属的技术领域;②背景技术,即写明对发明或者实用新型的理解、检索、审查有用的背景技术;有可能的,并引证反映这些背景技术的文件;③发明内容,即写明发明或者实用新型所要解决的技术问题以及解决其技术问题采用的技术方案,并对照现有技术写明发明或者实用新型的有益效果;④附图说明,即说明书有附图的,对各幅附图作简略说明;⑤具体实施方式,即详细写明申请人认为实现发明或者实用新型的优选方式;必要时,举例说明;有附图的,对照附图。

### (二)【咨询意见】

张某可以就其所做的饼申请商标注册。根据《商标法》第四条的规定,自然人、法人或者其他组织在生产经营活动中,对其商品或者服务需要取得商标专用权的,应当向商标局申请商标注册。本案例中张某作为个体经营者,当然有申请商标注册的权利。

根据《中华人民共和国商标法实施条例》第二章有关商标注册的申请的法律规定,申请商标注册,应当按照公布的商品和服务分类表填报。每一件商标注册申请应当向商标局提交《商标注册申请书》1份、商标图样1份;以颜色组合或者着色图样申请商标注册的,应当提交着色图样,并提交黑白稿1份;不指定颜色的,应当提交黑白图样。申请人应当提交其身份证明文件。

## 课后自测题参考答案

### 一、判断题
1.对  2.对  3.对  4.错  5.错  6.对  7.错  8.对  9.对  10.对

### 二、单项选择题
1.B  2.D  3.C  4.C  5.C  6.A  7.C  8.D  9.A  10.C  11.A  12.A  13.D  14.B  15.B

### 三、多项选择题
1.BCD  2.ABCDE  3.ABD  4.ABCD  5.AB  6.ACD  7.ABCD  8.AB  9.ABCD  10.ABD

### 四、案例分析

【案例1】

该研究所实施其专利权的行为构成对原告专利权的侵犯。被告的专利实质上是从属专利,它的主要技术特征与先专利的技术特征是从属关系。因此,它的实施有赖于在先专利权人的许可或者申请强制许可,否则构成对在先专利权人专利权的侵害。《专利法》规定,一项取得专利权的发明或者实用新型比前已经取得专利权的发明或者实用新型具有显著经济意义的重大技术进步,其实施又有赖于前一发明或者实用新型的实施的,国务院专利行政部门根据后一专利权人的申请,可以给予实施前一发明或实用新型的强制许可。本案例中虽然该研究所的专利更具先进性,但该研究所在实施这项从属专利时,既未取得王某的许可,又未向专利局申请强制许可,因而其行为构成对王某专利权的侵害,应当依法承担侵权责任。

【案例2】

(1)商标局不应核准乙玩具厂的注册申请。根据《商标法》规定,注册商标被撤销或者期满不再续展,自撤销或者注销之日起一年内,商标局对与该商标相同或者近似的商标注册申请,不予核准。而本案例中乙玩具厂的申请时间距甲玩具厂的注册商标被撤销时间不足一年。

(2)商标注册的审查和核准程序:对申请注册的商标进行形式审查和实质审查;对经审查符合法律规定的,由商标局初步审定,予以公告。申请人对驳回申请、不予公告的裁定不服,在法定期限内提请复审,若商标评审委员会否定商标局决议,则移交商标局办理初步审定,并予以公告;对初步审定公告的商标提出异议以及对异议裁定不服的复审,由商标评审委员会处理,若无人异议或异议人未对驳回异议裁定提起复审,或商标评审委员会终局裁定异议不成立,则核准注册,发给商标注册证。

【案例3】

(1)A市思展电子有限公司的行为侵犯了某公司的注册商标专用权。因为A市思展电子有限公司未经商标注册人的许可,在同一种商品上使用了"LION"注册商标。根据《商标法》的规定,商标一经注册,注册人就享有专用权,任何人未经许可,不得在同一种或同类商品上使用与注册商标相同或者近似的商标,否则即为侵权。

(2)某公司对A市思展电子有限公司的行为可以采取以下措施维权:第一,向侵权人所在地的县级以上市场监督管理部门要求处理;第二,直接向有管辖权的人民法院起诉。

(3)A市思展电子有限公司的行为既然是侵犯注册商标专用权的民事侵权行为,就应承担侵权的民事责任;同时,其行为也违反了我国有关商标管理的行政法规规定,因而应受到一定的行政处罚,即承担一定的行政责任。

(4)在计算侵犯注册商标专用权的赔偿额时,可依据以下两种标准来计算:第一,侵权人在侵权期间因侵权所获得的利润;第二,被侵权人在被侵权期间因被侵权所受到的损失。

# 第九章 反不正当竞争法

## 实训目标

要求学生能依法识别不正当竞争行为,培养学生依法经营并运用法律武器维护自身合法权益的意识。

## 实训要求

通过案例分析与实训,学生能够理解不正当竞争行为的构成要件及法律责任。

## 主要知识点

### 1.重点概念

不正当竞争行为　混淆行为　商业秘密　商业贿赂

### 2.重点问题

(1)不正当竞争行为的概念

(2)不正当竞争行为的危害

(3)不正当竞争行为的表现

(4)不正当竞争行为的监督检查

(5)不正当竞争行为的法律责任

### 3.难点问题

(1)不正当竞争行为的具体表现

(2)不正当竞争行为的法律责任

## 课 内 实 训

### 一、课内案例

**【案例 1】** 有关企业的不正当竞争行为主要表现的案例

为争夺市场,某市甲、乙、丙、丁四家企业通过下列行为展开了激烈的竞争:

(1)甲企业首先降价,利润为零。

(2)乙企业自恃财大气粗,不甘落后,产品以低于成本的价格销售。

(3)丙企业慌了手脚,忍痛附赠奖品,其价值为购货款的5%。

(4)丁企业认为甲、乙、丙的做法太笨。丁企业声称:凡购买本企业产品的消费者均有抽奖机会,最高奖品是价值10万元的小轿车。事实上该奖品根本就不存在。

问题:

上述四家企业的哪些行为是不正当竞争行为?

**【案例 2】** 有关擅自使用与他人有一定影响的商品包装、装潢的不正当竞争行为的表现及处罚的案例

甲酒厂是生产"健远"牌葡萄酒的老厂,有着50多年的生产经验。该厂生产的系列葡萄酒自2010年以来多次在国际评比和国内评比中获金、银奖,深受消费者欢迎,一些不法厂家为图眼前利益,仿冒甲酒厂的商品装潢,以扩大销路违法获利。其中乙酒厂仿造甲酒厂的酒瓶形状、标签、图案、色彩,只是把"健远"二字改为其他文字,如不仔细看,会引人误认为是甲酒厂生产的葡萄酒。乙酒厂仿冒装潢的酒上市后,使甲酒厂遭受了重大损失,不仅销售量下降,而且许多消费者写信给甲酒厂,指责甲酒厂葡萄酒的质量下降,欺骗消费者。甲酒厂以乙酒厂侵犯其注册商标权为由诉至法院,要求乙酒厂承担侵犯注册商标权的民事责任。

问题:

(1)乙酒厂的行为是否属于不正当竞争行为?

(2)乙酒厂是否应承担民事责任?应承担什么民事责任?

**【案例 3】** 有关诋毁他人商誉的不正当竞争行为的表现及处罚的案例

甲、乙两厂均为某市生产饮料的企业,商标分别注册为 A 和 B。其中甲是老牌企业,乙是后起之秀。乙厂饮料质优价廉,销路很好。甲厂为在竞争中取胜,在电视台做了广告,称本市其他饮料均为甲厂饮料仿造品,与本厂饮料在质量上有根本区别,因为本厂 A 牌饮料有保健功能,并提醒消费者谨防上当。广告播出后,乙厂饮料销量严重滑坡,造成近10万元损失。于是乙厂向市场监督管理局反映,要求处理。

问题:

(1)甲厂行为的性质是什么?

(2)对甲厂的行为应如何进行处罚?

(3)乙厂是否有权要求赔偿损失?

## 二、实务操作

根据《中华人民共和国反不正当竞争法》(以下简称《反不正当竞争法》)的规定,分析下列不正当竞争行为的性质并指出应如何处理?

**【背景材料一】** 某百货公司销售空调机,在门口广告牌上写明:"凡在本店购买空调者,均给总价款3％的折扣,介绍推销者给付总价款1％的佣金。"被人发现后举报到有关部门,经调查发现该公司给付的折扣、佣金,账面上均有明确记载。

**【背景材料二】** 某报刊登了"青少年助长的特效良药——××助长剂"的广告,内称"经过多位医学专家多年努力研制成功的助长新药,采用名贵中药,经特殊工艺制成,对人体增高有奇效"。但是,许多青少年服用该药后,不仅没有得到广告中所说的效果,还产生了严重的副作用。

## 课后自测题

### 一、判断题

1. 不正当竞争行为是指经营者在生产经营活动中,违反《反不正当竞争法》的规定,扰乱市场竞争秩序,损害其他经营者的合法权益的行为。（　　）

2. 经营者在生产经营活动中,应当遵循自愿、平等、公平、诚信的原则,遵守法律和商业道德。（　　）

3. 《反不正当竞争法》所称的经营者,是指从事商品生产、经营或者提供服务的法人和非法人组织。（　　）

4. 以盗窃、贿赂、欺诈、胁迫、电子侵入或者其他不正当手段获取权利人的商业秘密构成不正当竞争。（　　）

5. 经营者不得利用技术手段,通过影响用户选择或者其他方式,妨碍、破坏其他经营者合法提供的网络产品或者服务的正常运行。（　　）

6. 经营者擅自使用他人有一定影响的企业名称(包括简称、字号等)、社会组织名称(包括简称等)、姓名(包括笔名、艺名、译名等)属于不正当竞争行为。（　　）

7. 擅自使用他人有一定影响的域名主体部分、网站名称、网页等,不构成不正当竞争。（　　）

8. 根据《反不正当竞争法》的规定,经营者在交易活动中,可以以明示方式向交易相对方支付折扣,或者向中间人支付佣金。（　　）

9. 经营者不得通过组织虚假交易等方式,帮助其他经营者进行虚假或者引人误解的商业宣传。（　　）

10. 根据《反不正当竞争法》的规定,抽奖式的有奖销售,最高奖的金额不得超过5 000元。（　　）

## 二、单项选择题

1.《反不正当竞争法》所称的不正当竞争行为主体是(　　)。
　　A.生产者　　　　B.经营者　　　　C.消费者　　　　D.国家机关

2.《反不正当竞争法》规定,抽奖式的有奖销售,最高奖的金额不得超过(　　)。
　　A.3 000 元　　　B.5 000 元　　　C.8 000 元　　　D.50 000 元

3.根据《反不正当竞争法》的规定,经营者在交易活动中,可以以(　　)向交易相对方支付折扣,或者向中间人支付佣金。
　　A.明示方式　　　B.暗示方式　　　C.合同方式　　　D.自愿方式

4.某商场甲与某电视机厂乙因货款纠纷产生矛盾,甲不再经销乙的产品。当客户询问甲的营业人员是否有乙厂电视机时,营业人员故意说:"乙厂的电视机质量不好,价格又贵,所以我们不再卖他们的产品了。"下列有关该事例的表述正确的是(　　)。
　　A.甲侵犯了乙的企业名称权
　　B.甲侵犯了乙的荣誉权
　　C.甲的行为属于诋毁乙的商业信誉的不正当竞争行为
　　D.甲没有通过宣传媒介说乙厂的产品质量不好,故不构成诋毁商业信誉

5.某白酒厂在其产品的瓶颈上挂一标签。标签上印有"获 1910 年柏林国际白酒博览会金奖"字样和一个带外文的徽章。事实上,该厂的白酒产品自 2010 年才开始投放市场,也从未得过任何奖项。这一行为应认定为(　　)。
　　A.根据《反不正当竞争法》,该行为构成虚假表示行为
　　B.根据《反不正当竞争法》,该行为构成虚假宣传行为
　　C.根据《民法典》,该行为构成欺诈的民事行为
　　D.该行为违反商业道德,但不违反法律

6.下列行为中,(　　)属于不正当竞争行为。
　　A.擅自使用他人企业名称,引人误认为是他人的商品
　　B.季节性降价
　　C.明示给对方折扣或中间人佣金
　　D.抽奖式的有奖销售,最高奖的金额为 2 万元

7.根据《反不正当竞争法》的规定,(　　)属于不正当竞争行为。
　　A.某商场销售商品时,表示逢国家法定节假日购物八折,如实入账
　　B.甲撮合乙和丙的一笔生意,乙和丙分别付给甲佣金 300 元,并如实入账
　　C.某商场在冬季时降价处理了一批夏季服装,该售价低于商品成本
　　D.采用谎称有奖的欺骗方式进行有奖销售

8.根据《反不正当竞争法》的规定,属于不正当竞争行为的是(　　)。
　　A.抽奖式的有奖销售,最高奖金额为 4 万元
　　B.因清偿债务、转产、歇业而以低于成本的价格销售商品
　　C.某市政府发文规定,由于最近本市连续发生多起煤气中毒事件,因此各单位必须统一

安装使用本市宏达煤气公司所生产的煤气安全阀,否则不予供气

D.甲公司为提高其市场占有率,在其产品说明书中指出甲公司的保健品质量上乘,而乙公司产品内含防腐剂、色素等,经查乙公司产品不含上述物质

9.制定《反不正当竞争法》最直接的目的是(　　)。

A.保障社会主义市场经济健康发展

B.鼓励和保护公平竞争

C.制止不正当竞争行为

D.保护经营者和消费者的合法权益

10.《反不正当竞争法》所称的经营者,是指(　　)。

A.从事商品生产、经营或者提供服务的法人和非法人组织

B.从事商品生产、经营或者提供服务的自然人

C.从事商品生产、经营或者提供服务的自然人、法人

D.从事商品生产或经营的自然人、法人和非法人组织

11.《反不正当竞争法》所称的(　　),是指不为公众所知悉、具有商业价值并经权利人采取相应保密措施的技术信息、经营信息等商业信息。

A.商业信息　　　B.商业秘密　　　C.技术秘密　　　D.网络秘密

12.监督检查部门调查涉嫌不正当竞争行为,应当遵守(　　)和其他有关法律、行政法规的规定,并应当将查处结果及时向社会公开。

A.《中华人民共和国反不正当竞争法》

B.《中华人民共和国产品质量法》

C.《中华人民共和国消费者权益保护法》

D.《中华人民共和国行政强制法》

13.当事人对不正当竞争行为的监督检查部门作出的处罚决定不服的,(　　)。

A.可以依法申请行政复议或者提起行政诉讼

B.自收到处罚决定之日起15日内向上一级主管机关申请复议,复议决定是终局裁决

C.受行政复议前置程序的限制,对复议决定不服的,可自收到复议决定书之日起15日内向人民法院起诉

D.不受行政复议前置程序的限制,但对复议决定不服的,可自收到复议决定书之日起10日内向人民法院起诉

14.经营者以及其他自然人、法人和非法人组织违反法律规定侵犯商业秘密的,由监督检查部门责令停止违法行为,没收违法所得,处(　　)的罚款;情节严重的,处50万元以上500万元以下的罚款。

A.1万元以上5万元以下

B.5万元以上10万元以下

C.10万元以上50万元以下

D.10万元以上100万元以下

15.《反不正当竞争法》鼓励和保护(　　)。

A.自由竞争　　　B.平等竞争　　　C.公平竞争　　　D.合理竞争

### 三、多项选择题

1.《反不正当竞争法》中的经营者,是指从事商品生产、经营或者提供服务的（　　　）。
　　A.自然人　　　B.法人　　　C.非法人组织　　　D.特别法人

2.商业秘密是指（　　　）的技术信息、经营信息等商业信息。
　　A.具有商业价值　　　　　　　　B.不为公众所知悉
　　C.经权利人采取保密措施　　　　D.申请了专利保护

3.经营者不得实施下列（　　　）的混淆行为,引人误认为是他人商品或者与他人存在特定联系。
　　A.擅自使用与他人有一定影响的商品名称、包装、装潢等相同或者近似的标识
　　B.擅自使用他人有一定影响的企业名称（包括简称、字号等）、社会组织名称（包括简称等）、姓名（包括笔名、艺名、译名等）
　　C.擅自使用他人有一定影响的域名主体部分、网站名称、网页等
　　D.其他足以引人误认为是他人商品或者与他人存在特定联系

4.根据《反不正当竞争法》规定,经营者进行有奖销售不得存在（　　　）情形。
　　A.所设奖的种类、兑奖条件、奖金金额或者奖品等有奖销售信息不明确,影响兑奖
　　B.采用谎称有奖的欺骗方式进行有奖销售
　　C.采用故意让内定人员中奖的欺骗方式进行有奖销售
　　D.抽奖式的有奖销售,最高奖的金额超过五万元

5.经营者利用网络从事生产经营活动,不得有下列（　　　）行为。
　　A.未经其他经营者同意,在其合法提供的网络产品或者服务中,插入链接、强制进行目标跳转
　　B.误导、欺骗、强迫用户修改、关闭、卸载其他经营者合法提供的网络产品或者服务
　　C.恶意对其他经营者合法提供的网络产品或者服务实施不兼容
　　D.其他妨碍、破坏其他经营者合法提供的网络产品或者服务正常运行

6.商业贿赂的形式有（　　　）。
　　A.提供出国考察、国内旅游等　　　B.解决子女就业问题
　　C.提供色情服务　　　　　　　　　D.为其免费装修房屋

7.下列关于是否侵犯商业秘密的正确表述有（　　　）。
　　A.权利人虽掌握了商业秘密,但他人经自行摸索,研究出了与该商业秘密同样内容的技术并公布于众,此人的行为不属于侵犯商业秘密
　　B.第三人在得知该商业秘密是通过违法行为获取的以后,仍然从该侵犯商业秘密行为人处获取、使用或者披露他人商业秘密的,不应视为侵犯商业秘密
　　C.本单位职工利用跳槽的机会,将商业秘密泄露给新公司,此行为应是侵犯商业秘密
　　D.以盗窃手段获取权利人的商业秘密是侵犯他人商业秘密的行为

8.经营者不得采用财物或者其他手段贿赂下列（　　　）单位或者个人,以谋取交易机会或者竞争优势。
　　A.交易相对方的工作人员
　　B.受交易相对方委托办理相关事务的单位或者个人

C.利用职权或者影响力影响交易的单位或者个人

D.本单位高级管理人员

9.根据《反不正当竞争法》的规定,下列说法正确的有(　　)。

A.监督检查部门调查涉嫌不正当竞争行为,被调查的经营者、利害关系人及其他有关单位、个人应当如实提供有关资料或者情况

B.监督检查部门及其工作人员对调查过程中知悉的商业秘密负有保密义务

C.对涉嫌不正当竞争行为,任何单位和个人有权向监督检查部门举报,监督检查部门接到举报后应当依法及时处理

D.监督检查部门应当向社会公开受理举报的电话、信箱或者电子邮件地址,并为举报人保密

10.监督检查部门调查涉嫌不正当竞争行为,可以采取(　　)措施。

A.进入涉嫌不正当竞争行为的经营场所进行检查

B.查询、复制与涉嫌不正当竞争行为有关的协议、账簿、单据、文件、记录、业务函电和其他资料

C.查封、扣押与涉嫌不正当竞争行为有关的财物

D.查询涉嫌不正当竞争行为的经营者的银行账户

### 四、案例分析

**【案例1】** A 洗衣粉厂拥有"蓝天"牌注册商标。B 洗衣粉厂注册了"白云"牌商标。B 洗衣粉厂做广告宣称:"白云"洗衣粉是"蓝天"洗衣粉的换代产品,请消费者认牌购货。该广告播出后,消费者纷纷购买"白云"洗衣粉,而不再购买"蓝天"洗衣粉。A 洗衣粉厂得知情况后,向市场监督管理部门反映,要求处理。

**问题:**

(1)B 洗衣粉厂行为的性质是什么?

(2)市场监督管理部门应如何处理?

(3)A 洗衣粉厂是否有权要求 B 洗衣粉厂赔偿损失?如何计算损失?

**【案例2】** 金道保龄球馆为招揽顾客,在报纸等媒介上刊登广告,称凡是在有奖销售期内 10 局打到 300 分的顾客,均能获得一辆××牌摩托车(价值为 6 万元)作为奖励。不少人看了广告后,冲着奖品来到该保龄球馆一试身手,但都无功而返。保龄球馆生意越来越好,因为不少人都想试一试,但实际上 10 局得 300 分几乎是不可能的,奖品基本无须兑现。然而一天上午,一位顾客来到球馆买了 10 局球票,竟然 10 局全中,得到了 300 分。他高兴地拿着计算机记分单去服务台领奖。但保龄球馆的工作人员却告诉他,他们不相信 300 分会出现,认为该成绩是伪造的,并称有证人和录像为证。双方遂发生争执。该顾客要求保龄球馆给付广告中所允诺的××牌摩托车;保龄球馆则认为该顾客"舞弊",成绩无效。后据市场监督管理部门调查,由于该保龄球馆设立巨奖销售,已被市场监督管理部门处罚,广告中的××牌摩托车已改为"精美礼品"。而该保龄球馆所提供的证实该顾客弄虚作假的材料不足以采信。

问题：

(1)金道保龄球馆和该顾客之间属于什么法律关系？

(2)金道保龄球馆的行为属于什么性质？

(3)金道保龄球馆应承担什么责任？

【案例3】 2019年7月至8月，甲旅行社以离间手段诱使乙旅行社欧美部10余名员工在未办理调动手续的情况下，相继携带工作中使用、保管的客户档案入职甲旅行社。甲旅行社将这些人员组建为欧美二部，并用这些员工掌握的客户档案与国外客户联系，致使乙旅行社国外客户在一周时间内取消了原定的当年9月至12月的旅行团队151个，占原定团队总数的2/3，计划收入减少了2 186.4万元，利润损失353万元。因此，乙旅行社将甲旅行社诉至法院，请求法院制止甲旅行社的不正当竞争行为，并归还其客户档案，赔偿经济损失300万元。

问题：

甲旅行社的行为是否构成不正当竞争？为什么？

## 课内实训参考答案

### 一、课内案例参考答案

【案例1】

(1)根据《反不正当竞争法》关于不正当竞争行为的规定，甲企业的行为不属于不正当竞争行为。

(2)根据《反不正当竞争法》关于不正当竞争行为的规定，乙企业的行为也不构成不正当竞争行为。

(3)丙企业的行为是正当竞争行为。《反不正当竞争法》第十条规定："经营者进行有奖销售不得存在下列情形：(一)所设奖的种类、兑奖条件、奖金金额或者奖品等有奖销售信息不明确，影响兑奖；(二)采用谎称有奖或者故意让内定人员中奖的欺骗方式进行有奖销售；(三)抽奖式的有奖销售，最高奖的金额超过五万元。"丙企业的有奖销售不属于上述行为，是合法的。

(4)丁企业的行为是不正当竞争行为。丁企业宣称有奖销售最高奖品是价值10万元的小轿车，而事实上该奖品根本就不存在。该行为违反了《反不正当竞争法》第十条的规定。因此丁企业的行为是不正当竞争行为。

【案例2】

(1)根据《反不正当竞争法》第六条的规定，擅自使用与他人有一定影响的商品名称、包装、装潢等相同或者近似的标识，属于混淆行为，构成不正当竞争行为。

(2)乙酒厂应当承担民事责任。《反不正当竞争法》第十七条规定："经营者违反本法规定，给他人造成损害的，应当依法承担民事责任。经营者的合法权益受到不正当竞争行为损害的，可以向人民法院提起诉讼。因不正当竞争行为受到损害的经营者的赔偿数额，按照其因被侵权所受到的实际损失确定；实际损失难以计算的，按照侵权人因侵权所获得的利益确定。经营者恶意实施侵犯商业秘密行为，情节严重的，可以在按照上述方法确定数额的一倍以上五倍以下确定赔偿数额。赔偿数额还应当包括经营者为制止侵权行为所支付的合理开支。经营者违反本法第六条、第九条规定,权利人因被侵权所受到的实际损失、侵权人因侵权所获得的利益难以确定的,由人民法院根据侵权行为的情节判决给予权利人五百万元以下的赔偿。"

**【案例3】**

(1)依据本案例的事实和法律规定,甲厂的行为既是诋毁他人商誉的不正当竞争行为,也是一种侵权行为。

(2)《反不正当竞争法》第二十三条规定:"经营者违反本法第十一条规定损害竞争对手商业信誉、商品声誉的,由监督检查部门责令停止违法行为、消除影响,处十万元以上五十万元以下的罚款;情节严重的,处五十万元以上三百万元以下的罚款。"

(3)根据《反不正当竞争法》第十七条规定:"经营者违反本法规定,给他人造成损害的,应当依法承担民事责任。经营者的合法权益受到不正当竞争行为损害的,可以向人民法院提起诉讼。因不正当竞争行为受到损害的经营者的赔偿数额,按照其因被侵权所受到的实际损失确定;实际损失难以计算的,按照侵权人因侵权所获得的利益确定。经营者恶意实施侵犯商业秘密行为,情节严重的,可以在按照上述方法确定数额的一倍以上五倍以下确定赔偿数额。赔偿数额还应当包括经营者为制止侵权行为所支付的合理开支。经营者违反本法第六条、第九条规定,权利人因被侵权所受到的实际损失、侵权人因侵权所获得的利益难以确定的,由人民法院根据侵权行为的情节判决给予权利人五百万元以下的赔偿。"根据上述规定,乙厂的10万元经济损失可以要求甲厂赔偿。

## 二、实务操作参考意见

### (一)【咨询意见】

(1)该百货公司给付折扣、佣金的行为应认定为正当的促销交易行为。

(2)根据《反不正当竞争法》第七条第二款规定:"经营者在交易活动中,可以以明示方式向交易相对方支付折扣,或者向中间人支付佣金。经营者向交易相对方支付折扣、向中间人支付佣金的,应当如实入账。接受折扣、佣金的经营者也应当如实入账。"本案例中,百货公司给付的折扣及佣金,在账面上均有明确记载,因此,该行为属于合法行为。

### (二)【咨询意见】

(1)广告主及某报的行为属于引人误解的虚假宣传的不正当竞争行为。其法律依据是《反不正当竞争法》第八条第一款规定:"经营者不得对其商品的性能、功能、质量、销售状况、用户评价、曾获荣誉等作虚假或者引人误解的商业宣传,欺骗、误导消费者。"

(2)市场监督管理部门应作如下处理:责令广告主停止违法行为,消除影响,没收违法所得并处二十万元以上一百万元以下的罚款;情节严重的,处一百万元以上二百万元以下的罚款,可以吊销营业执照。其法律依据是《反不正当竞争法》第二十条第一款:"经营者违反本法第八条规定对其商品作虚假或者引人误解的商业宣传,或者通过组织虚假交易等方式帮助其他经营者进行虚假或者引人误解的商业宣传的,由监督检查部门责令停止违法行为,处二十万元以上一百万元以下的罚款;情节严重的,处一百万元以上二百万元以下的罚款,可以吊销营业执照。"

关于对某报的处理,由市场监督管理部门依据《中华人民共和国广告法》第五十五条的规定进行处罚。

## 课后自测题参考答案

### 一、判断题
1.对　2.对　3.错　4.对　5.对　6.对　7.错　8.对　9.对　10.错

### 二、单项选择题
1.B　2.D　3.A　4.C　5.B　6.A　7.D　8.D　9.C　10.A　11.B　12.D　13.A　14.D　15.C

### 三、多项选择题
1.ABC　2.ABC　3.ABCD　4.ABCD　5.ABCD　6.ABCD　7.ACD　8.ABC　9.ABCD　10.ABCD

### 四、案例分析

【案例1】

(1)B洗衣粉厂的行为属于不正当竞争。

《反不正当竞争法》第八条规定:"经营者不得对其商品的性能、功能、质量、销售状况、用户评价、曾获荣誉等作虚假或者引人误解的商业宣传,欺骗、误导消费者。经营者不得通过组织虚假交易等方式,帮助其他经营者进行虚假或者引人误解的商业宣传。"

《反不正当竞争法》第十一条规定:"经营者不得编造、传播虚假信息或者误导性信息,损害竞争对手的商业信誉、商品声誉。"

(2)《反不正当竞争法》第二十条规定:"经营者违反本法第八条规定对其商品作虚假或者引人误解的商业宣传,或者通过组织虚假交易等方式帮助其他经营者进行虚假或者引人误解的商业宣传的,由监督检查部门责令停止违法行为,处二十万元以上一百万元以下的罚款;情节严重的,处一百万元以上二百万元以下的罚款,可以吊销营业执照。经营者违反本法第八条规定,属于发布虚假广告的,依照《中华人民共和国广告法》的规定处罚。"

市场监督管理局应根据上述规定,责令B洗衣粉厂停止播放广告、向A洗衣粉厂道歉,并在法定范围内对其处以罚款。

(3)《反不正当竞争法》第十七条第三款规定:"因不正当竞争行为受到损害的经营者的赔偿数额,按照其因被侵权所受到的实际损失确定;实际损失难以计算的,按照侵权人因侵权所获得的利益确定。经营者恶意实施侵犯商业秘密行为,情节严重的,可以在按照上述方法确定数额的一倍以上五倍以下确定赔偿数额。赔偿数额还应当包括经营者为制止侵权行为所支付的合理开支。"

根据上述规定,A洗衣粉厂有权要求B洗衣粉厂赔偿损失。B洗衣粉厂的赔偿额为B洗衣粉厂在侵权期间因侵权所获得的利润及A洗衣粉厂在调查其侵权过程中支出的合理费用。

【案例2】

(1)金道保龄球馆和该顾客之间已形成合同关系。本案例中,金道保龄球馆发布广告,其广告内容标明:只要在有奖销售期内10局打到300分,就能获得奖品——一辆××牌摩托车。这份广告内容明确,保龄球馆作出的是不容置疑的保证,因此已具备要约的条件。该顾客在有奖销售期内,用自己的行为承诺了这一要约,并且未表示放弃。因此双方的合同已经成立,该合同的内容符合法律规定,作为债务人的金道保龄球馆应当兑现自己的承诺。

(2)保龄球馆的行为构成了不正当竞争。《反不正当竞争法》第十条规定:"经营者进行有奖销售不得存在下列情形:(一)所设奖的种类、兑奖条件、奖金金额或者奖品等有奖销售信息不明确,影响兑奖;(二)采用谎称有奖或者故意让内定人员中奖的欺骗方式进行有奖销售;(三)抽奖式的有奖销售,最高奖的金额超过五万元。"本案例中,保龄球馆谎称有奖,却根本没有要兑现奖品的意思,其有奖销售行为是违法的。

(3)根据《反不正当竞争法》第二十二条的规定"经营者违反本法第十条规定进行有奖销售的,由监督检查部门责令停止违法行为,处五万元以上五十万元以下的罚款",该保龄球馆应受到罚款处罚。罚款数额由市场监督管理部门根据情节轻重来定。

【案例3】

甲旅行社的行为属于侵犯商业秘密的不正当竞争行为。

本案例涉及的焦点问题是乙旅行社的客户档案是否属于《反不正当竞争法》所指的商业秘密。《反不正当竞争法》所称的商业秘密,是指不为公众所知悉、具有商业价值并经权利人采取相应保密措施的技术信息、经营信息等商业信息。技术信息类商业秘密又称技术秘密或专有技术。经营信息类商业秘密是指具有秘密性质的经营管理方法及与经营管理方法密切相关的信息和情报,包括管理方法、产销策略、客户名单、货源情报等。从本案例情况看,乙旅行社所掌握的客户档案是基于与欧美各家旅行社良好的业务关系而建立的,是乙旅行社长期努力的结果,乙旅行社为此付出了劳动,该客户档案具有保密性、价值性、独特性,符合商业秘密的特点,属于经营信息类商业秘密。

# 第十章

# 产品质量法

## 实训目标

培养学生产品质量责任意识,并学会运用法律武器解决产品质量责任问题。

## 实训要求

通过案例分析与实务操作,学生熟练掌握生产者、销售者的产品质量责任与义务,熟悉我国产品质量监督管理体制,在实践中做到守法并学会维权。

## 主要知识点

### 1.重点概念

产品　产品质量　许可证制度　企业质量体系认证　产品质量认证　产品缺陷

### 2.重点问题

(1)我国产品质量监督管理机构

(2)产品质量检验制度的主要内容

(3)产品质量监督管理检查重点抽查的范围

(4)生产者、消费者的产品质量义务

(5)产品质量责任的诉讼时效和请求权的消灭

### 3.难点问题

(1)产品瑕疵责任的损害赔偿

(2)产品缺陷责任的损害赔偿

# 课内实训

## 一、课内案例

### 【案例1】 有关产品质量责任免责方面的案例

甲伙同乙到某电扇厂仓库盗窃未经检验的轮船用小型电扇两台,二人各分得一台。甲将电扇以50元的价格卖给丙。后丙在使用时,被脱落飞出的扇叶削掉半截右耳。丙以扇叶及保护网设计与制造有瑕疵为由,向电扇厂提出索赔。

问题:

丙是否有权向电扇厂索赔?法律依据是什么?

### 【案例2】 有关产品质量责任主体方面的案例

2021年7月10日,王某从某食品批发店购买了30箱啤酒,用卡车将啤酒运回家中,当王某卸货至第25箱时,其中一瓶啤酒突然爆炸,酒瓶碎片飞进王某的左眼,致使王某左眼球受伤,后因医治无效,王某左眼失明。王某在运输和搬动啤酒的过程中没有任何过错,于是王某向该食品批发店要求赔偿。但该食品批发店称啤酒瓶的爆炸可能是生产厂家生产产品质量不合格所致,自己并没有过错,于是让王某向厂家索赔。王某遂诉至法院。经查,王某眼睛受伤致残确系啤酒瓶质量不合格所致。

问题:

(1)王某应向谁索赔,依据是什么?

(2)什么是产品质量责任,产品质量责任的成立应具备哪些要件?

(3)什么是产品质量责任主体,哪些人能成为产品质量责任主体?

### 【案例3】 有关产品质量责任诉讼方面的案例

2021年4月20日,刘某从某百货公司买回一高压锅。4月25日,刘某按说明书使用该高压锅,高压锅突然爆炸将刘某烫伤,住院两个月,花去医疗费6 000多元。刘某康复后向百货公司提出退货并要求赔偿损失,百货公司以不能证明其烫伤系因该高压锅的缺陷造成为由予以拒绝。后经质量技术监督部门鉴定,该高压锅的缺陷是由生产者(某家用电器厂)造成的。后刘某又找到百货公司,该百货公司依据鉴定结论认为责任在家用电器厂,同意退货但拒绝赔偿损失,要求刘某直接到家用电器厂索赔。刘某无奈,只好找到该家用电器厂。该厂认为鉴定结论有问题,缺陷可能是由于销售者在储运过程中严重碰撞造成的,因此拒赔,并要求刘某向百货公司索赔。于是刘某诉至法院。后经法院查明高压锅的缺陷确系家用电器厂造成的。

问题:

(1)百货公司能否以质疑质量技术监督部门的鉴定结论为依据拒赔?为什么?

(2)对刘某所受人身损害的赔偿范围是什么?

(3)如百货公司赔偿后,能否向家用电器厂追偿?为什么?

(4)刘某因高压锅存在缺陷遭受人身损害要求赔偿的诉讼时效期间为几年?

## 二、实务操作

### (一)给消费者提供有关《中华人民共和国产品质量法》(以下简称《产品质量法》)方面的法律咨询

【背景材料】 张某从A商场购买了由B厂生产的两瓶啤酒,啤酒刚拿到手,突然其中一个酒瓶爆裂,一粒玻璃碴迸进张某的右眼。张某住院治疗一个月,花去医疗费2万元,还落下了残疾,右眼视力下降到0.3。为了维护自己的合法权益,张某准备通过消费者协会找B厂赔偿。

【咨询问题】 张某能否通过消费者协会找B厂赔偿,法律依据是什么?

### (二)给销售者提供有关《产品质量法》方面的法律咨询

【背景材料】 杨某从某市五交化公司门市部购买了一台彩电,两个月后的一个雷雨天,电视被雷击而烧焦。杨某通过消费者协会要求五交化公司赔偿。市消费者协会会同五交化公司及市质量技术监督局有关人员赴现场调查取证,发现电视机爆炸并非由于电视机本身质量问题,而是由于当时插头未拔,致使电视被雷击而烧焦。根据调查结果,五交化公司认为杨某的损害与自己无关,拒绝杨某的赔偿要求。杨某于是起诉到法院,要求五交化公司赔偿全部损失。

【咨询问题】 五交化公司是否应承担责任?

## 课后自测题

### 一、判断题

1.为了加强对产品质量的监督管理,提高产品质量水平,明确产品质量责任,保护消费者的合法权益,维护社会经济秩序,制定《产品质量法》。( )

2.在中华人民共和国境内从事产品生产、销售活动,必须遵守《产品质量法》。( )

3.《产品质量法》所称产品是指经过加工、制作,用于销售的产品。建设工程使用的建筑材料、建筑构配件和设备,不属于《产品质量法》所指产品范围,不适用《产品质量法》。( )

4.国务院市场监督管理部门主管全国产品质量监督工作。国务院有关部门在各自的职责范围内负责产品质量监督工作。( )

5.根据《产品质量法》的规定,任何单位和个人不得排斥非本地区或者非本系统企业生产的质量合格产品进入本地区、本系统。( )

6.企业根据自愿原则可以向国务院市场监督管理部门认可的或者国务院市场监督管理部门授权的部门认可的认证机构申请产品质量认证。( )

7.根据《产品质量法》的规定,检验抽取样品的数量不得超过检验的合理需要,并不得向被检查人收取检验费用。监督抽查所需检验费用按照国务院规定列支。( )

8.消费者有权就产品质量问题,向产品的生产者、销售者查询;向市场监督管理部门及有关部门申诉,接受申诉的部门应当负责处理。( )

9.根据《产品质量法》的规定,限期使用的产品,应当在显著位置清晰地标明安全使用期或者失效日期。（    ）

10.《产品质量法》所称缺陷,是指产品存在危及人身、他人财产安全的不合理的危险;产品有保障人体健康和人身、财产安全的行业标准的,是指不符合该标准。（    ）

## 二、单项选择题

1.国家对产品质量实行以（    ）为主要方式的监督检查制度。
A.抽查　　　　　B.出厂检查　　　C.全面检查　　D.重点或反复抽查

2.依照《产品质量法》的规定,生产者的首要义务是（    ）。
A.生产安全产品　　　　　　　B.保证产品质量
C.不生产淘汰产品　　　　　　D.保证标识符合规定

3.下列产品质量属于《产品质量法》管理的范围的是（    ）。
A.药品质量　　　　　　　　　B.建筑工程质量
C.食品安全　　　　　　　　　D.建筑材料质量

4.根据《产品质量法》的规定,可能危及人身健康和人身、财产安全的工业产品,在未制定国家标准、行业标准的情况下,必须符合（    ）。
A.同等情况下其他类似行业的标准　　B.部颁标准
C.地方标准　　　　　　　　　D.保障人体健康和人身、财产安全的要求

5.根据《产品质量法》的规定,因产品质量不合格,造成他人财产、人身损害,产品运输者、仓储者对此负有责任的,受害人可以向（    ）要求赔偿。
A.销售者　　　　　　　　　　B.产品生产者、销售者
C.产品生产者、销售者和产品运输者、仓储者　　D.生产者

6.下列产品中,（    ）应依照《产品质量法》的标准予以规范。
A.天影公司生产的 DVD　　　　B.家庭住宅
C.某研究所正在研究的纳米材料　D.坦克大炮

7.生产者、销售者的下列行为,除一种情况外,其他都可能构成犯罪被依法追究刑事责任,该种情况为（    ）。
A.生产国家明令淘汰产品的行为
B.销售明知是不符合保障人体健康和人身、财产安全的国家标准、行业标准的产品的行为
C.生产者在其生产产品中掺杂、掺假的行为
D.销售者销售失效、变质产品的行为

8.根据《产品质量法》的有关规定,对吊销营业执照的行政处罚有决定权的部门是（    ）。
A.管理产品质量监督工作的部门
B.市场监督管理部门
C.国务院产品质量监督管理部门所认可的机构
D.市场监督管理部门和管理产品质量监督工作的部门

9.王某在某商场购得一台多功能榨汁机,回家试用后发现该产品只有一项功能,遂向商场提出退货,商场答复:"该产品说明书未就其使用性能做明确说明,且产品本身无质量问题,所以顾客应向厂家索赔,商场概不负责。"对此,下列（    ）表述是正确的。

A.王某只能向厂家要求退换

B.王某应当要求商场给予退换

C.因未当场认真检验商品,所以王某不能要求退换

D.王某可选择向商场或者厂家要求退换并给予赔偿

10.产品或者其包装上的标识必须真实,对于使用不当,容易造成产品本身损坏或可能危及人身、财产安全的产品,应当有(　　)。

  A.警示标志       B.中文警示说明

  C.警示标志或中文警示说明   D.以上都不正确

11.根据《产品质量法》的规定,限期使用的产品,应标明生产日期和(　　)。

  A.出厂日期       B.保质期

  C.安全使用期或失效日期   D.有效期

12.根据《产品质量法》的规定,裸装的食品和其他根据产品的特点难以附加标识的裸装产品,可以不附加(　　)。

  A．产品标识   B.生产日期   C.警示标志   D.使用日期

13.因产品存在缺陷造成损害要求赔偿的,诉讼时效为(　　)。

  A.1年     B.2年     C.3年     D.4年

14.因产品存在缺陷造成损害要求赔偿的请求权,在造成损害的缺陷产品交付最初消费者满(　　)丧失。但尚未超过明示的安全使用期的除外。

  A.2年     B.3年     C.5年     D.10年

15.我国企业质量体系认证和产品质量认证均采用(　　)原则。

  A.自愿       B.强制

  C.法定       D.以强制为主,自愿为辅

### 三、多项选择题

1.下列(　　)选项能够成为产品侵权损害赔偿请求的事由。

  A.设计上的缺陷     B.制造上的缺陷

  C.标识上的缺陷     D.产品销售后存在的缺陷

2.根据《产品质量法》的规定,生产、销售不符合保障人体健康和人身、财产安全的国家标准、行业标准的产品,应(　　)。

  A.责令停止生产、销售

  B.情节严重的吊销营业执照

  C.处以违法生产、销售产品(包括已售出和未售出的产品)货值金额等值以上三倍以下罚款

  D.有违法所得的,并处没收违法所得

3.《产品质量法》对产品或其包装上的标识的要求包括(　　)。

  A.有中文标明的产品名称、生产厂名和厂址

  B.根据产品的特点和使用要求,需要对产品的规格、等级、所含主要成份的名称和含量的,相应予以标明

  C.限期使用的产品,标明生产日期和安全使用期或失效日期

  D.裸装的食品和其他根据产品的特点难以附加标识的裸装产品,可以不附加产品标识

4.《产品质量法》规定,因产品存在缺陷造成受害人人身伤害的,侵害人应当赔偿(　　)等费用。

　　A.医疗费　　　　　　　　　　B.治疗期间的护理费

　　C.因误工减少的收入　　　　　D.由受害人抚养的人所必需的生活费

5.因产品存在缺陷造成人身、缺陷产品以外的其他财产损害的,生产者应当承担赔偿责任,但有下列(　　)情形的,生产者不承担赔偿责任。

　　A.未将产品投入流通的

　　B.产品投入流通时,引起损害的缺陷尚不存在的

　　C.产品投入流通时尚未发现缺陷存在的

　　D.将产品投放流通时的科学技术水平不能克服该缺陷的

6.根据《产品质量法》的规定,存在下列(　　)情形,若给购买产品的用户、消费者造成损失的,销售者应当赔偿损失。

　　A.不具备产品应当具备的使用性能而事先未作说明的

　　B.不符合在产品或者其包装上注明采用的产品标准的

　　C.不符合以产品说明、实物样品等方式标明的质量状况的

　　D.因产品存在缺陷造成人身、他人财产损害的,且该责任属于产品生产者的责任,但消费者向销售者提出赔偿要求的

7.售出的产品有下列(　　)情形之一的,销售者应当负责修理、更换、退货;给购买产品的消费者造成损失的,销售者应当赔偿损失。

　　A.不具备产品应当具备的使用性能而事先未作说明的

　　B.不符合在产品或者其包装上注明采用的产品标准的

　　C.不符合以产品说明、实物样品等方式表明的质量状况的

　　D.虚假宣传的

8.下列关于《产品质量法》的叙述中正确的有(　　)。

　　A.国家参照国际先进的产品标准和技术要求,推行产品质量认证制度,这一制度对于国内企业而言是强制性的

　　B.国家对产品质量实行以抽查为主要方式的监督检查制度

　　C.销售者应当执行进货检查验收制度,验明产品合格证明和其他标识

　　D.剧毒、危险、易碎、储运中不能倒置以及有其他特殊要求的产品,其包装必须符合相应要求,有警示标志或者中文警示说明储运注意事项等

9.根据《产品质量法》的规定,销售者承担产品瑕疵担保责任的方式包括(　　)。

　　A.修理　　　　　　B.更换　　　　　C.退货　　　　　D.赔偿损失

10.下列关于产品责任的表述中正确的选项有(　　)。

　　A.缺陷产品的生产者应对该产品造成的人身、他人财产损害承担无过错责任

　　B.缺陷产品造成人身、他人财产损害的,该产品的销售者和生产者承担连带责任

　　C.因缺陷产品造成损害要求赔偿的诉讼时效为1年

　　D.销售者不能指明缺陷产品的生产者也不能指明供货者的,应承担赔偿责任

### 四、案例分析

**【案例 1】** 李某 2021 年年初买了一台彩电,其父亲不同意,要求他退货。李某嫌麻烦,便将彩电卖给了邻居王某。一个星期后,电视机爆炸,正巧李某在场,李某和王某都被炸伤。王某要求李某赔偿,理由是李某卖给自己的电视机有问题;李某要求王某赔偿,因为电视机的所有权已经转移给王某。双方各持己见,争论不休。

**问题:**

此案的受害人应向谁索赔?法律依据是什么?

**【案例 2】** 甲公司的真空食品袋产品质量不合格,造成乙公司 100 箱(共计 14 400 小袋)奶油派食品发霉变质,直接损失 7 000 元。该批食品是由丙、丁、戊三家商场销售的,已售出 630 小袋,许多购买者陆续向三家商场提出退货或者索赔要求,估计要求退货或者索赔的人数还会增加。

**问题:**

(1)丙、丁、戊三家商场在此案中有无法律责任?为什么?

(2)乙公司是否应就变质食品向购买者承担责任?为什么?

(3)甲公司应承担什么法律责任?为什么?

## 课内实训参考答案

### 一、课内案例参考答案

**【案例 1】**

丙无权向电扇厂索赔。《产品质量法》规定,因产品存在缺陷造成人身、缺陷产品以外的其他财产损害的,生产者应当承担赔偿责任。生产者能够证明有下列情形之一的,不承担赔偿责任:(一)未将产品投入流通的;(二)产品投入流通时,引起损害的缺陷尚不存在的;(三)将产品投入流通时的科学技术水平尚不能发现缺陷的存在的。根据以上规定可知,并非只要产品造成损害后果,生产者就要承担责任,在法定免责情形下,生产者不承担损害赔偿责任。丙从甲处购买的电扇是甲盗窃的未经检验的产品,即该产品尚未投入流通领域,根据《产品质量法》规定,电扇厂不应承担赔偿责任。

**【案例 2】**

(1)王某既可向食品批发店索赔,也可以向生产厂家索赔。《产品质量法》第四十三条规定:"因产品存在缺陷造成人身、他人财产损害的,受害人可以向产品的生产者要求赔偿,也可以向产品的销售者要求赔偿。属于产品的生产者的责任,产品的销售者赔偿的,产品的销售者有权向产品的生产者追偿。属于产品的销售者的责任,产品的生产者赔偿的,产品的生产者有权向产品的销售者追偿。"

(2)产品质量责任是指产品使用、消费的过程中因产品瑕疵造成人身伤害或者财产损害所引起的民事责任,是民法中因产品质量不合格而引起的一种特殊侵权责任。根据《产品质量法》的规定,产品质量责任的构成要件包括:一是生产者有生产或销售了不符合产品质量要求的产品。即产品存在危及人身、财产安全的不合理的危险,或产品不符合保障人体健康和人身、财产安全的国家标准、行业标准。二是因产品存在缺陷造成人身、缺陷产品以外的其他财产损害的。三是产品缺陷与受害人的损害事实间存在因果关系。

(3)产品质量责任主体就是对产品质量问题应该承担相应责任者。《产品质量法》主要规定了产品的生产者和销售者为产品质量责任主体。

**【案例3】**

(1)百货公司不能以质疑质量技术监督部门的鉴定结论为依据拒赔。《产品质量法》规定,因产品存在缺陷造成人身、他人财产损害的,受害人可以向产品的生产者要求赔偿,也可以向产品的销售者要求赔偿。本案例中,因产品存在缺陷造成刘某人身损害,受害人可以向家用电器厂要求赔偿,也可以向百货公司要求赔偿。

(2)对刘某所受人身损害的赔偿范围包括医疗费、治疗期间的护理费、因误工减少的收入、生活自助具费、生活补助费、残疾赔偿金、由刘某扶养的人所必需的生活费等费用。

(3)如百货公司赔偿后,可以向家用电器厂追偿。《产品质量法》第四十三条规定,属于产品的生产者的责任,产品的销售者赔偿的,产品的销售者有权向产品的生产者追偿。本案例中,产品的缺陷是由家用电器厂造成的,百货公司赔偿后,可以向家用电器厂追偿。

(4)刘某因高压锅存在缺陷遭受人身损害要求赔偿的诉讼时效期间为三年。

## 二、实务操作参考意见

### (一)【咨询意见】

《产品质量法》第四十三条规定:"因产品存在缺陷造成人身、他人财产损害的,受害人可以向产品的生产者要求赔偿,也可以向产品的销售者要求赔偿。属于产品的生产者的责任,产品的销售者赔偿的,产品的销售者有权向产品的生产者追偿。属于产品的销售者的责任,产品的生产者赔偿的,产品的生产者有权向产品的销售者追偿。"张某购买的啤酒系B厂生产,酒瓶爆裂是因为产品存在缺陷,这不仅给张某造成了损害,还留下了残疾,所以张某可以根据《产品质量法》第四十三条的规定向B厂要求索赔。

消费者协会是保护消费者的组织,张某可以通过消费者协会找B厂赔偿,由消费者协会调解;张某也可以向人民法院起诉。

### (二)【咨询意见】

根据《产品质量法》第四十六条的规定,销售者五交化公司对杨某的损失不应承担责任。产品存在缺陷是销售者或生产者对受损害的消费者承担赔偿责任的前提。《产品质量法》第四十六条规定:"本法所称缺陷,是指产品存在危及人身、他人财产安全的不合理的危险;产品有保障人体健康和人身、财产安全的国家标准、行业标准的,是指不符合该标准。"可见产品的缺陷与消费者所受损害之间的因果关系是承担责任的必要条件,也就是说消费者所遭受的损失必须是由产品的缺陷造成的。本案例中,杨某蒙受损失不是由于产品的缺陷造成的,而是由于自身疏忽,因此销售者五交化公司对杨某的损失不应承担赔偿责任。

本案例中虽然杨某起诉到法院,但仍然要承担败诉的结果。

## 课后自测题参考答案

### 一、判断题
1.对 2.对 3.错 4.对 5.对 6.对 7.对 8.对 9.错 10.错

### 二、单项选择题
1.A 2.B 3.D 4.D 5.C 6.A 7.A 8.B 9.B 10.C 11.C 12.A 13.C 14.D 15.A

### 三、多项选择题
1.ABC 2.ABCD 3.ABCD 4.ABC 5.ABD 6.ABCD 7.ABC 8.BCD 9.ABCD 10.ABD

### 四、案例分析

【案例1】

此案例的受害人应向销售电视机的商店或电视机生产厂家索赔。根据《产品质量法》第四十三条的规定,因产品存在缺陷造成人身、他人财产损害的,受害人可以向产品的生产者要求赔偿,也可以向产品的销售者要求赔偿。本案例中,李某不具有法律规定的销售者主体资格,王某也不是侵权行为主体,也就是说,李某不能向王某要求赔偿,王某也不能向李某要求赔偿,此案的受害人应向销售电视机的商店或电视机生产厂家索赔。

【案例2】

(1)丙、丁、戊三家商场有赔偿责任和及时告知义务。根据《产品质量法》第三十五条的规定:"销售者不得销售国家明令淘汰并停止销售的产品和失效、变质的产品。"因此,丙、丁、戊三家商场应对购买者的损失予以赔偿,然后可依法向甲公司或乙公司追偿。

(2)乙公司应承担责任。根据《产品质量法》的规定,乙公司是该批食品的生产者,应满足三家商场的追偿要求,然后可以依法向甲公司行使追偿权。

(3)甲公司应承担损害赔偿责任。《产品质量法》第二十六条规定,生产者应当对其生产的产品质量负责。据此,甲公司应对真空食品袋的质量负责,并对其产品质量不合格所造成的乙公司的损失承担赔偿责任。同时,依据该法第四十条的规定,销售者依照规定负责修理、更换、退货、赔偿损失后,属于生产者的责任或者属于供货者的责任的,销售者有权向生产者、供货者追偿。在乙公司满足三家商场的追偿要求后,甲公司应该满足乙公司的追偿要求。

# 第十一章 消费者权益保护法

## 实训目标

培养学生依法经营和维权意识,学会运用法律武器维护消费者的合法权益。

## 实训要求

学生熟练掌握消费者权益和经营者义务及消费纠纷解决的途径。

## 主要知识点

### 1.重点概念

消费者　消费者权益　经营者义务　消费者公平交易权　消费者安全权　消费者知情权　消费者结社权　消费者协会

### 2.重点问题

(1)《中华人民共和国消费者权益保护法》(以下简称《消费者权益保护法》)的适用范围

(2)消费者的权利

(3)经营者的义务

(4)消费者权益争议的解决途径

(5)消费者组织

### 3.难点问题

(1)新旧消费者权益保护法的比较

(2)侵犯消费者权益的法律责任

# 课内实训

## 一、课内案例

**【案例1】** 关于消费者权益保护方面的案例

张某在某超市购物时,看了几瓶化妆品,觉得不太满意,又放到货架上。在离开超市时,超市的保安员怀疑张某拿了化妆品却没有结账,拦住张某并强行对张某进行搜身,并打开张某的包进行检查,因没有发现化妆品,保安员当即对张某道歉,并解释说:"超市采取开架售货方式,免不了要丢东西,因此要求保安员加强管理,对有偷窃嫌疑的人保安员有权进行搜查,这个规定在商场门口贴了告示,请您理解。"张某认为超市侵犯了她的人身权益和名誉权,于是向人民法院提起诉讼,要求超市赔礼道歉、赔偿损失。

问题:

(1)超市侵犯了消费者张某的哪些权益?

(2)超市保安员已当即对消费者张某道歉,超市是否应对张某负赔偿责任?

**【案例2】** 关于经营商及网络交易平台提供者责任承担方面的案例

陈某通过鸿信信息技术公司的网上商城购买了天奇公司某品牌精油82盒,支付价款11 506元。该品牌精油网页宣传其产品有消炎、抗菌、预防粉刺、改善伤口感染的作用,能增强身体免疫能力,对伤风感冒、咳嗽、喉咙痛有缓解效果,并宣传是国际疗法中的"祛痘仙丹"。陈某在使用中发现该品牌精油并没有任何网页上宣传的疗效,后来经有关部门鉴定该品牌精油的确不具备网页上宣传的功效,并且对这一事实鸿信信息技术公司是知情的。

问题:

鸿信信息技术公司和天奇公司应该如何对陈某承担责任?

**【案例3】** 关于店堂告示效力方面的案例

赵某在某百货公司买了一块手表,售货员称该表为瑞士生产,质量很好。后经业内人士鉴定,此手表为香港组装,实际价格比原装手表要便宜得多。于是,赵某找到百货公司要求退货,售货员称店堂告示已写明"商品售出,概不退换",拒绝为赵某退货。

问题:

(1)该百货公司的店堂告示内容是否有效?

(2)赵某是否有权要求退货?

## 二、实务操作

### (一)关于保障消费者安全权的法律咨询

**【背景材料】** 某日化有限公司于2020年1月研制出一种新型护肤品,该公司为扩大产品影响,决定先进行小批量免费赠送。公司共赠出2 000包护肤品,其中有1 800人使用了该产品,但是有5人产生了过敏现象。经查,该产品的外包装上写有"防过敏"字样。

问题: 该日化有限公司是否应对5人的过敏承担责任?

## (二)关于消费者维权的法律咨询

【背景材料】 王某在某商场购买了一台电冰箱,使用五个月后,制冷系统发生故障,在保修期内进行了两次修理,不久又发生了故障。

问题: 王某应如何维护自己的合法权益?法律依据是什么?

## 课后自测题

### 一、判断题

1.制定《消费者权益保护法》的目的是保护消费者的合法权益,维护社会经济秩序,促进社会主义市场经济健康发展。( )

2.根据《消费者权益保护法》的规定,经营者与消费者进行交易,应当遵循自愿、平等、公平、诚实信用的原则。( )

3.《消费者权益保护法》保护的消费者是指为生活消费需要购买、使用商品或接受服务的单位和个人。( )

4.根据《消费者权益保护法》的规定,消费者在购买、使用商品和接受服务时,享有人格尊严、民族风俗习惯得到尊重的权利,享有个人信息依法得到保护的权利。( )

5.根据《消费者权益保护法》的规定,使用他人营业执照的违法经营者提供的商品或者服务,损害了消费者合法权益的,消费者可以向其要求赔偿,也可以向营业执照的持有人要求赔偿。( )

6.经营者以广告、产品说明、实物样品或者其他方式标明商品或者服务的质量状况的,应当保证其提供的商品或者服务的实际质量与标明的质量状况相符。( )

7.根据《消费者权益保护法》的规定,经营者提供的机动车、计算机、电视机、电冰箱、空调器、洗衣机等耐用商品或者装饰装修等服务,消费者自接受商品或者服务之日起12个月内发现瑕疵,发生争议的,由经营者承担有关瑕疵的举证责任。( )

8.经营者提供商品或者服务有欺诈行为的,应当按照消费者的要求增加赔偿其受到的损失,增加赔偿的金额为消费者购买商品的价款或者接受服务的费用的3倍;增加赔偿的金额不足500元的,为500元。( )

9.经营者向消费者提供商品或者服务,应当恪守社会公德,诚信经营,保障消费者的合法权益;不得设定不公平、不合理的交易条件,不得强制交易。( )

10.对消费者因产品缺陷造成人身、财产损害的,产品的销售者与生产者之间应承担连带责任。( )

### 二、单项选择题

1.李某在电脑公司购买了一台电脑,使用六个月后出现故障。在"三包"有效期内,经两次修理仍无法正常使用。此时市场上已无同型号电脑,依照《消费者权益保护法》规定,该案应如何解决?( )

A.电脑公司应予以退货,但可抵交折旧费

B.电脑公司应无条件退货或予以更换

C.李某只能要求再次修理

D.李某只能要求调换其他型号的电脑

2.下列关于消费者组织职权表述不正确的是(　　)。

A.就有关消费者合法权益问题,向有关行政部门反映

B.对损害消费者合法权益的行为,支持受损害的消费者提起诉讼

C.可以以营利为附带目的向社会推荐商品和服务

D.参与制定有关消费者权益的法律、法规、规章和强制性标准

3.经营者明知商品或者服务存在缺陷,仍然向消费者提供,造成消费者或者其他受害人死亡或者健康严重损害的,受害人有权要求经营者依照法律规定赔偿损失,并有权要求所受损失(　　)以下的惩罚性赔偿。

A.二倍　　　　　　B.三倍　　　　　　C.四倍　　　　　　D.五倍

4.关于《消费者权益保护法》的适用范围,下列表述正确的有(　　)。

A.农民的消费活动,不适用《消费者权益保护法》

B.农民的生活消费活动适用《消费者权益保护法》,但购买、使用直接用于农业生产的生产资料时不适用该法

C.公民的所有消费活动均适用《消费者权益保护法》

D.农民购买、使用直接用于农业生产的生产资料,参照《消费者权益保护法》执行

5.依《消费者权益保护法》的规定,消费者享有知悉其购买、使用的商品或者接受服务的真实情况的权利。(　　)不属于消费者知情权的范畴。

A.知悉产品的价格、性能和等级

B.知悉产品的产地、生产者、生产日期

C.知悉产品的全部成份、有效期限和使用方法

D.知悉产品的售后服务及服务的内容、规格、费用等

6.消费者和经营者发生消费者权益争议时,不能采用(　　)方式解决。

A.与经营者协商　　　　　　　　B.向消费者协会申请调解

C.向有关行政部门投诉　　　　　D.提请仲裁机构仲裁

7.经营者的(　　)行为,没有违反《消费者权益保护法》经营者义务的规定。

A.贴出店堂告示"商品一旦售出概不退换"

B.贴出店堂告示"未成年人须由成年人陪伴方可入内"

C.顾客购买两条毛巾索要发票,经营者以"小额商品不开发票"为由加以拒绝

D.出售蛋类食品的价格经常变化

8.刘某在个体摊贩王某处挑选皮鞋,王某介绍一双皮鞋让刘某试穿。刘某感觉鞋子不合适,便脱下来要走,但王某执意要刘某买下这双鞋。王某的行为侵犯了刘某的(　　)。

A.自主选择权　　　　　　　　B.知悉真情权

C.维护尊严权　　　　　　　　D.保证安全权

9.甲经销乙厂生产的名牌针织衫,租赁了在当地很有影响的丙商场的柜台,甲在销售时采取的下列措施合法的是（　　）。

A.以乙厂厂家的名义推销其名牌针织衫

B.所雇用的销售人员均身着丙商场的工作服,佩戴丙商场的标志

C.以明示的方式给购买者价格折扣,但不入账

D.标明甲自己的企业名称和标识,进行让利销售

10.根据《消费者权益保护法》的规定,经营者提供商品或者服务有欺诈行为的,应当按照消费者的要求增加赔偿其受到的损失,增加赔偿的金额为消费者购买商品的价款或者接受服务的费用的（　　）。

A.二倍　　　　　B.三倍　　　　　C.四倍　　　　　D.五倍

### 三、多项选择题

1.根据《消费者权益保护法》的规定,消费者权利中"自主选择权"的具体内容包括（　　）。

A.自主决定商品品种或服务方式　　B.自主选择销售者

C.自主决定购买或者不购买　　D.自主比较、鉴别、挑选商品或服务

2.根据《消费者权益保护法》的规定,消费者因产品缺陷造成人身、财产损害的,可以申请赔偿的主体包括（　　）。

A.销售者

B.消费者应分清责任,向责任者

C.生产者

D.依法只能向销售者要求赔偿；销售者赔偿后可向生产者

3.下列（　　）情形中,若给购买产品的用户、消费者造成损失的,销售者应当赔偿损失。

A.不具备产品应当具备的使用性能而事先未做说明的

B.不符合在产品或者包装上注明采用的产品标准的

C.不符合以产品说明、实物样品等方式标明质量状况的

D.因产品存在缺陷造成人身、财产损害的,且该责任属于产品生产者的责任,但消费者向销售者提出赔偿要求的

4.下列各项中,销售者应当承担产品侵权责任的情况有（　　）。

A.某商店从甲厂进了一批饮料,在销售过程中店员李某发现柜台下面有些瓶装液体没贴标签,于是就找了一些饮料的标签贴于瓶子上,一顾客喝了这种瓶装液体后不幸身亡。经查,该瓶子里装的不是饮料而是颜色相同的毒药

B.某药店将某种对症药品卖给一名患者,该患者却错吃了其他药造成过敏,经抢救无效死亡

C.某家电商店从某公司推销员贾某处以低廉的价格购得一批电视机,该批电视机属"三无"产品。顾客王某明知该电视机为"三无"产品,仍从该商店买了一台,搬回家后在开电视时因短路引起火灾

D.李某从一商店购得一瓶硫酸以备汽车电瓶使用,但该瓶子上无警示标志。李某从商店把此瓶子拿回家,在其去找笔准备写警示标志之时,其邻居以为该瓶里装的是洗涤剂,将其倒出使用,致使该邻居造成严重烧伤

5.下列关于消费者权利的表述中,正确的有(　　)。

A.消费者在购买、使用商品和接受服务时享有人身、财产安全不受损害的权利

B.消费者享有知悉其购买、使用的商品或者接受的服务的真实情况的权利

C.消费者享有自主选择商品或者服务的权利

D.消费者享有公平交易的权利

E.消费者因购买、使用商品或者接受服务受到人身、财产损害的,享有依法获得赔偿的权利

6.根据《消费者权益保护法》的规定,经营者的下列行为说法正确的有(　　)。

A.经营者收集、使用消费者个人信息,应当遵循合法、正当、必要的原则,明示收集、使用信息的目的、方式和范围,并经消费者同意

B.经营者及其工作人员对收集的消费者个人信息必须严格保密,不得泄露、出售或者非法向他人提供

C.经营者应当采取技术措施和其他必要措施,确保信息安全,防止消费者个人信息泄露、丢失

D.经营者未经消费者同意或者请求,或者消费者明确表示拒绝的,不得向其发送商业性信息

7.经营者采用网络、电视、电话、邮购等方式销售商品,消费者有权自收到商品之日起七日内退货,且无需说明理由,但下列(　　)商品除外.

A.消费者定作的

B.鲜活易腐的

C.在线下载或者消费者拆封的音像制品、计算机软件等数字化商品

D.交付的报纸、期刊

8.根据《消费者权益保护法》的规定,消费者的公平交易权主要表现有(　　)。

A.消费者在购买商品或者接受服务时,有权获得质量保障

B.消费者在购买商品或者接受服务时,有权要求价格合理、计量正确

C.消费者在购买商品或者接受服务时,有权要求缔结合同

D.消费者有权拒绝经营者的强制交易行为

9.根据《消费者权益保护法》的规定,消费者享有保障安全权,该权利包括(　　)。

A.消费者人身安全权

B.消费者的生命安全应当有保障

C.消费者的健康状况能得到提高

D.消费者在进行消费活动时享有财产不受损害的权利

10.消费者和经营者发生消费者权益争议的,可以通过下列(　　)途径解决。

A.与经营者协商和解

B.请求消费者协会或者依法成立的其他调解组织调解

C.向有关行政部门投诉

D.根据与经营者达成的仲裁协议提请仲裁机构仲裁

E.向人民法院提起诉讼

### 四、案例分析

**【案例1】** 某商场在一楼开架销售商品,大大方便了顾客挑选货物,但商场雇用了大量营业人员尾随顾客身后以防顾客偷窃。他们对身着大衣的顾客要求脱大衣检查,另在门口张贴告示限制消费者携包入内。

问题：

该商场以上行为是否合法？

**【案例2】** 百花商场在四楼开设服装自选市场,并租给个体户李某经营。消费者王某于2021年2月8日在李某处以4 000元购得皮衣一件,回家穿了几天后发现,该皮衣是以旧皮衣刷漆方式制成的假冒产品。王某于2021年2月21日到商场找李某退货,但发现李某已因租赁期满而迁离商场。

问题：

王某应当怎样维护自己的合法权益？

**【案例3】** 某商场新进一批洗衣机,但因没有经过正规的检验,该批洗衣机普遍存在质量瑕疵,于是在电视台发布广告,称低价处理抵债产品。某消费者购得此种洗衣机后,在使用过程中经常出现绞住衣物现象,遂要求商场退货并赔偿损失。商场称已声明该洗衣机是处理品,消费者属于自愿购买,因此商场不承担责任。

问题：

消费者的要求是否合理？

## 课内实训参考答案

### 一、课内案例参考答案

**【案例1】**

(1)该超市侵犯了消费者张某的人身权和名誉权、安全维护权和安全保障权。根据《消费者权益保护法》的规定,消费者在购买、使用商品和接受服务时享有人身、财产安全不受损害的权利,享有人格尊严、民族风俗习惯得到尊重的权利。对经营者来说,经营者不得以格式条款、通知、声明、店堂告示等方式,作出对消费者不公平、不合理的规定,或者减轻、免除其损害消费者合法权益应当承担的民事责任。根据以上规定,该商场没有权利搜查张某,也没有权利检查张某的物品,尽管该超市有告示在先,但该告示没有法律依据,并不受法律保护。

(2)虽然超市的保安员当即向消费者张某道歉,但这不能改变超市对张某权利侵犯的事实。根据《消费者权益保护法》第五十条的规定,该超市应当对张某停止侵害、恢复名誉、消除影响、赔礼道歉,并赔偿损失。

**【案例2】**

《消费者权益保护法》第二十条第一款规定:"经营者向消费者提供有关商品或者服务的质量、性能、用途、有效期限等信息,应当真实、全面,不得作虚假或者引人误解的宣传。"天奇公司为了销售该品牌的精油,在网上商城作了虚假宣传,其行为应认定为欺诈行为。《消费者权益保护法》第五十五条规定:"经营者提供商品或者服务有欺诈行为的,应当按照消费者的要求增加赔偿其受到的损失,增加赔偿的金额为消费者购买商品的价款或者接受服务的费用的三倍;增加赔偿的金额不足五百元的,为五百元。法律另有规定的,依照其规定。"所以天奇公司应退还陈某货款人民币11 506元,并赔偿陈某人民币34 518元。同时根据《消费者权益保护法》第四十四条第二款规定:"网络交易平台提供者明知或者应知销售者或者服务者利用其平台侵害消费者合法权益,未采取必要措施的,依法与该销售者或者服务者承担连带责任。"所以鸿信信息技术公司对天奇公司上述付款义务承担连带清偿责任。

**【案例3】**

(1)该百货公司的店堂告示内容无效。《消费者权益保护法》第二十六条第二款、第三款规定:"经营者不得以格式条款、通知、声明、店堂告示等方式,作出排除或者限制消费者权利、减轻或者免除经营者责任、加重消费者责任等对消费者不公平、不合理的规定,不得利用格式条款并借助技术手段强制交易。格式条款、通知、声明、店堂告示等含有前款所列内容的,其内容无效。"本案例中,该百货公司贴出"商品售出,概不退换"的店堂告示,欲以此免除自己应当承担的法律责任,其内容应当无效。

(2)赵某有权要求退货。《消费者权益保护法》第二十四条规定:经营者提供的商品或者服务不符合质量要求的,消费者可以依照国家规定、当事人约定退货,或者要求经营者履行更换、修理等义务。本案例中,该百货公司售出的手表不符合售货员所声称的产品标准,赵某有权要求退货,百货公司不得拒绝。

**二、实务操作参考意见**

**(一)【咨询意见】**

该日化有限公司应当对5人的过敏承担责任。《消费者权益保护法》第十八条第一款规定:"经营者应当保证其提供的商品或者服务符合保障人身、财产安全的要求。对可能危及人身、财产安全的商品和服务,应当向消费者作出真实的说明和明确的警示,并说明和标明正确使用商品或者接受服务的方法以及防止危害发生的方法。"

本案例中,该日化有限公司虽然已在护肤品上写明"防过敏"字样,但有消费者使用后过敏的事实即已证明该产品有导致消费者过敏的可能,而该日化有限公司对此并未进行明确的警示。

**(二)【咨询意见】**

王某可以要求商场对已买的电冰箱进行更换或退货。法律依据是《消费者权益保护法》第二十四条:"经营者提供的商品或服务不符合质量要求的,消费者可以依照国家规定、当事人约定退货,或者要求经营者履行更换、修理等义务。没有国家规定和当事人约定的,消费者可以自收到商品之日起七日内退货;七日后符合法定解除合同条件的,消费者可以及时退货,不符合法定解除合同条件的,可以要求经营者履行更换、修理等义务。"

## 课后自测题参考答案

### 一、判断题
1.对  2.对  3.错  4.对  5.对  6.对  7.错  8.对  9.对  10.对

### 二、单项选择题
1.B  2.C  3.A  4.D  5.C  6.D  7.D  8.A  9.B  10.B

### 三、多项选择题
1.ABCD  2.AC  3.ABCD  4.ACD  5.ABCDE  6.ABCD  7.ABCD  8.ABD  9.ABD  10.ABCDE

### 四、案例分析

**【案例1】**

该商场行为不合法。商场派人尾随顾客身后的行为和要求顾客脱衣检查的行为均不合法，在门口张贴告示限制消费者携包入内也是不合法的。《消费者权益保护法》第十四条规定，消费者在购买、使用商品和接受服务时，享有人格尊严、民族风俗习惯得到尊重的权利。该商场侵犯了消费者的人格尊严权，依据以上规定，经营者不得检查消费者的身体及其携带的物品，不得侵犯消费者的人身自由。商场可以通过设置先进的电子监测系统来防止盗窃。

**【案例2】**

王某可以要求商场承担责任。《消费者权益保护法》第四十三条规定："消费者在展销会、租赁柜台购买商品或者接受服务，其合法权益受到损害的，可以向销售者或者服务者要求赔偿。展销会结束或者柜台租赁期满后，也可以向展销会的举办者、柜台的出租者要求赔偿。展销会的举办者、柜台的出租者赔偿后，有权向销售者或者服务者追偿。"

**【案例3】**

消费者的要求合理。《消费者权益保护法》第十八条第一款规定："经营者应当保证其提供的商品或者服务符合保障人身、财产安全的要求。对可能危及人身、财产安全的商品和服务，应当向消费者作出真实的说明和明确的警示，并说明和标明正确使用商品或者接受服务的方法以及防止危害发生的方法。"本案例中，该商场在广告中称其洗衣机为抵债处理品，并未声明该洗衣机质量存在可能危及人身、财产安全的瑕疵，事实上消费者在购买该商品前不知道其存在瑕疵。因此，商场应承担责任。

# 综合实训二

## 综合实训目标

(1)通过合同法律制度和担保法律制度等主要法律规定的相互融合,学生进行一些具有综合性的案例分析,提高对相关法律法规的综合运用能力。

(2)通过对知识产权法典型案例的分析,学生增强对保护知识产权重要性的认识。

(3)通过规制市场秩序案例的示范,学生增强在现实生活中的维权意识,从而提高其解决实际法律问题的能力。

## 综合实训操作

### 一、综合示范案例分析

【案例1】 王某与张某签订了一份房屋租赁合同。双方约定:王某将其所有的三间房屋出租给张某开办餐厅,租期为两年,自2020年6月1日至2022年5月31日,租金3 000元/月;若有一方违约,违约方应付给对方违约金5 000元;在此期间张某不得将房屋转租,由刘某作为保证人。2021年5月1日王某准备将房屋卖给赵某,并将此事通知了张某,张某未做任何表示。2021年8月2日王某和赵某办理了过户手续。2021年10月,张某扩大经营规模,在市中心繁华地段新开设了一家高档酒楼,于是将租赁的该三间未到期房屋交给李某使用,每月收取租金3 500元。

问题:

(1)王某与张某签订合同后,若至2021年5月1日张某一直未付租金,王某能否要求其承担违约责任?

(2)赵某是否取得了房屋所有权?

(3)办理过户手续后,赵某能否请求张某迁出?

(4)赵某能否请求张某、刘某承担转租责任?

**重点法条**

《民法典》第七百一十六条规定:"承租人经出租人同意,可以将租赁物转租给第三人。

承租人转租的,承租人与出租人之间的租赁合同继续有效;第三人造成租赁物损失的,承租人应当赔偿损失。承租人未经出租人同意转租的,出租人可以解除合同。"

《民法典》第七百二十一条规定:"承租人应当按照约定的期限支付租金。对支付租金的期限没有约定或者约定不明确,依据本法第五百一十条的规定仍不能确定,租赁期限不满一年的,应当在租赁期限届满时支付;租赁期限一年以上的,应当在每届满一年时支付,剩余期限不满一年的,应当在租赁期限届满时支付。"

《民法典》第七百二十五条规定:"租赁物在承租人按照租赁合同占有期限内发生所有权变动的,不影响租赁合同的效力。"

《民法典》第七百二十六条规定:"出租人出卖租赁房屋的,应当在出卖之前的合理期限内通知承租人,承租人享有以同等条件优先购买的权利;但是,房屋按份共有人行使优先购买权或者出租人将房屋出卖给近亲属的除外。出租人履行通知义务后,承租人在十五日内未明确表示购买的,视为承租人放弃优先购买权。"

**【案例2】** 孙某从驾驶培训学校毕业后不久,欲购一辆面包车从事旅客运输,但苦于缺少5万元的购车资金。后其找到经营个体饮食店的好友张某,希望向张某借款5万元。张某表示同意,孙某为打消张某的顾虑,便请其女友陈某作为保证人。陈某与张某签订了保证合同,双方签字盖章,并在合同中规定,只有在孙某不能清偿张某的5万元债务时,才由陈某承担保证责任。在债务到期时,孙某没有清偿。于是张某找到陈某,要求陈某偿还孙某所欠款。陈某予以拒绝。因此张某将孙某和陈某诉至法院。

**问题:**
(1)《民法典》规定了哪几种保证方式?陈某约定的保证方式属于哪一种?
(2)按照我国法律规定,陈某对张某的请求予以拒绝有无法律依据?为什么?

**重点法条:**
《民法典》第六百八十六条规定:"保证的方式包括一般保证和连带责任保证。当事人在保证合同中对保证方式没有约定或者约定不明确的,按照一般保证承担保证责任。"

《民法典》第六百八十七条规定:"当事人在保证合同中约定,债务人不能履行债务时,由保证人承担保证责任的,为一般保证。一般保证的保证人在主合同纠纷未经审判或者仲裁,并就债务人财产依法强制执行仍不能履行债务前,有权拒绝向债权人承担保证责任,但是有下列情形之一的除外:(一)债务人下落不明,且无财产可供执行;(二)人民法院已经受理债务人破产案件;(三)债权人有证据证明债务人的财产不足以履行全部债务或者丧失履行债务能力;(四)保证人书面表示放弃本款规定的权利。"

《民法典》第六百八十八条规定:"当事人在保证合同中约定保证人和债务人对债务承担连带责任的,为连带责任保证。连带责任保证的债务人不履行到期债务或者发生当事人约定的情形时,债权人可以请求债务人履行债务,也可以请求保证人在其保证范围内承担保证责任。"

**【案例3】** 甲打算开办一家商店,但因资金不足,向乙借款5万元。乙要求甲提供担保,甲找到其好友丙,丙系从事运输的个体户。丙表示愿意以自己价值8万元的一辆面包车为甲提供抵押担保。之后,甲与乙签订了借贷合同,约定由乙借给甲5万元的现金,甲应于2021年8月31日前还本,但不计收利息。丙与乙签订了抵押合同,约定丙以自己价值8万元的一辆面包车为乙对甲享有5万元的债权提供抵押担保,抵押担保的范围仅限于甲的主债务5万元,对其他费用不承担担保责任。后来双方到当地车管所办理了抵押物登记。至2021年12月5日,甲由于经营不善,商店亏损而不能清偿欠乙的5万元债务。

**问题:**

(1)乙对丙的面包车享有何种权利?

(2)乙欲使自己的债权得以受清偿,应当如何处理?

(3)乙与丙之间的抵押合同自何时起生效?当事人以哪些财产抵押时应办理抵押物登记?

**重点法条:**

《民法典》第三百九十四条规定:"为担保债务的履行,债务人或者第三人不转移财产的占有,将该财产抵押给债权人的,债务人不履行到期债务或者发生当事人约定的实现抵押权的情形,债权人有权就该财产优先受偿。前款规定的债务人或者第三人为抵押人,债权人为抵押权人,提供担保的财产为抵押财产。"

《民法典》第四百零二条规定:"以本法第三百九十五条第一款第一项至第三项规定的财产或者第五项规定的正在建造的建筑物抵押的,应当办理抵押登记。抵押权自登记时设立。"

《民法典》第四百零三条规定:"以动产抵押的,抵押权自抵押合同生效时设立;未经登记,不得对抗善意第三人。"

《民法典》第四百一十条规定:"债务人不履行到期债务或者发生当事人约定的实现抵押权的情形,抵押权人可以与抵押人协议以抵押财产折价或者以拍卖、变卖该抵押财产所得的价款优先受偿。协议损害其他债权人利益的,其他债权人可以请求人民法院撤销该协议。抵押权人与抵押人未就抵押权实现方式达成协议的,抵押权人可以请求人民法院拍卖、变卖抵押财产。抵押财产折价或者变卖的,应当参照市场价格。"

**【案例4】** 刘某经潜心研究,发明了近视治疗仪——"视宝"治疗仪,于2018年获得专利权,并积极寻找合作伙伴。后来甲公司找到刘某,请求刘某转让专利权,双方就转让费用及其他问题进行协商,但终因分歧太大而不能达成协议。一个月后,刘某在市场上发现一种叫"神视"的近视治疗仪,与其发明的专利产品"视宝"治疗仪完全相同。经调查发现,此治疗仪系甲公司所生产。原来,甲公司在与刘某协商签订专利转让合同的过程中,掌握了刘某发明的专利产品的全部技术资料,后利用此技术资料生产了"神视"治疗仪。

**问题:**

(1)甲公司的行为性质是什么?

(2)甲公司应承担什么法律责任?

**重点法条:**

《专利法》第六十五条规定:"未经专利权人许可,实施其专利,即侵犯其专利权,引起纠纷的,由当事人协商解决;不愿协商或者协商不成的,专利权人或者利害关系人可以向人民法院起诉,也可以请求管理专利工作的部门处理。管理专利工作的部门处理时,认定侵权行为成立的,可以责令侵权人立即停止侵权行为,当事人不服的,可以自收到处理通知之日起十五日内依照《中华人民共和国行政诉讼法》向人民法院起诉;侵权人期满不起诉又不停止侵权行为的,管理专利工作的部门可以申请人民法院强制执行。进行处理的管理专利工作的部门应当事人的请求,可以就侵犯专利权的赔偿数额进行调解;调解不成的,当事人可以依照《中华人民共和国民事诉讼法》向人民法院起诉。"

《民法典》第五百条规定:"当事人在订立合同过程中有下列情形之一,造成对方损失的,应当承担赔偿责任:(一)假借订立合同,恶意进行磋商;(二)故意隐瞒与订立合同有关的重要事实或者提供虚假情况;(三)有其他违背诚信原则的行为。"

**【案例 5】** 杭州甲丝绸公司在其产品上使用"红梅"商标,产品销路一直很好,并于 2017 年进行了注册。苏州乙公司与甲公司协商,双方签订商标使用许可合同,合同规定:自 2020 年 1 月起乙公司在自己生产的真丝产品上使用甲公司的"红梅"商标,使用费为 10 万元/年;此外,如果乙公司有盈利,按其盈利额的 5% 分给甲公司作为追加使用费;商标使用期限为两年;由丙公司作为保证人,保证在乙公司不能给付使用费时,承担给付责任。至 2021 年 1 月 10 日,乙公司仅给甲公司使用费 10 万元。甲公司索要前一年的追加使用费及第二年的使用费,未果,遂诉至法院。经法院查明,乙公司在 2020 年并无盈利。

**问题:**
(1)甲公司的请求能否得到支持?
(2)丙公司应承担什么样的责任?

**重点法条:**

《商标法》第四十三条规定:"商标注册人可以通过签订商标使用许可合同,许可他人使用其注册商标。许可人应当监督被许可人使用其注册商标的商品质量。被许可人应当保证使用该注册商标的商品质量。经许可使用他人注册商标的,必须在使用该注册商标的商品上标明被许可人的名称和商品产地。许可他人使用其注册商标的,许可人应当将其商标使用许可报商标局备案,由商标局公告。商标使用许可未经备案不得对抗善意第三人。"

《民法典》第一百五十八条规定:"民事法律行为可以附条件,但是根据其性质不得附条件的除外。附生效条件的民事法律行为,自条件成就时生效。附解除条件的民事法律行为,自条件成就时失效。"

《民法典》第一百五十九条规定:"附条件的民事法律行为,当事人为自己的利益不正当地阻止条件成就的,视为条件已经成就;不正当地促成条件成就的,视为条件不成就。"

《民法典》第一百六十条规定:"民事法律行为可以附期限,但是根据其性质不得附期限的除外。附生效期限的民事法律行为,自期限届至时生效。附终止期限的民事法律行为,自期限届满时失效。"

《民法典》第六百八十七条规定:"当事人在保证合同中约定,债务人不能履行债务时,由保证人承担保证责任的,为一般保证。一般保证的保证人在主合同纠纷未经审判或者仲裁,并就债务人财产依法强制执行仍不能履行债务前,有权拒绝向债权人承担保证责任,但是有下列情形之一的除外:(一)债务人下落不明,且无财产可供执行;(二)人民法院已经受理债务人破产案件;(三)债权人有证据证明债务人的财产不足以履行全部债务或者丧失履行债务能力;(四)保证人书面表示放弃本款规定的权利。"

**【案例 6】** 王某于 2021 年 6 月在旧货市场买了一台"新月"牌二手电冰箱。卖主称该电冰箱安全期为 15 年,2015 年 9 月被人从厂家买走,已经在旧货市场卖过两次,从未坏过。价款 300 元,并保证质量,不让试机。王某将电冰箱运回家,使用 4 个月后发现电冰箱门带电,电火花燃着了周围家具,损失 3 000 元。王某到旧货市场索赔,得到卖主的回复为:我只收了 300 元,可以退给你,其他损失与我无关。王某又找到电器厂要求赔偿损失,电器厂经过调查,发现该台电冰箱是于 2009 年 9 月最初交付给消费者的。电器厂称:电冰箱使用已过 10 年,过了法定赔偿请求权期限,不予赔偿。

**问题:**

(1)旧货市场卖主在销售过程中有违法行为吗?

(2)旧货市场卖主只退还王某 300 元、拒不赔偿其他损失的理由是否成立?

(3)电器厂根据产品已过法定赔偿请求权期限这一理由不予以赔偿的做法是否合法?

**注意事项:**

(1)产品质量的保护时效。

(2)产品质量的责任主体。

(3)消费者的权利和经营者的义务。

(4)综合运用《消费者权益保护法》和《产品质量法》的法律规定。

**重点法条:**

《消费者权益保护法》第八条规定:"消费者享有知悉其购买、使用的商品或者接受的服务的真实情况的权利。消费者有权根据商品或者服务的不同情况,要求经营者提供商品的价格、产地、生产者、用途、性能、规格、等级、主要成份、生产日期、有效期限、检验合格证明、使用方法说明书、售后服务,或者服务的内容、规格、费用等有关情况。"

《消费者权益保护法》第十条规定:"消费者享有公平交易的权利。消费者在购买商品或者接受服务时,有权获得质量保障、价格合理、计量正确等公平交易条件,有权拒绝经营者的强制交易行为。"

《民法典》第一百八十八条规定:"向人民法院请求保护民事权利的诉讼时效期间为三年。法律另有规定的,依照其规定。诉讼时效期间自权利人知道或者应当知道权利受到损害以及义务人之日起计算。法律另有规定的,依照其规定。但是自权利受到损害之日起超过二十年的,人民法院不予保护,有特殊情况的,人民法院可以根据权利人的申请决定延长。"

【案例 7】 某厂生产的"G 牌"白酒知名度一直不高,为打开销路,该厂在 2020 年 6 月 18 日举办了"G 牌"白酒新闻发布会,请省内有关负责人及各界人士对"G 牌"和本市其他两种著名品牌白酒进行品尝评级,还请了市公证处在现场监督审查。事后,该厂大肆宣传其所生产的"G 牌"白酒在全市质量名列第一。但实际上评比人员并无评比并授予名次的资格,参评产品的采样也无合法监督程序。评委中很多人是该厂的经销商和关系单位人员,该厂为其提供了价格昂贵的纪念品。

**问题:**

(1)该厂的哪些行为构成不正当竞争行为?

(2)该厂应当承担什么责任?

**注意事项:**

(1)有关诋毁他人商业信誉的不正当竞争行为的构成要件。

(2)不正当竞争行为的法律责任。

**重点法条:**

《反不正当竞争法》第八条规定:"经营者不得对其商品的性能、功能、质量、销售状况、用户评价、曾获荣誉等作虚假或者引人误解的商业宣传,欺骗、误导消费者。经营者不得通过组织虚假交易等方式,帮助其他经营者进行虚假或引人误解的商业宣传。"

《反不正当竞争法》第十一条规定:"经营者不得编造、传播虚假信息或者误导性信息,损害竞争对手的商业信誉、商品声誉。"

《反不正当竞争法》第二十条规定:"经营者违反本法第八条规定对其商品作虚假或者引人误解的商业宣传,或者通过组织虚假交易等方式帮助其他经营者进行虚假或者引人误解的商业宣传的,由监督检查部门责令停止违法行为,处二十万元以上一百万元以下的罚款;情节严重的,处一百万元以上二百万元以下的罚款,可以吊销营业执照。经营者违反本法第八条规定,属于发布虚假广告的,依照《中华人民共和国广告法》的规定处罚。"

**【案例8】**

2020年12月,昆明某家居店联合多家装饰公司举办迎新春促销活动。消费者杨先生通过现场广告宣传,于12月3日与其中一家装饰公司签订了设计合同,并交纳了2 000元设计费。经该装饰公司多次到装修工地实地考察后,2021年1月10日杨先生正式与其签订装修合同,并交纳了装修预算总价50%的预付款,即26 866元。付款后直到3月10日该装饰公司也没有按合同约定开工,经杨先生四处了解得知该公司因债务问题已经关闭。杨先生便找到当时的举办方某家居店,要求其承担违约责任,并按欺诈行为要求加倍赔偿,某家居店不同意杨先生的请求。多次协商无果,杨先生于3月10日将此事投诉到昆明市消费者协会,请求帮助。

**问题:**

(1)家居店是否应承担违约赔偿责任?

(2)杨先生要求举办方退还预付款26 866元,并按总价款的二倍赔偿其107 464元,杨先生的要求能否获得支持?(利率按0.32%进行计算)

**重点法条:**

《消费者权益保护法》第四十三条规定:"消费者在展销会、租赁柜台购买商品或者接受服务,其合法权益受到损害的,可以向销售者或者服务者要求赔偿。展销会结束或者柜台租赁期满后,也可以向展销会的举办者、柜台的出租者要求赔偿。展销会的举办者、柜台的出租者赔偿后,有权向销售者或者服务者追偿。"

《消费者权益保护法》第五十三条规定:"经营者以预收款方式提供商品或者服务的,应当按照约定提供。未按照约定提供的,应当按照消费者的要求履行约定或者退回预付款;并应当承担预付款的利息、消费者必须支付的合理费用。"

## 二、综合实务操作

### ☞ 实训方案示例1　　修改合同

**【实训目的】** 通过修改合同,学生提高理解和运用合同法律法规的能力,锻炼正确使用法律术语的能力。

**【实训要求】**

(1)掌握《民法典》合同编及相关法律的规定。

(2)正确理解合同条款的意思。

(3)修改合同要遵循合同原义。

**【实训步骤】**

(1)根据《民法典》等有关法律的规定,审查当事人主体资格是否合法,合同是否合法生效。

(2)明确当事人的真实意思表示与权利义务关系。

(3)审查合同条款是否有效、齐全并表述清楚。

(4)修改完善合同。

(5)由当事人双方签字盖章,办理公证、鉴证、登记等手续。

**【注意事项】**

(1)修改合同不能改变当事人已经确定的条款,但可以提醒当事人注意交易风险。

(2)注意由浅入深,从基本合同条款的修改完善到现实生活中真实存在的合同的修改。

**【背景材料】**

### 动产质押合同

质押人:

住所:

法定代表人:

电话:　　　　传真:　　　　　　邮政编码:

质押权人:

住所:

法定代表人:

电话:　　　　传真:　　　　　　邮政编码:

为确保　　年　字第　　号借款合同规定的乙方主债权的实现,甲方愿意以其有权处分的财产出质。乙方同意接受甲方的财产质押。双方经协商一致,按以下条款订立本合同。

第一条　被担保借款的种类、数额、利息及还本付息期限。

第二条　甲方用作质押的财产(包括财产的数量、质量、状况及权属)。

第三条　质押财产的保管。质押财产中的____待甲、乙双方封存后,由甲方自行保管;质押财产中的____由甲方自行保管,甲方应妥善保管质押财产,在质押期内负有维修、保养、保证完好无损的责任,并随时接受乙方的检查。

第四条　甲方应为质押财产办理保险。

第五条　主合同借款人在债务履行期届满而未偿还乙方借款时,质物的所有权转移为乙方所有。

第六条　本合同项下有关的公证、鉴定、运输费用由_____承担。

第七条　本合同生效后,如需延长主合同项下借款期限,或者变更主合同其他条款,应经质押人同意并达成书面协议。

第八条　双方商定的其他事项。

第九条　争议的解决方式:甲、乙双方在履行本合同中发生的争议,由双方协商或通过调解解决。协商或调解不成,可以向签订地人民法院起诉,或者向合同签订地的仲裁机构申请仲裁。

第十条　本合同由甲、乙双方法定代表人或法定代表人授权的代理人签字并加盖单位公章,自主合同生效之日起生效,到主合同项下借款本息全部还清时自动失效。

第十一条　本合同一式二份,甲、乙双方各执一份。

甲方(公章)                                  乙方(公章)
法定代表人:(签字)                  法定代表人:(签字)
年　月　日                                年　月　日

### ☞实训方案示例2　依法识别不正当竞争行为,保护企业自身合法权益

某市 A 机械厂2020年12月经过介绍人刘某介绍,向某市 B 铸造厂订制车床主构架100套,单价3万元,总价款为300万元。B 厂厂长为争取今后的业务发展,与 A 厂厂长协商一致,在订货合同上订明,B 厂给予 A 厂10%的优惠。2021年1月15日 B 厂依照合同履行义务,发货至 A 厂;A 厂依照合同通过银行转账支付了270万元货款。B 厂也作为营业收入的抵减项目记了账。为酬谢介绍人,B 厂付给刘某"好处费"2 000元;A 厂向刘某支付"介绍费"1 000元。两厂又分别将"好处费""介绍费"支出入了账,并代为扣缴了刘某的个人所得税。

问题:
(1) B 厂与 A 厂的"优惠"约定属于什么性质,是否属于不正当竞争行为？为什么？
(2) 两厂分别向刘某支付的费用等属于什么性质,是否属于不正当竞争行为？为什么？
(3) 试说明在交易中回扣、折扣及佣金的区别。

### ☞实训方案示例3　为消费者提供法律咨询

【背景材料】　据有关部门统计,在受理的消费者投诉中,最棘手的是关于产品意外责任事故使消费者人身、财产受到损害的投诉。如啤酒瓶、压力锅、彩电爆炸,使用燃气热水器伤人等。多数消费者在事故发生后,只顾抢救人和财物,而忘记保护现场。

问题:　在发生消费纠纷时,消费者要想顺利地维护自己的合法权益,必须注意哪些问题？

## 三、热点及深度问题探讨

【问题1】　《中华人民共和国个人信息保护法》(以下简称《个人信息保护法》)是过往世界经验和中国智慧的结晶。

目的:
充分认识《个人信息保护法》颁布实施的意义。

【问题2】　房地产买卖合同常见违约情形及预防措施。

目的:
更好地保障房地产买卖合同的履行,保证合同当事人的合法权益。

## 综合实训课后练习

## 一、作业案例

【案例1】　王某因扩大经营规模需要,以其坐落在郊区的一幢别墅(价值1 500万元)作

抵押,分别向中国农业银行和中国工商银行借款700万元和800万元。王某与中国农业银行于2021年3月6日签订抵押合同,2021年3月18日办理了抵押登记;王某与中国工商银行于2021年3月16日签订抵押合同,同日办理抵押登记。还款期届至,王某不能清偿到期贷款,中国农业银行与中国工商银行行使抵押权,对王某的别墅依法拍卖,只拍得价款1 200万元。

问题：
本案例中拍卖款应如何分配？

【案例2】 王某出售房屋给李某,约定王某应于2021年6月20日前向李某交付房屋并办理产权登记,由张某作保证人,李某应于2021年6月21日前付款。2021年6月28日王某又将该房屋卖给赵某,并办理了产权登记,但未交付房屋。

问题：
本案例中哪一方违约？应承担什么责任？赵某是否要承担责任？房屋应归谁所有？

【案例3】 甲公司欲购买一批钢材,委托王某提供中介服务,在王某的撮合下,甲公司和乙公司顺利地签订了钢材买卖合同,并由丙公司作为甲公司付款的保证人。事后,双方对王某的工作比较满意,但关于王某的报酬和费用支付问题发生了争议。

问题：
此费用应由谁来支付？如果由甲公司来支付,对于此笔费用,作为保证人的丙公司是否要承担责任？

【案例4】 张某为某研究所研究员,工作30多年来,一直从事有关远红外线方面的技术研究。2020年3月,张某在多年研究的基础上,终于发明了一种远红外线治疗仪,并获得了发明专利,它节能、环保,而且疗效好,市场销路极佳。2021年3月,甲公司找到张某,与张某签订了专利使用许可合同,并将此技术正式投入生产。2021年8月,张某所在研究所发现甲公司生产的专利产品发明人为其职工张某,遂提出张某的该项发明为职务发明,同时要求甲公司承担侵权责任。

问题：
该研究所的说法是否正确？

【案例5】 2021年5月9日王某从某百货公司买回一个高压锅。几天后在使用过程中,高压锅突然爆炸,将王某烫伤,经检查为二度烫伤,住院花去医药费5 000多元。王某康复后,要求百货公司退货并赔偿损失,百货公司以不能证明该高压锅具有缺陷为由拒绝退货和赔偿损失。后经技术鉴定部门鉴定,该高压锅的缺陷是由生产者(奇妙电器厂)造成的。百货公司依据技术鉴定部门的结论认为责任在奇妙电器厂,只同意退货,但拒绝赔偿损失。王某无奈只好找到奇妙电器厂,该厂认为技术鉴定部门的鉴定结论有问题,缺陷可能是销售者在销售过程中严重碰撞造成的,因此,拒绝赔偿损失,要求王某向百货公司请求赔偿。王某为此起诉到法院,经法院查明高压锅的缺陷确系奇妙电器厂造成的。

问题：
(1)百货公司能否以技术鉴定部门的鉴定结论为依据拒绝赔偿王某损失？为什么？
(2)本案例中的产品责任最终由谁承担？为什么？
(3)假设因高压锅爆炸造成王某残疾,那么根据《消费者权益保护法》的规定,责任者赔偿损失的范围包括哪些？

(4)本案例中王某因高压锅存在缺陷造成损害要求赔偿的诉讼时效为几年?

**【案例6】** 2021年王某参加由洋洋纺织品有限公司主办的服装展销会,在12号柜台佳佳皮衣厂的展销处购买了一件价格为2 100元的皮衣,王某在选衣时看到柜台显眼处写着"当面查验,概不退换"的告示。王某回家将皮衣穿了10天后,皮衣外皮有脱落现象,皮衣上斑斑点点十分难看。但此时展销会已经结束,佳佳皮衣厂的人员已经撤走。王某十分气愤,遂打电话向电视台反映佳佳皮衣厂的产品质量问题。新闻媒介将此事曝光,佳佳皮衣厂的皮衣销量大减。佳佳皮衣厂诉至法院,称在出售皮衣时,本厂已声明"当面查验,概不退换",王某知道情况仍购买,说明其同意皮衣的质量风险由自己承担。现在王某的行为侵犯了本厂的名誉,要求王某消除影响、赔礼道歉并赔偿损失。王某在答辩时向法院提交了商检部门出具的王某购买的皮衣质量不合格的证明。

**问题:**
(1)佳佳皮衣厂的"当面查验,概不退换"的告示是否有效?为什么?
(2)佳佳皮衣厂认为王某侵犯了其名誉权的说法是否成立?为什么?
(3)王某是否有权向洋洋纺织品有限公司索赔?

**【案例7】**
2020年4月15日傍晚,某市一中学生刘某骑一辆天津某企业生产的24型变速自行车回家。当骑至离家500米处时,突然自行车前叉根部折断,刘某立即摔倒,昏迷不醒。幸遇居民路过,将其送到当地医院抢救。这一起事故造成刘某住院10天,鼻梁缝合6针,口腔内缝合3针,医疗费达10 000元。刘某出院后,时常头昏,并且在鼻梁及嘴唇两处留下了很深的疤痕。因此,刘某投诉到市消费者协会,要求自行车生产厂家和销售商赔偿她直接和间接损失。该自行车是刘某于2020年2月在一家商厦购买的。事故发生后该家商厦只答应赔偿刘某一辆同型的自行车,至于其他损失,其认为应由生产厂家天津某企业承担。生产厂家在知晓了这一情况后,赶到刘某所在城市进行调查,确定本厂生产的自行车确实存在着产品缺陷。在消协的调解下,天津某企业赔偿了刘某自行车款,并承担了刘某的医疗费10 000元和因产品质量缺陷给刘某造成的间接损失。

**问题:**
(1)该商厦的做法是否正确?为什么?
(2)如何理解天津某企业在此次事故中承担责任的做法?

## 二、实训练习

### ☞训练1　　　　　起草合同

**【背景材料】** 王某要开一家洗衣店,需要资金50万元,可是其只有30万元,于是找到老朋友李某,请求借款20万元。李某与王某关系虽然很好,可是也不敢轻易把钱借给他,于是就说道:"亲兄弟,明算账,我可以帮你筹到这笔钱,但是你要给我提供一定的担保。"王某就同意将坐落在市中心阳光街25号的门市房抵押给李某,该门市房价值25万元。为此,双方要签订一个抵押合同。

**【实训要求】** 根据《民法典》合同编关于合同主要条款的规定以及《民法典》物权编关于抵押担保的规定起草该合同。

## ☞训练 2　　　修改合同,要求写出修改意见

【背景材料】　某服装加工厂与学校签订一份合同,其文本如下:

### 供货合同

卖方:某服装加工厂

买方:某学校

(1)卖方为买方生产 200 套校服,买方向卖方提供所需布料××米。

(2)卖方于 2020 年 10 月自备车将成品送到买方,双方在到达地验收,运费由买方负担。

(3)买方向卖方支付货款××元,货到付款。

(4)本合同自双方签字盖章之日起生效。本合同一式二份,双方各持一份。

卖方:某服装加工厂(章)　　　　　　　　　　　　买方:某学校(章)

×年×月×日　　　　　　　　　　　　　　　　　×年×月×日

【实训要求】　请指出上述合同中哪些条款需要补充和改正。

## ☞训练 3　　　　　　主题法律咨询

【背景材料】　结合《反不正当竞争法》《产品质量法》《消费者权益保护法》的规定,做一次关于消费者权益保护、商家和厂家对于消费者所承担责任方面的法律咨询。

## 综合实训操作参考答案

### 一、综合示范案例分析参考答案

【案例 1】

(1)王某不能要求张某承担违约责任。根据《民法典》第七百二十一条的规定,双方就支付期限没有约定的,租赁期限一年以上的,应当在每届满一年时支付。2021 年 5 月 1 日,租赁期尚不足一年,张某并无支付租金的义务,故不应承担违约责任。

(2)本案例中赵某取得了房屋所有权。首先,王某虽将房屋出租但仍有处分权,因而王某将房屋卖给赵某是合法的;其次,根据《民法典》第七百二十六条的规定,出租人出卖租赁房屋的,应当在出卖之前的合理期限内通知承租人,承租人享有以同等条件优先购买的权利。王某已履行此义务。

(3)不能。根据《民法典》第七百二十五条的规定:"租赁物在承租人按照租赁合同占有期限内发生所有权变动的,不影响租赁合同的效力。"租赁合同在赵某和张某间继续有效。

(4)能。因为合同约定不得转租,张某擅自转租显然已构成违约。为此若有损失,赵某可请求张某支付违约金 5 000 元,同时要求刘某承担连带责任,并解除与张某的合同。

【案例 2】

(1)《民法典》第六百八十六条第一款规定,保证的方式包括一般保证和连带责任保证。一般保证是指当事人在保证合同中约定,债务人不能履行债务时,由保证人承担保证责任。本案例中,陈某与张某在保证合同中明确约定,只有在债务人孙某不能清偿债务时,才由陈某承担保证责任,符合一般保证的特征。

(2)有法律依据。首先,根据《民法典》的规定,双方当事人所签订的合同合法有效。依合同中的内容,结合《民法典》的规定,陈某享有先诉抗辩权。本案例中孙某只是到期未清偿债务并非不能清偿债务,而且债权人张某也未就孙某的财产申请人民法院强制执行,故陈某可以行使其先诉抗辩权,拒绝承担保证责任。在本案的处理上,在人民法院对孙某的财产依法强制执行后,如果孙某仍不能清偿全部或部分债务,才能由保证人陈某承担全部或未受清偿部分的保证责任。此外,在分析案例涉及一般保证的保证人的先诉抗辩权时,还应注意到保证人不得行使先诉抗辩权的情形。

【案例3】

(1)乙对丙的面包车享有优先受偿权。根据《民法典》第三百九十四条的规定,抵押是指债务人或者第三人不转移对财产的占有,将该财产作为债权的担保。债务人不履行到期债务或者发生当事人约定的实现抵押权的情形时,债权人有权就该财产优先受偿。本案例中,丙与乙达成抵押合同,即丙以自己的面包车作为乙的债权的担保。甲未能履行债务使乙的债权未受清偿。因此,乙有权就抵押的面包车优先受偿,这就是乙对该面包车享有的优先受偿权。

(2)乙可以与丙协议以面包车折价或以拍卖、变卖面包车所得价款受偿;如果协议不成,乙可以向人民法院起诉。根据《民法典》第四百一十条的规定,债务履行期满抵押权人未受清偿的,双方可以协议以抵押物折价或者以拍卖、变卖该抵押物所得的价款优先受偿;协议不成的,抵押权人可以请求人民法院拍卖、变卖抵押财产。本案例中,甲的债务履行期届满,乙作为抵押权人未受清偿,所以,乙可以采取前述措施。此外,乙在将面包车折价或者拍卖、变卖后,其价款超过5万元的部分归丙所有,不足部分由甲清偿。其依据是《民法典》第四百一十三条的规定,即抵押财产折价或者拍卖、变卖后,其价款超过债权数额的部分归抵押人所有,不足部分由债务人清偿。

(3)该抵押合同自登记之日起生效。《民法典》第四百零二条规定,下列财产设定抵押应当办理抵押物登记:①建筑物和其他土地附着物;②建设用地使用权;③海域使用权;④正在建造的建筑物、船舶、航空器。

【案例4】

(1)甲公司的行为属于侵权行为,而且其行为违背了民商事交易的基本原则,即诚实信用原则。《专利法》第十一条规定,发明和实用新型专利权被授予后,除本法另有规定的以外,任何单位或者个人未经专利权人许可,都不得实施其专利,即不得为生产经营目的制造、使用、许诺销售、销售、进口其专利产品,或者使用其专利方法以及使用、许诺销售、销售、进口依照该专利方法直接获得的产品。甲公司全面仿制刘某的专利产品"视宝"近视治疗仪而制造出"神视"治疗仪并销售的行为侵犯了刘某的专利权。同时,甲公司利用与刘某协商订约过程中掌握的技术资料仿制专利产品的行为违反了《民法典》规定的诚实信用的基本原则。

(2)甲公司应承担缔约过失责任和立即停止侵权行为并赔偿损失的法律责任。《民法典》规定,当事人在订立合同过程中有违背诚实信用原则的行为,给对方造成损失的,应当承担损害赔偿责任;《专利法》规定,对未经专利权人许可,实施其专利的侵权行为,专利权人可以请求专利管理机关进行处理,也可以直接向人民法院起诉,侵权人应当立即停止侵权行为并赔偿损失。

## 【案例 5】

(1)甲公司的请求能够得到部分支持。即要求乙给付第二年使用费的请求能够得到支持,但是请求给付第一年的追加使用费并无事实和法律上的依据。根据《商标法》的规定,商标注册人可以通过签订商标使用许可合同,许可他人使用其注册商标,并由被许可使用人缴纳许可使用费。2021 年 1 月 10 日甲公司起诉时,所附期限已经届至,乙公司应当履行其给付使用费的义务。根据《民法典》的规定,双方在签订合同时,可以附条件,约定以条件的成就与否决定合同的生效或失效;双方在签订合同时,可以附期限,以期限的到来作为合同生效或失效的时间。本案例中,当事人对于支付追加使用费约定了条件,即被许可方盈利。但是,由于双方在合同中所附条件并未成就,因此其要求乙给付追加使用费的请求不能被支持。

(2)根据合同中的约定及《民法典》的规定,丙公司为一般保证人,承担一般保证责任,即对于乙公司未给付的第二年的商标使用费承担一般保证责任。《民法典》规定,保证人可行使债务人的抗辩权,所以对于追加使用费,不能向保证人主张;一般保证人享有先诉抗辩权,即债权人必须在先向主债务人主张权利并执行其财产而债权仍不能受偿的情况下,才可以向保证人主张权利。

## 【案例 6】

(1)本案例中旧货市场卖主不让王某试机是违法行为。《消费者权益保护法》第九条规定,消费者享有自主选择商品或者服务的权利,但旧货市场卖主却不让试机,显然剥夺了消费者了解和选择商品的权利。

(2)本案例中旧货市场卖主只退还王某 300 元、拒不赔偿其他损失的理由是不成立的。旧货市场还应赔偿其家具损失 3 000 元。因为作为消费者的王某与卖主之间存在买卖合同关系,销售者应按约定提供商品,对商品瑕疵给消费者造成的损失应予以赔偿,这种损失不仅包括因商品瑕疵给消费者造成的损失,也包括给瑕疵商品之外的财产造成的损失。

(3)电器厂根据产品已过法定赔偿请求权期限这一理由不予以赔偿的做法是违法的。因为对于产品存在缺陷造成损害的赔偿请求权,《民法典》第一百八十八条规定,其诉讼时效期间为三年,自当事人知道或者应当知道权利受到损害以及义务人之日起计算。《产品质量法》规定,因产品存在缺陷造成损害要求赔偿的请求权,在造成损害的缺陷产品交付最初消费者满十年丧失;但是,尚未超过明示的安全使用期的除外。本案例中 2009 年 9 月是电冰箱交付最初消费者的时间,而其安全使用期为 15 年,所以在 2024 年 9 月之前,王某都应有权请求赔偿。

## 【案例 7】

(1)该厂行为构成了虚假宣传和诋毁他人商业信誉的不正当竞争行为。依《反不正当竞争法》第八条、第十一条的规定,经营者不得对其商品的性能、功能、质量、销售状况、用户评价、曾获荣誉等作虚假或者引人误解的商业宣传,欺骗、误导消费者;经营者不得编造、传播虚假信息或者误导性信息,损害竞争对手的商业信誉、商品声誉。本案例中该厂采用不正当评比方式获取非权威部门评比结果,其夸大其词的说法及结论,不仅对自己的产品作了不切实际的虚假宣传,而且诋毁了其他两大名牌酒的商品声誉。

(2)该厂应承担民事赔偿责任和行政责任。对于其他两大名牌酒商品声誉的诋毁,如果对其造成损害,应承担赔偿责任。对于消费者,如果因其利用虚假广告提供商品或者服务并使消费者权益受损,要承担赔偿责任。根据《反不正当竞争法》的规定,经营者对其商品作虚假或者引人误解的商业宣传,由监督检查部门责令停止违法行为,处二十万元以上一百万元以下的罚款;情节严重的,处一百万元以上二百万元以下的罚款,可以吊销营业执照。

**【案例 8】**

(1)《消费者权益保护法》第四十三条规定:"消费者在展销会、租赁柜台购买商品或者接受服务,其合法权益受到损害的,可以向销售者或者服务者要求赔偿。展销会结束或者柜台租赁期满后,也可以向展销会的举办者、柜台的出租者要求赔偿。展销会的举办者、柜台的出租者赔偿后,有权向销售者或者服务者追偿。"根据此规定,在迎新春促销活动结束后,因参展装饰公司无法查找,举办者(某家居店)应当承担违约赔偿责任。

(2)《消费者权益保护法》第五十三条规定:"经营者以预收款方式提供商品或者服务的,应当按照约定提供。未按照约定提供的,应当按照消费者的要求履行约定或者退回预付款;并应当承担预付款的利息、消费者必须支付的合理费用"。根据此规定,举办者(某家居店)应当按合同约定退回预付款及预付款的利息。

《消费者权益保护法》第五十五条第一款规定:"经营者提供商品或者服务有欺诈行为的,应当按照消费者的要求增加赔偿其受到的损失,增加赔偿的金额为消费者购买商品的价款或者接受服务的费用的三倍;增加赔偿的金额不足五百元的,为五百元。法律另有规定的,依照其规定。"而经昆明市消费者协会了解,举办者在前期促销宣传活动中,该装饰公司确有相关资质,并且运营正常,后期才发生变故,其不能履行合同时,举办者没有推卸应承担的相应责任,不存在欺诈行为,故不应依据《消费者权益保护法》第五十五条第一款规定予以赔偿。

因此,该家居店(即举办方)按合同规定应退还装修预付款 26 866 元及预付款利息 14.13 元(26 866×0.32%÷365×60),共计 26 880.13 元。

## 二、综合实务操作参考意见

**【实训方案示例 1】**

修改合同建议:

(1)合同应有编号,如×年×字第×号。

(2)合同第二条中约定的质押财产的情况中应包括有关的权利证书。

(3)合同第三条约定应删除。根据《民法典》的规定,动产质押必须转移占有,无须再由当事人约定。

(4)合同第四条关于甲方为质物办理保险的约定过于简单。应当对保险的种类、投保金额、保险的第一受益人、保险的期限等问题加以具体约定。

(5)合同第五条约定无效。《民法典》规定,在担保合同中直接约定债务人不能履行债务,质物的所有权转移为债权人所有是无效的。

(6)合同第九条关于解决争议方式的约定无效。根据我国法律规定,当事人发生合同纠纷,可以仲裁,也可以诉讼。如果仲裁,则需要有事先的仲裁条款或事后的仲裁协议。而本合同中的仲裁条款约定不明确,视为没有约定。

(7)合同第十条关于合同生效时间的约定无效。《民法典》中有明文规定,动产质押合同自质物转移给质押权人时生效。

**【实训方案示例 2】**

(1)该行为不是不正当竞争行为,属于折扣,即让利。这是在成交的付款基础上给对方以一定比例的减让而返还给对方的一种交易上的优惠。但该款项并不能支付给当事人一方的经办人或代理人。

(2)两厂支付的是佣金,是具有独立地位的中间人提供介绍服务而得到的报酬,可由买卖双方给付。

(3)回扣是一种商业贿赂的不正当竞争行为。回扣的主要特征是在"账外暗中"给付。折扣和回扣的显著不同在于折扣以明示的方式给付对方,双方都如实入账。佣金的给付也须以明示方式进行,也要如实入账。可见,给予折扣和佣金属于合法行为,而给予回扣属于违法行为。

**【实训方案示例 3】**

**【咨询意见】** 首先,消费者必须持有相应的消费凭证,即国家税务管理部门统一印制的发票,其他任何收据都难以作为法律凭证使用。对经营者开出的发票,消费者应认真核对日期、金额、商品名称、型号、规格、数量等;进口商品还应写明产地、原装还是组装等。其次,一旦碰到突发性产品责任事故,应在采取抢救措施的同时,保护好现场,并尽快请有关人员到现场勘察,获取尽可能多的证据。

## 三、热点及深度问题探讨提示

**【问题 1】**

酝酿多年的《中华人民共和国个人信息保护法》终于在 2021 年 8 月 20 日出台,作为"百年未有之大变局"的制度回应,《个人信息保护法》姗姗来迟,但开启了一个时代的篇章。《个人信息保护法》外引域外立法智慧,内接本土实务经验,是过往世界经验和中国智慧的结晶。

一、《个人信息保护法》的颁布实施顺应世界潮流

个人信息保护的立法可追溯至德国黑森州 1970 年《资料保护法》。进入 21 世纪,在数字化浪潮的推动下,个人信息保护的立法进程陡然加速。2000 年到 2010 年,共有 40 个国家颁布了个人信息保护法,是前 10 年的 2 倍,而 2010 年到 2019 年,又新增了 62 部个人信息保护法,比以往任何 10 年都要多。延续这一趋势,截至 2029 年将会有超过 200 个国家或地区拥有个人信息保护法。

我国《个人信息保护法》正是此历史进程中的重要一环。我国《个人信息保护法》采取"拿来主义、兼容并包"的方法,会通各国立法,借鉴世界第三代个人信息保护法的先进制度,结合我国国情的规则设计。这主要体现在:

其一,在体例结构上,将私营部门处理个人信息和国家机关处理个人信息一体规制,除明例外规则外,确保遵循个人信息保护的同一标准。基于此,个人信息保护法两线作战,即直面企业超采、滥用用户个人信息的痼疾,又防范行政部门违法违规处理个人信息的问题,最大限度地保护个人信息权益。

其二,在管辖范围上,个人信息保护法统筹境内和境外,赋予必要的域外适用效力,以充分保护我国境内个人的权益。

其三,在"个人信息"认定上,采取"关联说",将"与已识别或者可识别的自然人有关的各种信息"均囊括在内。

其四,在个人信息权益上,不仅赋予个人查询权、更正权、删除权、自动化决策的解释权和拒绝权以及有条件的可携带权等"具体权利",而且从中升华为"个人对其个人信息处理的知情权、决定权,限制或者拒绝他人对其个人信息进行处理"的"抽象权利",由此形成法定性和开放性兼备的个人信息权益体系。

其五,在个人信息跨境上,采取安全评估、保护认证、标准合同等多元化的出境条件。

其六,在大型平台监管上,对"重要互联网平台服务、用户数量巨大、业务类型复杂的个人信息处理者"苛以"看门人"义务,完善个人信息治理。

二、《个人信息保护法》的颁布实施为全球数字治理贡献中国方案

任何法律都是特定时空下社会生活和国家秩序的规则,个人信息保护法概莫能外。我国《个人信息保护法》以现实问题为导向,以法律体系为根基,统筹有法律法规,体察民众诉求和时代需求,将之挖掘、提炼、表达为具体可感、周密详实的法律规则,以维护网络良好生态,促进数字经济发展。我国《个人信息保护法》的中国智慧和中国方案包括但不限于:

其一,在法律渊源上,将个人信息保护上溯至宪法,经由宪法第33条第三款"国家尊重和保障人权"、第38条"中华人民共和国公民的人格尊严不受侵犯"、第40条"中华人民共和国公民的通信自由和通信秘密受法律的保护",宣誓、夯实、提升了个人信息权益的法律位阶。

其二,在立法目的上,将"保护个人信息权益"和"促进个人信息合理利用"作为并行的规范目标,秉持"执其两端,用其中于民"的理念,满足人们对美好生活的向往。为此,《个人信息保护法》拓展了《民法典》"知情同意＋免责事由"的规则设计,采取了包括个人同意、订立和履行合同、履行法定职责和法定义务、人力资源管理、突发公共卫生事件应对、公开信息处理、新闻报道、舆论监督等多元正当性基础。

其三,在规范主体上,将"个人信息处理者"作为主要义务人,将"接受委托处理个人信息的受托人"作为辅助人,承担一定范围内的个人信息安全保障义务。

其四,在保护程度上,对于未成年人的个人信息、特定身份、行踪轨迹、生物识别等信息予以更高力度的保护。

其五,在适用场景上,对于"差别化定价""个性化推送""公共场所图像采集识别"等社会反映强烈的问题,予以专门规制;开展公开或向第三方提供个人信息、处理敏感个人信息、个人信息出境等高风险处理活动的,应当取得个人的"单独同意"。

其六,在监管体制上,《个人信息保护法》采取了"规则制定权相对集中,执法权相对分散"的架构,由国家网信部门统筹协调有关部门制定个人信息保护具体规则、标准,国务院有关部门在各自职责范围内负责个人信息保护和监督管理工作。

"十年辛苦不寻常",我国《个人信息保护法》是过往世界经验和中国智慧的结晶。但同时,"徒法不足以自行",《个人信息保护法》还有待司法和执法的后续接力,才能真正落地生

根,最终成为护持个人权益、激励稳健发展、连接国家命运的数字时代基本法。从出台到实施,《个人信息保护法》依然任重而道远。

**【问题 2】**

### 1.商品房买卖合同中的违约类型

(1)逾期不能正常交付型。此类纠纷时常发生,处理这类纠纷首先要查清导致逾期交付房屋的责任在哪一方;其次要查清实际逾期交付房屋的时间;第三要查清合同约定的逾期交付房屋的赔偿责任。

(2)故意隐瞒相关资质型。

(3)"一房二卖"型。

(4)广告宣传失实型。

(5)房屋质量低劣型。主要表现有:

①房屋存在一般质量瑕疵。此类纠纷较多,如房屋的墙体、顶面、地面等部位存在着一些瑕疵,但一般不影响使用。

②房屋存在严重质量问题影响正常使用。

③附属设施质量不合格。

④附属设施不符合合同约定。

⑤小区配套设施不符合合同约定等。

(6)逾期付款型。主要表现有:

①按揭不能及时到位或合同约定办理按揭的期限过短而难以履行。

②分期付款中某一期或某几期未按时支付。

③尾款未按时支付。对此类纠纷的责任应在合同中明确约定。

(7)拒绝接房型。

(8)拒绝办理产权证。主要反映在两个方面:

①延迟办证。往往涉及时间的起算问题和责任划分问题。

②不能办证。有几种情形:手续不完备导致不能办证;设置了抵押导致不能办证;税费未缴足导致不能办证;违章建筑或质量不达标,无法竣工、验收导致不能办证等。此类纠纷,国家示范合同文本中可以明确约定违约责任。

### 2.商品房买卖合同中的预防违约措施

(1)关于认购书的签订

签订认购书只能表明买房人保证其购买意愿的真实性,双方签订的正式合同只是把认购书约定的内容具体化;如果认购书未明确主要条款,则认购书不具备合同的性质,可以把它看作是双方的意向书。因此,买房人在签订购房认购书时应注意以下事项,防止纠纷产生:

①审查开发商所提供的认购书中是否有不利于自己的条款;

②注意认购书中对定金的处理规定。

(2)关于签订商品房买卖合同

没签订过认购书的购房者,要详细审核合同的所有条款,特别应注意以下几点:

①对于出卖人的主体资格进行审查;

②对于合同的主要内容进行审核；

③关于双方违约责任的约定要公平合理。

(3)关于逾期付款

在此建议出卖人可以考虑明确约定如何处理此类问题,避免产生不必要的纠纷。

(4)关于交付房屋

①买受人接到通知应及时接收；

②要检查房屋有没有质量问题。

(5)关于办理房屋权属证书

双方在签订了买卖合同时,出卖人应与买受人明确约定办理产权登记的相关事项,如双方约定委托出卖人统一办理的,买受人应在约定期限内提交相关资料并配合出卖人,督促其尽快办理,如因买受人原因不能按期办理的,出卖人不承担责任；没有约定的,买受人应持有关材料到房地产管理部门办理,并登记公示。

(6)关于商品房预售的预告登记

为避免纠纷的产生、防范风险,买受人应当自预售合同签订后进行预告登记。《中华人民共和国城市房地产管理法》和《城市商品房预售管理办法》中也规定了预售登记制度。《民法典》物权编明确规定了预告登记制度。这样就可以利用预告登记制度防止在商品房交易中出现"一房二卖"情形的发生,维护购房人的合法权益。

# 第十二章 证券法

## 实训目标

训练学生对证券法律事务的分析和处理能力。

## 实训要求

通过案例分析和实训练习,学生可以掌握证券发行的条件和证券交易的基本规则,并能识别证券交易中基本的违法行为。

## 主要知识点

### 1.重点概念
资本证券　股票　证券投资基金　证券公司　内幕交易　操纵市场　虚假陈述

### 2.重点问题
(1)证券的种类
(2)证券的发行
(3)证券上市和交易
(4)证券机构

### 3.难点问题
证券上市和交易的规则

## 课内实训

### 一、课内案例

**【案例1】 有关证券交易规则的案例**

张某是某上市公司的经理,因为其经营管理业绩突出,公司奖励其本公司股票2万股。根据《证券法》的规定,上市公司应当在上年度结束之后的4个月内发布公司年度报告。上年度公司的业绩优良,张某估计公司年度报告公布后,本公司股票的市价将会有较大的上涨,于是自己购买了本公司股票3万股,并将此情况告知其同学赵某,赵某据此信息购买了股票2万股,在公司年度报告公布后该股果然上涨,赵某抛出2万股赚了5万元,张某将自己的股票全部抛出赚了12.5万元。

问题:

(1)张某属于《证券法》规定的什么主体?
(2)公司能否奖励张某股票2万股?
(3)张某在任职期内能否购买本公司的股票?
(4)张某将本公司的业绩告知其同学赵某是泄露公司内幕信息的行为,还是宣传公司的行为?
(5)对赵某的行为应当如何处理?
(6)对张某的行为应当如何处理?

**【案例2】 有关证券交易违法行为方面的案例**

某年12月6日,某报头版头条发布了"A公司致函本报向社会公告收购B上市公司股票"的消息,并全文刊载了A公司的函件。该函件称,至12月6日下午收市,A公司持有B公司已发行股份的5%,并表示按法定程序继续收购B公司股票。经查,A公司为赚取利润,董事会决定投资股票市场。A公司在以生产经营为用途的银行贷款中取出1 000万元人民币,分别存在证券公司开设的数个个人账户上,具体操作由公司职工赵某负责。赵某为了替公司赚更多的钱,在并不具备收购B公司股票条件的情况下,致函某报,某报未经核实即登载于头版头条,之后B公司股票在证券市场交易价格剧烈波动,赵某又与钱某、孙某等联手,集中资金优势,约定时间和价格,不断拉高B公司股票价格,从中获利近千万元。其后赵某将利润及本金全部上交A公司。

问题:
根据《证券法》的规定,指出本案例中的违法事实。

**【案例3】 有关违反证券法法律责任的案例**

在红光公司股票发行上市过程中,某资产评估事务所和某律师事务所承担了红光公司股票发行的相关中介服务;某会计师事务所为其出具了财务审计报告和盈利预测审核意见书;某信托投资有限责任公司是红光公司股票发行的主承销商;甲证券公司和乙证券公司作为红光公司的上市推荐人。现查明,红光公司在公司股票发行上市期间存在编造虚假利润、少报亏损、隐瞒重大事件的违法、违规行为；某会计师事务所为红光公司出具了有严重虚假内容的财务审计报告和含有严重误导性内容的盈利预测审核意见书。

**问题：**

(1)主承销商的法定职责是什么？社会中介机构应对红光公司股票发行上市行为负有什么法律责任？

(2)哪个机构享有对本案例中违规行为的处罚权？

## 二、实务操作

### 法律咨询

**【背景材料一】** 某上市公司董事涉嫌内幕交易，由于案情复杂，国务院证券监督管理机构在调查过程中，经其主要负责人批准，决定限制该董事的证券买卖30个交易日。

**要求：**

说明该限制证券买卖的做法是否符合法律规定。

**【背景材料二】** 为股票发行出具审计报告、资产评估报告或者法律意见书等文件的证券服务机构人员，在该股票承销期内和期满后六个月内，不得买卖该种股票。

**要求：**

说明上述说法是否符合法律规定。

## 课后自测题

### 一、判断题

1.在中华人民共和国境内，股票、公司债券、存托凭证和国务院依法认定的其他证券的发行和交易，适用《证券法》。（　　）

2.根据《证券法》的规定，证券发行、交易活动的当事人具有平等的法律地位，应当遵守自愿、有偿、诚实信用的原则。（　　）

3.国务院证券监督管理机构依法对全国证券市场实行集中统一监督管理。国务院证券监督管理机构根据需要可以设立派出机构，按照授权履行监督管理职责。（　　）

4.公开发行证券，必须符合法律、行政法规规定的条件，并依法报经国务院证券监督管理机构或者国务院授权的部门核准。未经依法核准，任何单位和个人不得公开发行证券。（　　）

5.根据《证券法》的规定，对已公开发行的公司债券或者其他债务有违约或者延迟支付本息的事实，仍处于继续状态，不得再次公开发行公司债券。（　　）

6.按照国务院的规定，证券交易所等可以审核公开发行证券申请，判断发行人是否符合发行条件、信息披露要求，督促发行人完善信息披露内容。（　　）

7.股票发行采用代销方式，代销期限届满，向投资者出售的股票数量未达到拟公开发行股票数量百分之六十的，为发行失败。发行人应当按照发行价并加算银行同期存款利息返还股票认购人。（　　）

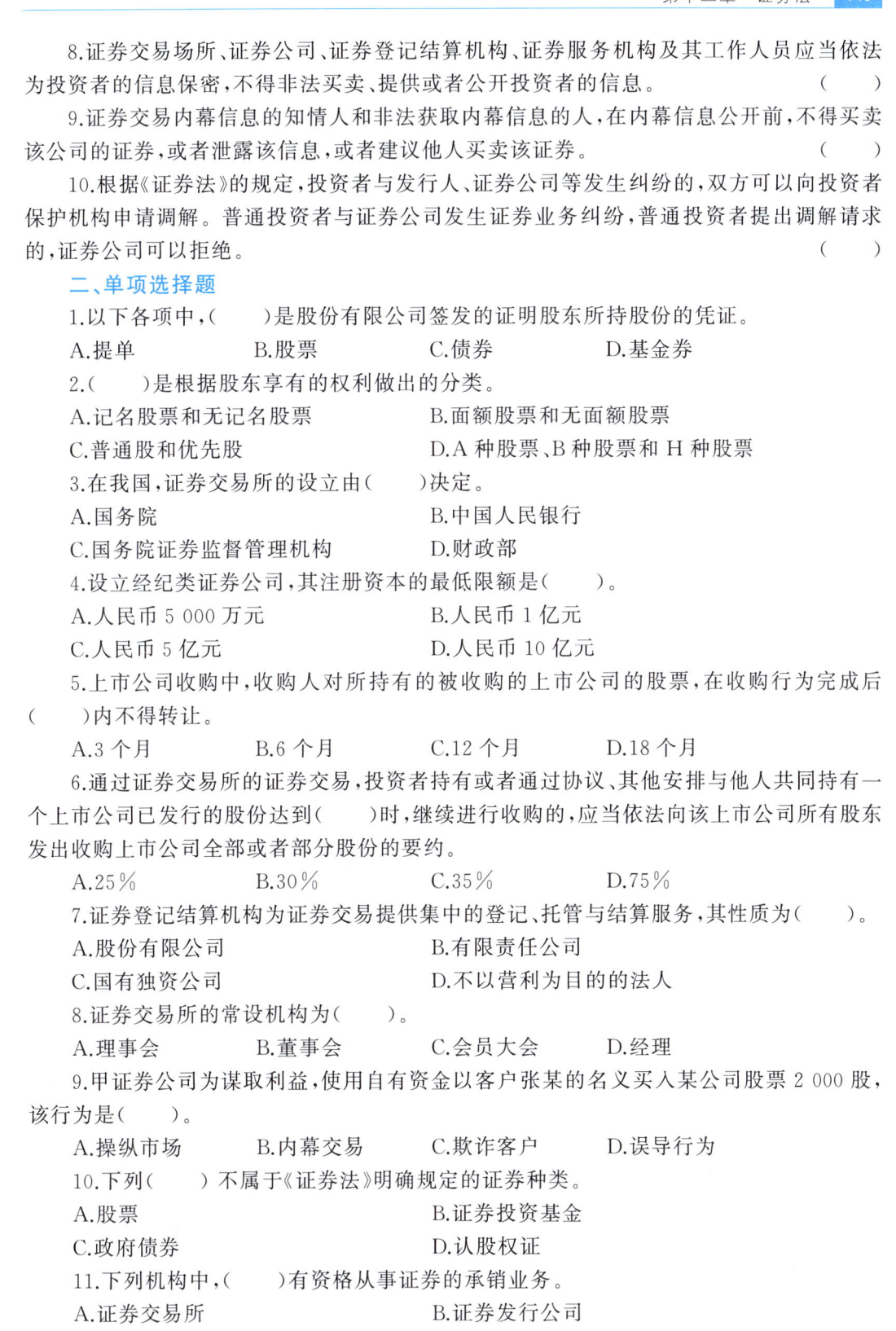

8.证券交易场所、证券公司、证券登记结算机构、证券服务机构及其工作人员应当依法为投资者的信息保密,不得非法买卖、提供或者公开投资者的信息。（    ）

9.证券交易内幕信息的知情人和非法获取内幕信息的人,在内幕信息公开前,不得买卖该公司的证券,或者泄露该信息,或者建议他人买卖该证券。（    ）

10.根据《证券法》的规定,投资者与发行人、证券公司等发生纠纷的,双方可以向投资者保护机构申请调解。普通投资者与证券公司发生证券业务纠纷,普通投资者提出调解请求的,证券公司可以拒绝。（    ）

## 二、单项选择题

1.以下各项中,（    ）是股份有限公司签发的证明股东所持股份的凭证。
A.提单　　　　　　B.股票　　　　　　C.债券　　　　　　D.基金券

2.（    ）是根据股东享有的权利做出的分类。
A.记名股票和无记名股票　　　　　　B.面额股票和无面额股票
C.普通股和优先股　　　　　　　　　D.A种股票、B种股票和H种股票

3.在我国,证券交易所的设立由（    ）决定。
A.国务院　　　　　　　　　　　　　B.中国人民银行
C.国务院证券监督管理机构　　　　　D.财政部

4.设立经纪类证券公司,其注册资本的最低限额是（    ）。
A.人民币5 000万元　　　　　　　　B.人民币1亿元
C.人民币5亿元　　　　　　　　　　D.人民币10亿元

5.上市公司收购中,收购人对所持有的被收购的上市公司的股票,在收购行为完成后（    ）内不得转让。
A.3个月　　　　　B.6个月　　　　　C.12个月　　　　　D.18个月

6.通过证券交易所的证券交易,投资者持有或者通过协议、其他安排与他人共同持有一个上市公司已发行的股份达到（    ）时,继续进行收购的,应当依法向该上市公司所有股东发出收购上市公司全部或者部分股份的要约。
A.25%　　　　　　B.30%　　　　　　C.35%　　　　　　D.75%

7.证券登记结算机构为证券交易提供集中的登记、托管与结算服务,其性质为（    ）。
A.股份有限公司　　　　　　　　　　B.有限责任公司
C.国有独资公司　　　　　　　　　　D.不以营利为目的的法人

8.证券交易所的常设机构为（    ）。
A.理事会　　　　　B.董事会　　　　　C.会员大会　　　　D.经理

9.甲证券公司为谋取利益,使用自有资金以客户张某的名义买入某公司股票2 000股,该行为是（    ）。
A.操纵市场　　　　B.内幕交易　　　　C.欺诈客户　　　　D.误导行为

10.下列（    ）不属于《证券法》明确规定的证券种类。
A.股票　　　　　　　　　　　　　　B.证券投资基金
C.政府债券　　　　　　　　　　　　D.认股权证

11.下列机构中,（    ）有资格从事证券的承销业务。
A.证券交易所　　　　　　　　　　　B.证券发行公司
C.综合类证券公司　　　　　　　　　D.经纪类证券公司

12.（　　）允许发行可转换为股票的公司债券。

A.股份有限公司　　　　　　　　B.国有独资公司

C.有限责任公司　　　　　　　　D.股票已经上市交易的股份有限公司

13.证券业协会是（　　）。

A.社会团体法人　　B.企业法人　　C.事业法人　　D.机关法人

14.公开发行的股票由（　　）。

A.证券交易所承销　　　　　　　B.发行人承销

C.证券经营机构承销　　　　　　D.发行人和证券经营机构联合销售

15.下列各项中不属于"内幕信息"的是（　　）。

A.证券发行人与他人订立重要合同

B.股票的二次发行

C.发行人发生重大债务

D.发行人营业用主要资产的抵押、出售或报废一次超过该资产的20%

### 三、多项选择题

1.综合类证券公司可以经营（　　）等业务。

A.为发行人代销证券

B.为自身的利益到证券交易所买卖证券

C.向其客户办理以证券作质押的贷款

D.受客户的委托到证券交易所买卖证券

2.以下情况中,（　　）违反我国的《证券法》。

A.证券公司未完全执行投资者的委托而以更为有利的价格为投资者成交

B.证券公司与客户刘某关系极为密切,刘某最近公务繁忙,证券公司遂接受了刘某的全权委托,结果给刘某带来了可观的收益

C.证券公司接受客户王某的市价委托后,与自身进行交易

D.公司使用银行贷款入市交易

3.（　　）等属于损害客户利益的欺诈交易行为。

A.证券公司没有在规定时间内向客户冯某提供交易的书面确认文件,冯某也没有索要

B.证券公司因操作失误将郑某的买入指令输入成了卖出指令

C.证券公司为隐蔽其行为,利用客户王某的名义卖出证券

D.证券公司从业人员诱使客户进行不必要的证券买卖

4.（　　）等不构成公司债券终止上市的情形。

A.公司有重大违法行为

B.公司债券所募集资金不按照审批机关批准的用途使用,并在限期内未能消除

C.公司最近2年连续亏损

D.公司不按规定公布其财务状况

5.股票和债券的相同之处有（　　）。

A.均有收益权　　　　　　　　　B.都要承担一定风险

C.在一定范围内都可以流通　　　D.持有人均为股东

6.以下观点正确的有( )。
A.债券持有人可以收回本金
B.债券票面格式须经中国人民银行认可
C.债券不可转让、抵押、继承
D.债券持有人对企业经营状况不承担责任
7.根据股东权利不同,股票可分为( )。
A.普通股　　　　B.表决权股　　　　C.优先股　　　　D.无表决权股
8.公司向( )发行的股票,应为记名股票。
A.发起人　　　　　　　　　　B.社会公众
C.法人　　　　　　　　　　　D.国家授权投资的机构
9.根据《证券法》的规定,( )等的设立应依法经由国务院证券监督管理机构批准。
A.证券业协会　　　　　　　　B.证券交易服务机构
C.证券交易所　　　　　　　　D.证券公司
10.根据证券法律制度的规定,下列各项中,属于禁止的证券交易行为的有( )。
A.甲证券公司在证券交易活动中编造并传播虚假信息,严重影响证券交易
B.乙证券公司不在规定的时间内向客户提供交易的书面确认文件
C.丙证券公司利用资金优势,连续买卖某上市公司股票,操纵该股票交易价格
D.上市公司董事王某知悉公司近期未能清偿到期重大债务,在该信息公开前将自己所持有的股份全部转让给他人

### 四、案例分析

**【案例1】** 公民王某购买了某上市公司 A 股 500 万股,占该公司流通股的 7%。于是王某要求成为该公司的董事,理由是他已经拥有该公司 7% 的股份,符合公司章程规定成为董事的标准。但是公司董事会以多数董事出差在外,不召开董事会则不能增补董事为由,拒绝了王某的请示。

问题:
(1)王某的请示有没有法律依据或其他依据?
(2)公司董事会的回答有没有法律依据?
(3)王某能否成为该公司的董事?

**【案例2】** 甲公司为上市公司,为筹集资金而发行新股。新股上市后,有股东发现,公司将所募集资金用于建造办公大楼,而招股说明书中列明所募集资金的用途是更新设备,因此反映到董事会。董事会认为,所募资金用途变更已由董事会作出决议,且已经监事会和上级主管部门批准,是合法有效的。

问题:
甲公司的行为是否违法?为什么?该行为对公司股票发行有何影响?公司股东如何维护自己的权益?

**【案例3】** 某公司的前身是国营××电子管厂,2015 年 6 月改组为定向募集股份有限公司。经中国证监会批准,该公司于 2018 年 6 月向社会公开发行股票,实际募集资金 42 020 万元。2019 年 11 月 25 日,中国证监会公布了对该公司违反《证券法》行为的处罚决定。中国证券监督管理机构查明,该公司有以下虚假陈述行为:

(1)编造虚假利润,骗取上市资格。该公司在股票发行上市申报材料中称 2017 年度盈利 5 400 万元。经查实,该公司通过虚构产品销售、虚增产品库存和违规财务处理等手段,虚报利润 15 700 万元。该公司 2017 年实际亏损 10 300 万元。

(2)少报亏损,欺骗投资者。该公司上市后,在 2018 年 9 月公布的中期报告中,虚构利润 8 175 万元;在 2019 年 5 月公布的 2018 年年度报告中,将实际亏损 229 651 万元(相当于募集资金的 5.5 倍)披露为亏损 19 800 万元,少报亏损 209 851 万元。

(3)隐瞒重大事件。该公司在股票发行过程中,对其关键生产设备彩玻池炉的废品率不断上升、不能维持正常生产的重大事实未做任何披露。

依据有关事实,中国证监会作出决定:①认定该公司原董事长戈某、原总经理凤某、原财务部长凌某为证券市场禁入者,永久不得担任任何上市公司和从事证券业务机构的高级管理职务;②对出具含有严重虚假内容的招股说明书、2018 年度中期报告和年度报告负有直接责任的该公司董事张某、王某、赵某、刘某、吴某、郑某、耿某、余某处以警告处分;③没收该公司非法所得 460 万元,并罚款 100 万元。

**问题:**
(1)什么是虚假陈述?
(2)虚假陈述上市应承担什么法律责任?
(3)应怎样评析该案例?

## 课内实训参考答案

### 一、课内案例参考答案

**【案例 1】**
(1)张某属于《证券法》规定的在任职期间不得转让自己拥有股票的特殊主体。
(2)公司有权奖励本公司的股票给公司职员。
(3)张某任职期间可以购买本公司的股票。
(4)张某在公司公布上年度报告之前将公司的情况告知其同学赵某,是泄露公司内幕信息的行为。
(5)对赵某利用内幕信息购买股票然后卖掉的差价应当予以没收。
(6)张某在任职期间卖掉自己的股票的价格与开始拥有股票的价格的差价应当属于公司。

**【案例 2】** 根据《证券法》的规定,本案例中违法事实主要有:
(1)赵某编造并传播虚假信息,严重影响证券交易。
(2)某报传播证券交易信息没有做到真实客观,误导了投资者。
(3)银行贷款违规流入股市。
(4)法人以个人名义开立证券交易账户,买卖证券。
(5)赵某、钱某、孙某共谋操纵证券交易价格,且因其数额巨大,可能构成操纵证券交易价格罪。

## 【案例 3】

(1) 主承销商对该股票的发行之法定职责是应对公开发行募集文件的真实性、合法性、完整性进行审核。

在发行过程中，相关的律师事务所、会计事务所和资产评估机构是中介机构，其义务与责任在于根据委托协助完成证券发行的准备工作，以专业人员应有的素养，完成尽职审查义务，公正、客观地作出结论性意见，并以之作为招股说明书的根据或附件，对经其确认的法律文件和由其出具的结论性意见的真实性、合法性、完整性负有持续的法律责任。

(2) 国务院证券监督管理机构。

### 二、实务操作参考意见

#### (一)【咨询意见】

该说法符合规定。《证券法》第一百七十条第(七)项规定，在调查操纵证券市场、内幕交易等重大证券违法行为时，经国务院证券监督管理机构主要负责人或者其授权的其他负责人批准，可以限制被调查的当事人的证券买卖，但限制的期限不得超过三个月；案情复杂的，可以延长三个月。

#### (二)【咨询意见】

该说法符合规定。《证券法》第四十二条第一款规定："为证券发行出具审计报告或者法律意见书等文件的证券服务机构和人员，在该证券承销期内和期满后六个月内，不得买卖该证券。"

# 课后自测题参考答案

### 一、判断题
1.对　2.对　3.对　4.错　5.对　6.对　7.错　8.对　9.对　10.错

### 二、单项选择题
1.B　2.C　3.C　4.A　5.D　6.A　7.D　8.A　9.C　10.D　11.C　12.D　13.A　14.C　15.D

### 三、多项选择题
1.ABD　2.BC　3.ACD　4.ABCD　5.ABC　6.ABD　7.AC　8.ACD　9.CD　10.ABCD

### 四、案例分析

#### 【案例 1】

(1) 王某的请示没有法律依据。《公司法》和《证券法》都没有规定拥有7％股份的股东必然成为公司的董事，该公司的章程虽然规定了成为公司董事所拥有的股份最低限，但是达到了最低限不一定必然成为董事。

(2) 公司董事会的回答没有法律依据。增补董事不是董事会的职权，董事会无权回答王某的请求。

(3) 王某是公民，根据《公司法》和《证券法》的规定，任何一个公民都可以持有上市公司发行在外的股份的5％以上的股份，但需要报告证券监督管理机构和证券交易所。王某不能因其拥有一定的股份便成为该公司的董事。

【案例2】

甲公司行为违法。根据《证券法》第十四条的规定,公司对公开发行股票所募集资金,必须按照招股说明书或者其他公开发行募集文件所列资金用途使用;改变资金用途,必须经股东大会作出决议。因此,由于甲公司未经股东大会批准,而改变招股说明书所列资金用途,属于违法行为。《证券法》第十四条还规定,擅自改变用途,未作纠正的,或者未经股东大会认可的,不得公开发行新股。故本案中甲公司发行新股的计划将落空。股东可依法对董事会违反法律、行政法规且侵犯股东合法权益的决议,向人民法院起诉要求停止该违法行为。

【案例3】

(1)所谓虚假陈述,是指上市公司在证券发行或交易过程中,隐瞒重要事实真相或者编造虚假内容欺骗投资者的行为。

(2)本案例中该公司在上市过程中虚假陈述,根据《中华人民共和国刑法》(以下简称《刑法》)第一百六十条规定,在招股说明书、认股书、公司、企业债券募集办法等发行文件中隐瞒重要事实或者编造重大虚假内容,对单位判处非法募集资金金额百分之二十以上一倍以下罚金。

(3)该公司的证券上市是建立在虚假陈述的基础上的。如果不虚构利润,不隐瞒重要事实,该公司无法获准发行股票并上市。该公司的违法人员较多,且都在公司的关键岗位,中国证券监督管理机构对该公司的处罚是正确的。依据《证券法》关于对发行人和证券公司承担民事责任的规定,以及该法关于对为证券发行提供专业服务的审计师事务所、资产评估事务所和律师事务所等中介机构民事责任的规定,上述当事人对因欺诈的发行行为而遭受损失的投资者承担民事责任,即使与受损害的投资者无买卖合同关系,也应承担民事责任,即损失者可以提出侵权之诉。这样《证券法》对投资者民事权益的保护,在原有法律法规的基础上有所改进,使投资者有法律保护的依据。

# 第十三章 票据法

## 实训目标

训练学生能够依法运用票据进行支付结算。

## 实训要求

通过票据流程的演示及各种途径的练习,学生在掌握票据法基本法律规定的同时,能够学会依法使用汇票、本票和支票。

## 主要知识点

### 1.重点概念
票据　票据行为　票据权利　付款请求权　追索权　汇票　背书　本票　支票

### 2.重点问题
(1)票据权利的行使
(2)票据的签章
(3)汇票、本票、支票的授权补记事项
(4)提示付款期限

### 3.难点问题
(1)出票行为
(2)背书的法律规定
(3)汇票、本票、支票必须记载的事项
(4)票据追索权的行使

# 课内实训

## 一、课内案例

**【案例1】 关于商业承兑汇票的案例**

甲企业从乙企业购进一批设备,价款为80万元。甲企业开出一张付款期限为6个月的已承兑的商业承兑汇票给乙企业,丙企业在该汇票的正面记载了保证事项。乙企业取得汇票后,将该汇票背书转让给了丁企业。汇票到期,丁企业委托银行收款时,才得知甲企业的存款账户不足以支付。银行将付款人未付票据款通知书和该商业承兑汇票一同交还给丁企业。丁企业遂向乙企业要求付款。

问题:

(1)丁企业在票据未获付款的情况下是否有权向乙企业要求付款?为什么?

(2)丁企业在乙企业拒绝付款的情况下是否可向甲企业、丙企业要求付款?为什么?

(3)如果丙企业代为履行票据付款义务,则丙企业可向谁行使追索权?为什么?

**【案例2】** 2021年10月20日,甲向乙购买一批原材料,价款为30万元。因乙欠丙30万元,故甲与乙约定由乙签发一张甲为付款人、丙为收款人的商业汇票。乙于当日依约签发汇票并交付给丙,该汇票上未记载付款日期。

2021年11月15日,丙向甲提示付款时,甲以乙交货不符合合同约定且汇票上未记载付款日期为由拒绝付款。

问题:

根据《中华人民共和国票据法》(以下简称《票据法》)的规定,回答下列问题:

(1)甲以乙交货不符合合同约定为由拒绝付款的理由是否成立?简要说明理由。

(2)甲以汇票上未记载付款日期为由拒绝付款的理由是否成立?简要说明理由。

**【案例3】 有关票据行为方面的案例**

甲公司向某中国工商银行申请一张银行承兑汇票,该银行做了必要的审查后受理了这份申请,并依法在票据上签章。甲公司得到这张票据后没有在票据上签章便将该票据直接交付给乙公司作为购货款。乙公司又将此票据背书转让给丙公司以偿债。到了票据上记载的付款日期时,丙公司持票向承兑银行请求付款时,该银行以票据无效为理由拒绝付款。

问题:

(1)从以上案情看,这张汇票有效吗?

(2)根据《票据法》关于汇票出票行为的规定,记载了哪些事项的汇票才为有效票据?

(3)银行既然在票据上依法签章,还可以拒绝付款吗?为什么?

## 二、实务操作

### 票据遗失处理

**【背景材料】** A公司从B厂购进一批羊毛衫。为支付货款,A公司向B厂开具了

10万元货款的汇票,汇票付款人为C银行,付款期限为出票后15天。B厂经销员拿到汇票后,声称不慎于第三日遗失。B厂随即向C银行所在地的区人民法院申请公示催告。该人民法院接到申请后第二天即受理,并通知了付款人停止支付,并在第三天发出公告,限利害关系人在公告之日起三个月内到人民法院申报;否则,人民法院将根据申请人的申请,宣告票据无效。后来D持汇票到人民法院申报,并声称汇票是用6万元从B厂经销员手里买的。人民法院接到申报后,裁定终结公示催告程序,并通知了B厂和C银行。于是,B厂向人民法院提起诉讼。

**问题：** 根据背景材料,请指出B厂和人民法院的做法是否正确？

## 课后自测题

### 一、判断题

1.票据基础关系是形成票据关系的原因和前提,但是,票据关系一经形成,就与基础关系相分离。（  ）

2.出票人在票据上的签章不符合规定的,其签章无效,但不影响票据的效力。（  ）

3.根据《票据法》的规定,持票人未按照规定的期限提示付款的,则承兑人或者付款人不再对持票人承担付款责任。（  ）

4.根据我国法律的规定,票据权利时效都适用民法上有关时效中断的规定,当票据权利时效发生中断时,对所有的票据当事人都有效。（  ）

5.付款人或者代理付款人自收到挂失止付通知书之日起12日内没有收到人民法院的止付通知书的,自第13日起,持票人提示付款,其依法向持票人付款的,不再承担责任。（  ）

6.持票人不先行使付款请求权而先行使追索权遭拒绝提起诉讼的,人民法院不予受理。（  ）

7.票据债务人可以以自己与出票人或者与持票人的前手之间的抗辩事由,对抗持票人。（  ）

8.汇票的相对应记载事项不是必须应记载的内容,相对应记载事项未在汇票上记载,并不影响汇票本身的效力,汇票仍然有效。（  ）

9.付款人委托的付款银行的责任,限于按照票据上记载事项将票据金额转入持票人账户。（  ）

10.票据保证必须作成于汇票或者粘单之上,如果另行签订保证合同或者保证条款的,不属于票据保证。（  ）

### 二、单项选择题

1.甲、乙签订买卖合同后,甲向乙背书转让3万元的汇票作为价款。后乙又将该汇票背书转让给丙。如果在乙履行合同前,甲、乙协议解除合同。甲的下列行为中,符合票据法律制度规定的是(    )。

A.请求乙返还汇票　　　　　　B.请求乙返还3万元价款
C.请求丙返还汇票　　　　　　D.请求付款人停止支付汇票上的款项

2.下列票据中,属于票据法所规定票据的是( )。
A.股票　　　　　B.发票　　　　　C.支票　　　　　D.钞票

3.根据《票据法》的规定,下列选项中,属于票据权利消灭的情形有( )。
A.持票人对前手的再追索权,自清偿日或者被提起诉讼之日起 1 个月未行使
B.持票人对前手的追索权,在被拒绝承兑或者被拒绝付款之日起 3 个月未行使
C.持票人对支票出票人的权利,自出票日起 3 个月未行使
D.持票人对本票出票人的权利,自票据出票日起 2 年未行使

4.根据票据法律制度的规定,持票人在一定期限内不行使票据权利,其权利归于消灭。下列有关票据权利消灭时效的表述中,错误的是( )。
A.持票人对商业汇票的出票人的权利,自票据到期日起 2 年
B.持票人对商业汇票的承兑人的权利,自票据到期日起 1 年
C.持票人对支票出票人的权利,自出票日起 6 个月
D.持票人对前手的再追索权,自清偿日或被提起诉讼之日起 3 个月

5.根据票据法律制度的规定,下列各项中,不属于支票绝对应记载事项的是( )。
A.确定的金额　　　　　　B.付款人名称
C.出票日期　　　　　　　D.付款地

6.根据有关规定,下列各项中,汇票债务人可以对持票人行使抗辩权的事由是( )。
A.汇票债务人与出票人之间存在合同纠纷
B.汇票债务人与持票人的前手存在抵销关系
C.出票人存入汇票债务人的资金不够
D.背书不连续

7.根据《票据法》的规定,下列选项中,不属于变造票据的是( )。
A.变更票据金额　　　　　　B.变更票据上的到期日
C.变更票据上的签章　　　　D.变更票据上的付款日

8.根据《票据法》的规定,下列关于汇票的表述中,正确的是( )。
A.汇票金额中文大写与数码记载不一致的,以中文大写金额为准
B.汇票保证中,被保证人的名称属于绝对应记载事项
C.见票即付的汇票,无须提示承兑
D.汇票承兑后,承兑人如果未受有出票人的资金,则可对抗持票人

9.出票人在汇票上记载"不得转让"字样,其后手再背书转让的,将产生的法律后果是( )。
A.人民法院予以支持
B.出票人对受让人不承担票据责任
C.原背书人对后手的被背书人承担保证责任
D.原背书人对后手的被背书人不承担付款责任

10.根据《票据法》的规定,下列关于本票的表述中,正确的是( )。
A.本票的基本当事人为出票人、付款人和收款人
B.未记载付款地的本票无效
C.本票包括银行本票和商业本票
D.本票无须承兑

11.根据《票据法》的规定,付款人承兑汇票,附有条件的( )。
A.所附条件发生汇票上的效力  B.所附条件无效,承兑有效
C.视为拒绝承兑  D.汇票无效

12.因延期通知而给前手或者出票人造成损失的,由没有按照规定期限通知的汇票当事人承担对该损失的赔偿责任,但是所赔偿的金额以( )为限。
A.汇票金额  B.间接损失
C.实际损失  D.能够预见到的损失

13.根据《票据法》的规定,见票后定期付款的汇票,自到期日起( )内向承兑人提示付款。
A.1个月  B.2个月  C.3个月  D.10日

14.持票人应当自收到被拒绝承兑或被拒绝付款的有关证明之日起( )内,将被拒绝事由书面通知其前手。
A.3日  B.5日  C.7日  D.10日

15.如果该票据的金额小写是10万元,大写是100万元,说法正确的是( )。
A.票据金额以大写100万元为准  B.票据金额以小写10万元为准
C.票据金额以实际发生的价款为准  D.该票据无效

### 三、多项选择题

1.根据规定,下列各项中,属于无效票据的有( )。
A.更改保证人签章的票据
B.更改收款单位名称的票据
C.中文大写金额和阿拉伯数码金额不一致的票据
D.更改签发日期的票据

2.票据权利是指持票人向票据债务人请求支付票据金额的权利。该权利包括( )。
A.付款请求权  B.追索权
C.更改非主要记载事项权  D.委托签章权

3.根据《票据法》的规定,下列选项中,属于票据权利消灭的情形有( )。
A.持票人对本票出票人的权利,自票据出票日起2年未行使
B.持票人对支票出票人的权利,自出票日起6个月未行使
C.持票人对前手的追索权,自被拒绝承兑或者被拒绝付款之日起6个月未行使
D.持票人对前手的再追索权,自清偿日或者被提起诉讼之日起3个月未行使

4.票据丧失后,失票人可以采取的补救措施包括( )。
A.向付款银行申请挂失止付  B.要求付款人立即付款
C.向人民法院申请公示催告  D.向人民法院提起普通诉讼

5.根据票据法律制度的规定,下列涉外票据的票据行为中,可适用行为地法律的有( )。
A.票据的背书  B.票据的付款
C.票据的承兑  D.票据的保证

6. 根据《票据法》的规定,下列各项中,可以导致汇票无效的情形有(　　)。

A. 汇票上未记载付款日期

B. 汇票上未记载出票日期

C. 汇票上未记载收款人名称

D. 汇票金额的中文大写和阿拉伯数码记载不一致

7. 根据《票据法》的规定,以下关于支票付款的有关说法,正确的有(　　)。

A. 支票限于见票即付,不得另行记载付款日期,另行记载付款日期的,该票据无效

B. 支票的持票人应当自出票日起 10 日内提示付款

C. 超过付款提示期限的,付款人可以不予付款

D. 持票人超过规定期限提示付款的,并不丧失对出票人的追索权

8. 下列各项中,属于承兑的绝对应记载事项的有(　　)。

A. 承兑日期　　　B. 承兑文句　　　C. 承兑人签章　　　D. 付款日期

9. 下列有关签发支票的说法,正确的有(　　)。

A. 支票的出票人所签发的支票金额不得超过其出票时付款人处实有的存款金额

B. 支票的金额和付款人名称,可以根据法律规定授权补记

C. 支票的提示付款时间为 10 日,自支票出票之日起计算

D. 持票人超过规定期限提示付款的,并不丧失对出票人的追索权

10. 在汇票到期日前,下列情形中,持票人可以行使追索权的有(　　)。

A. 付款人被责令终止业务活动的　　　B. 承兑人逃匿的

C. 付款人死亡的　　　　　　　　　　D. 付款人被宣告破产的

### 四、案例分析

**【案例 1】** 张某为保险经纪从业人员。他所在的公司因为支付一宗保险经纪业务报酬而签发一张现金支票给他。支票金额为 5 300 元,支票上记载的付款期限为 10 日。双方书面约定,张某接受支票并能够兑现后,双方有关该宗保险经纪业务的债权、债务及其他权利、义务即告了结。公司经理再三嘱咐张某务必在签发支票之日起 7 日内到银行领取票款。张某后因跟随一个旅游团外出旅行而耽误了到银行领取票款的期限,遂要求公司经理重新开一张相同金额的支票,但遭拒绝。其理由是:双方有约在先,现钱债两清,张某因贪玩而忽视之前的约定,应自食其果。

**问题:**

该公司经理的主张是否正确?如果正确,理由是什么?如果不正确,假设你作为张某的代理律师,应如何应用票据法知识说服该公司经理?

**【案例 2】** 甲公司在银行的支票存款共有 100 万元人民币,该公司签发了一张面额为 200 万元人民币的转账支票给乙公司。之后甲公司再没有向开户银行存款。

**问题:**

(1)乙公司所持的支票是否为空头支票?如何判断空头支票?

(2)空头支票的付款人是否为票据债务人?为什么?

(3)甲公司对空头支票的持票人应负什么责任?

## 课内实训参考答案

### 一、课内案例参考答案

**【案例1】**

(1)丁企业可以向乙企业要求付款。

票据到期被拒绝付款的,持票人可以对背书人行使追索权。背书人乙企业对持票人丁企业承担保证付款的责任。

(2)丁企业可以向甲企业、丙企业要求付款。

当持票人到期被拒绝付款时,持票人可以向出票人、背书人、保证人、承兑人或者票据的其他债务人行使追索权。

(3)丙企业代为履行票据付款义务后,即成为持票人,获得票据权利,可以向票据的被保证人甲企业行使追索权,要求出票人甲企业承担最终的付款责任。

**【案例2】**

(1)甲以乙交货不符合合同约定为由拒绝付款的理由不成立。根据规定,票据债务人(甲)不得以自己与出票人(乙)之间的抗辩事由对抗持票人(丙)。

(2)甲以汇票上未记载付款日期为由拒绝付款的理由不成立。根据规定,汇票上未记载付款日期的,视为见票即付。

**【案例3】**

(1)该汇票无效。

(2)根据《票据法》关于汇票出票行为的规定,出票人必须在票据上记载:"汇票"字样;无条件支付的委托;确定的金额;付款人名称;收款人名称;出票日期;出票人签章。以上事项欠缺之一者,票据无效。

(3)本案例中,承兑银行可以拒绝付款。因为根据票据行为的一般原理,出票行为属于基本的票据行为,承兑行为属于附属的票据行为。如果基本的票据行为无效,附属的票据行为也随之无效。

### 二、实务操作参考意见

#### 票据遗失处理

(1)汇票遗失后,B厂向人民法院申请公示催告是正确的。《票据法》第十五条第三款规定:"失票人应当在通知挂失止付后三日内,也可以在票据丧失后,依法向人民法院申请公示催告,或者向人民法院提起诉讼。"另外《民事诉讼法》第二百一十八条第一款也规定:"按照规定可以背书转让的票据持有人,因票据被盗、遗失或者灭失,可以向票据支付地的基层人民法院申请公示催告。依照法律规定可以申请公示催告的其他事项,适用本章规定。"在本案例中,B厂所持有的汇票属于可以背书转让的票据,因汇票遗失,B厂可以向C银行所在地的区人民法院申请公示催告。

(2)区法院的公示催告程序合法正确。《民事诉讼法》第二百一十九条规定:"人民法院决定受理申请,应当同时通知支付人停止支付,并在三日内发出公告,催促利害关系人申报权利。公示催告的期间,由人民法院根据情况决定,但不得少于六十日。"在本案例中,人民法院受理的当天就通知付款人停止付款,并在第三天发布了限利害关系人三个月内申报的公告,其程序和步骤是合法正确的。

(3)D持汇票向法院申报后,法院裁定终结公示催告程序,B厂向法院起诉都是正确的。《民事诉讼法》第二百二十一条规定:"利害关系人应当在公示催告期间向人民法院申报。人民法院收到利害关系人的申报后,应当裁定终结公示催告程序,并通知申请人和支付人。申请人或者申报人可以向人民法院起诉。"在本案例中,D是持票人,票据被宣告无效与否直接涉及其权利,其有权申报。法院接到D的申报后,由于票据纠纷难以在催告程序中解决,所以依法裁定终结公示催告程序。但是,公示催告程序终结并不等于票据纠纷就不解决了。《票据法》第十五条第三款也有类似规定。因此,B厂在公示催告程序终结后,向人民法院提起诉讼是合法正确的。

## 课后自测题参考答案

**一、判断题**

1.对 2.错 3.错 4.错 5.对 6.对 7.错 8.错 9.对 10.对

**二、单项选择题**

1.B 2.C 3.D 4.B 5.D 6.D 7.C 8.C 9.B 10.D 11.C 12.A 13.D 14.A 15.D

**三、多项选择题**

1.BCD 2.AB 3.ABCD 4.ACD 5.ABCD 6.BCD 7.BCD 8.BC 9.CD 10.ABCD

**四、案例分析**

【案例1】

该公司经理的主张不正确。应抓住以下几个要点进行说服工作:

(1)双方的票据授受可以看作代替支付的票据授受。原因关系的债权虽已消灭,但票据债权不能因双方当事人的约定而消灭。这是票据权利的特点。

(2)《票据法》规定,持票人对出票人的票据权利时效为自出票日起六个月,本案例中的支票虽然提示付款期限已过,但未超过时效,作为出票人的保险经纪公司仍然须承担票据责任。

(3)即使6个月时效过去了,出票人还须承担返还相当利益的责任。

【案例2】

(1)是。出票人所签发的支票是否为空头支票,应以持票人依该支票向付款银行提示付款之时为准,而不能以出票人签发支票时为准。

(2)不是。付款人不是票据上的当然债务人,支票中的付款人在支票存款足以支付时才有法定的付款义务。

(3)甲公司作为出票人,必须按照签发的支票金额承担保证向该持票人付款的责任。此外,持票人有权要求出票人赔偿支票金额2%的赔偿金。

# 第十四章

# 税 法

## 实训目标

培养学生对税收法律事务的实际操作能力,增强纳税意识。

## 实训要求

通过实训,学生熟练掌握我国税法规定的主要税种及税收征收管理的法律规定,学会独立处理税收法律事务,依法纳税。

## 主要知识点

### 1.重点概念

所得税 财产税 行为税 资源税 增值税 消费税

### 2.重点问题

(1)税收分类

(2)税法要素

(3)主要税种的基本内容

### 3.难点问题

(1)税法的构成要素

(2)主要税种及纳税额的计算

(3)税款征收的相关规定

# 课 内 实 训

## 一、课内案例

**【案例 1】** 关于增值税方面的案例

某单位购进电暖器 40 台,单价 80 元,取得增值税专用发票 1 张。货款 3 200 元,注明增值税额 416 元已列入当期进项税额。经检查,发现 20 台电暖器用于车间,20 台电暖器用于集体福利发放给职工,税务机关对该单位进项税额调整为 208 元。

问题:

税务机关对该单位的处理是否正确?为什么?

**【案例 2】** 关于个人所得税方面的案例

2019 年 10 月,作家刘某所写的一部小说出版,取得稿酬所得 30 000 元。

问题:

计算刘某该笔稿酬所得应预扣预缴的个人所得税税额。

**【案例 3】** 有关税收征管的案例

2019 年 4 月,某市税务机关在对甲公司 2018 年度的纳税情况依法进行税务检查时,发现:甲公司有逃避纳税义务的行为并有明显的转移、隐匿应纳税的商品、收入的迹象。税务机关责令甲公司于 2019 年 4 月 11 日至 4 月 20 日期间补税,但期限届满后,甲公司仍拒绝补税。经市地方税务局批准,税务机关决定对甲公司采取税收强制执行措施。

问题:

(1)税务机关在对甲公司进行税务检查时,应当出示哪些证件、文件?

(2)税务机关决定对甲公司采取税收强制执行措施是否符合法律规定?请说明理由。

(3)税务机关可以采取哪些强制执行措施?

(4)如果甲公司对税务机关的强制执行措施不服,可以通过什么途径保护自己的权益?

## 二、实务操作

### 税收计算训练

**【背景材料】** 某公司为增值税一般纳税人,2020 年 10 月从国外进口一批高档化妆品。海关核定的关税完税价格为 300 万元,已纳关税 40 万元。已知消费税税率为 15%,增值税税率为 13%。

**【要求】** 计算该公司进口环节应纳增值税税额。

## 课后自测题

### 一、判断题

1.依据国家有关法律、法规的规定,税务机关是国家税收征收的唯一行政执法主体。（　　）

2.企业应将不同消费税税率的出口应税消费品分开核算和申报退税,凡划分不清适用税率的,一律从低适用税率计算应退消费税税额。（　　）

3.张某承包经营一家国有企业,每年上缴承包费用5万元,该承包费用在计算企业所得税时不允许税前扣除,但在计算个人所得税时允许扣除。（　　）

4.纳税人申请减税应向主管税务机关提出书面申请并按照规定附送有关资料,由主管税务机关层报有权审批的税务机关审批,而不得直接向有权审批的税务机关提出申请。（　　）

5.纳税人及其他税务当事人对税务机关做出的具体税务行为不服,可以采用书面或口头形式申请行政复议。（　　）

6.征税人仅指代表国家行使税收征管职权的各级税务机关。（　　）

7.计税依据是征税的具体根据,规定了征税对象的具体范围。（　　）

8.征税对象的数额没有达到规定起征点的不征税;达到或者超过起征点的,就其超过的部分征税。（　　）

9.税收体现了国家与纳税人之间形成的特定的上下级关系。（　　）

10.个人独资企业和个人合伙企业生产经营所得,应缴纳企业所得税。（　　）

### 二、单项选择题

1.下列对税法基础知识的理解中,表述正确的是（　　）。
A.税目是区分不同税种的主要标志
B.税率是衡量税负轻重的重要标志
C.纳税人就是履行纳税义务的法人和自然人
D.征税对象就是税收法律关系中征纳双方权利义务所指的物品

2.根据企业所得税法律制度的规定,企业的下列收入中,属于不征税收入的是（　　）。
A.财政拨款　　　　　　　　B.租金收入
C.产品销售收入　　　　　　D.国债利息收入

3.目前,纳税人外购下列已税消费品生产应税消费品的,已纳消费税可以扣除的是（　　）。
A.外购已税卷烟进行贴商标并包装出售的卷烟
B.外购已税汽车轮胎所生产的汽车
C.外购已税白酒进行勾兑生产的白酒
D.外购已税木制一次性筷子为原料所生产的木制一次性筷子

4.企业的应纳税额以人民币为计算单位,如果纳税人以外汇结算营业额,须按外汇市场价格折合成人民币计算。下列有关不同企业可以选择的折合率的说法,正确的是（　　）。
A.工业企业可以选择当月月末的国家外汇牌价
B.商业企业可以选择当月平均的国家外汇牌价

C.金融业可以选择当月月末中国人民银行公布的基准汇价

D.保险业可以选择当月月末中国人民银行公布的基准汇价

5.下列各项中,可以不计入企业当期应纳税所得额的收入是( )。

A.企业买一赠一方式赠送的机器

B.企业直接投资于其他企业取得的投资收益

C.企业用于奖励职工的资金

D.纳税人进行来料加工装配业务节省的材料,按约定留归企业所有的

6.按照税收的征收权限和收入支配权限分类,可以将我国税种分为中央税、地方税和中央地方共享税。下列各项中,属于地方税的是( )。

A.增值税 B.土地增值税

C.企业所得税 D.个人所得税

7.下列税种中,属于行为税类的税种主要有( )。

A.增值税 B.印花税

C.关税 D.资源税

8.下列税法要素中,区分税种的主要标志是( )。

A.税率 B.纳税人

C.征税对象 D.纳税环节

9.某企业2019年度实现销售收入1 000万元、利润总额200万元,全年发生的与生产经营活动有关的业务招待费支出10万元,持有国债取得的利息收入3万元,除上述两项外无其他纳税调整项目。已知企业所得税税率为25%。该企业2019年度企业所得税应纳税额为( )万元。

A.50 B.50.5

C.52 D.51.75

10.我国土地增值税的纳税人是( )。

A.房地产转让者 B.土地转让者

C.土地所有者 D.土地使用者

11.下列做法不能降低企业所得税负担的有( )。

A.亏损企业均应选择能使本期成本最大化的计价方法

B.盈利企业应尽可能缩短折旧年限并采用加速折旧法

C.盈利企业采用双倍余额递减法和年数总和法计提折旧

D.享受税收优惠的企业应选择减免税优惠期间内存货成本最小化的计价方法

12.根据增值税法律制度的规定,下列各项中,免征增值税的是( )

A.单位销售自己使用过的小汽车 B.企业销售自产的仪器设备

C.外贸公司进口服装 D.农业生产者销售自产的蔬菜

13.我国现行税法规定,公司职工取得的用于购买企业国有股权的劳动分红,按( )项目计征个人所得税。

A.工资薪金所得 B.劳务报酬所得

C.利息、股息、红利所得 D.生产经营所得

14.因纳税人、扣缴义务人计算等失误,未缴或者少缴税款的,税务机关在 3 年内可以追征税款、滞纳金;有特殊情况的,可（　　）。
　　A.只追征税款不加收滞纳金　　　　B.将追征期延长到 10 年
　　C.将追征期延长到 5 年　　　　　　D.处以 2 000 元以上 1 万元以下的罚款
15.农民个人购买的摩托车车辆购置税的纳税地点为（　　）。
　　A.主管税务机关所在地　　　　　　B.县农机车管部门所在地
　　C.县(市)公安车管部门所在地　　　D.地、市或地、市以上公安车管部门所在地

### 三、多项选择题
1.下列消费品中,征收消费税的有（　　）。
　　A.电池　　　　　　　　　　　　　B.葡萄酒
　　C.成套化妆品　　　　　　　　　　D.涂料
2.企业发生非货币性资产交换,企业所得税中视同销售的情况有（　　）。
　　A.将货物用于在建工程　　　　　　B.将货物用于职工福利
　　C.将货物用于捐赠　　　　　　　　D.将货物用于偿债
3.下列各项中,不应在收回委托加工产品后征收消费税的有（　　）。
　　A.商业批发企业销售委托其他企业加工的特制白酒,但受托方向委托方交货时没有代收代缴消费税款的
　　B.商业批发企业收回委托其他企业加工的特制白酒直接销售的
　　C.商业批发企业销售其委托加工的特制白酒,但是由受托方以其名义购买原材料生产的应税消费品
　　D.工业企业委托加工收回后用于连续生产其他酒的特制白酒
4.下列各项中,需要缴纳企业所得税的有（　　）。
　　A.将外购货物用于本单位在建工程　　B.将自产货物用于职工福利
　　C.将外购货物向分支机构转移　　　　D.将自产货物用于市场推广或销售
5.我国税务行政处罚的种类有（　　）。
　　A.罚款　　　　　　　　　　　　　B.没收非法所得
　　C.停止出口退税权　　　　　　　　D.扣押、查封商品
6.个人所得税纳税义务人包括（　　）。
　　A.中国国内公民　　　　　　　　　B.华侨
　　C.在中国境内定居的外国侨民　　　D.在中国境内居住满一年的外籍人员
7.下列税法构成要素中,属于税法三个最基本构成要素的是（　　）。
　　A.纳税义务人　　　　　　　　　　B.减免税
　　C.征税对象　　　　　　　　　　　D.税率
8.纳税人对税务机关做出的（　　）不服,可以向上一级税务机关申请复议或者直接向人民法院起诉。
　　A.征收税款行为　　　　　　　　　B.税收保全措施
　　C.加收滞纳金行为　　　　　　　　D.税收强制性执行措施
9.下列各项中,属于我国税法规定的税率形式有（　　）。
　　A.全额累进税率　　B.定额税率　　C.比例税率　　D.超额累进税率

10.国家为了鼓励科学技术的发展,对科技奖励免征个人所得税。其级别有( )。
A.获省级奖金者  B.获部级奖金者
C.获军级以上奖金者  D.获国外组织发的奖金者
E.获国际组织发的奖金者

### 四、案例分析

**【案例 1】** 在 2019 年的税务检查中,福建省某市税务所接到群众举报:肖老板开设的皮革制品厂白天关门休息,夜间开工生产,偷逃税款。当地税务所所长带领 4 名税务人员于深夜突然来到生产场地,出示证件后,要求对货物、商品进行检查并令肖老板交出账册,如实交代有关生产经营销售及纳税情况。肖老板见势不妙,遂唆使职工对税务人员进行围攻、殴打并拉断了皮革制品厂的电源开关,亲自动手用铁铲殴打税务人员,致使税务人员被打成重伤。次日,市公安局依法对肖老板进行了刑事拘留。

问题:
(1)什么是抗税?
(2)抗税与偷税有什么区别?
(3)肖老板的行为是否构成犯罪?为什么?

**【案例 2】** 某企业因欠缴增值税 6.4 万元,税务机关经多次催缴无效后,扣押了该企业解放牌客货车一台,按折旧程度确定扣押价值为 1 万元。后该车经拍卖行拍卖价格为 4 750 元,所得价款用于抵缴税款,该企业认为该车此前已确定价值为 1 万元,应以此抵缴税款。

问题:
请问本案例应如何处理?

**【案例 3】** 2019 年某市税务机关在大企业风险应对工作中发现,某有限公司 2018 年由于企业部分员工退休,将公司股权转让给控股股东,累计 34 人。经检查,上述退休员工在系统中没有扣缴个人所得税记录,存在少缴个人所得税的风险。企业则表示员工退休转让股权属正常现象,不应再因此缴税。

问题:
企业说法是否正确?税务机关该如何处理此案?

## 课内实训参考答案

### 一、课内案例参考答案

**【案例 1】**
税务机关对该单位的处理正确。《中华人民共和国增值税暂行条例》第十条规定:用于集体福利或者个人消费的购进货物、劳务的进项税额不得从销项税额中抵扣。因此,该单位已计入抵扣的用于职工福利的 20 台电暖器,应做进项税额转出处理。

**【案例 2】**
稿酬所得每次收入不超过 4 000 元的,减除费用按 800 元计算;每次收入 4 000 元以上的,减除费用按收入的 20% 计算。稿酬所得的收入额减按 70% 计算。预扣率为 20%。
应预扣预缴的个人所得税税额 = 30 000 × (1 − 20%) × 70% × 20% = 3 360 元

【案例3】

(1)税务机关在对甲公司进行税务检查时,应当出示税务检查证和税务检查通知书。

(2)税务机关决定对甲公司采取税收强制执行措施符合规定。根据规定,税务机关对从事生产、经营的纳税人以前纳税期的纳税情况依法进行税务检查时,发现纳税人有逃避纳税义务行为,并有明显的转移、隐匿其应纳税的商品、收入的迹象的,经县以上税务局局长批准,可以对其采取税收保全措施或者强制执行措施。

(3)税收强制执行措施包括:①书面通知纳税人开户银行或者其他金融机构从其存款中扣缴税款;②扣押、查封、依法拍卖或者变卖其价值相当于应纳税款的商品、货物或者其他财产,以拍卖或者变卖所得抵缴税款。

(4)如果甲公司对税务机关的强制执行措施不服,可以依法申请行政复议,也可以依法向人民法院提起诉讼。

### 二、实务操作参考意见

根据增值税法律制度的规定,进口货物如果缴纳消费税,则计算增值纳税额时,组成的计税价格中含有消费税税款。

(1)进口环节应纳消费税税额 $=(300+40)\div(1-15\%)\times15\%=400\times15\%=60$ 万元

(2)组成计税价格 $=300+40+60=400$ 万元

(3)进口环节应纳增值税税额 $=400\times13\%=52$ 万元

## 课后自测题参考答案

### 一、判断题

1.错  2.对  3.对  4.错  5.对  6.错  7.错  8.错  9.对  10.错

### 二、单项选择题

1.B  2.A  3.D  4.D  5.B  6.B  7.B  8.C  9.B  10.A  11.A  12.D  13.A  14.C  15.C

### 三、多项选择题

1.ABCD  2.BCD  3.BCD  4.BD  5.ABC  6.ACD  7.ACD  8.ABCD  9.BCD  10.ABCDE

### 四、案例分析

【案例1】

(1)所谓抗税是指纳税人拒绝遵照税收法规履行纳税人义务的行为。

(2)抗税与偷税的区别是:抗税是行为人主观上出自故意,反对和不接受国家的税收政策和法律法规,不履行纳税义务,采取暴力、威胁的手段拒不缴税,公然对抗国家税收的行为;偷税是行为人主观上明知应纳税,却故意抵制国家税收政策和法律法规,采取欺骗、隐瞒的手段不缴税或少缴税以抵制国家税收的行为。

(3)肖老板的行为构成了抗税罪。根据《刑法》第二百零二条规定:"以暴力、威胁方法拒不缴纳税款的,处三年以下有期徒刑或者拘役,并处拒缴税款一倍以上五倍以下罚金;情节严重的,处三年以上七年以下有期徒刑,并处拒缴税款一倍以上五倍以下罚金。"依据《刑法》

第二百一十二条规定:"犯本节第二百零一条至第二百零五条规定之罪,被判处罚金、没收财产的,在执行前,应当先由税务机关追缴税款和所骗取的出口退税款。"肖老板不仅拒绝接受检查,而且唆使职工对税务人员进行围攻和殴打,并亲自动手用铁铲将税务人员打成重伤,实施了抗税行为,应按《刑法》第二百零二条的规定给予刑事处罚。

**【案例 2】**

《税收征收管理法》第三十七条规定:"对未按照规定办理税务登记的从事生产、经营的纳税人以及临时从事经营的纳税人,由税务机关核定其应纳税额,责令缴纳;不缴纳的,税务机关可以扣押其价值相当于应纳税款的商品、货物。扣押后缴纳应纳税款的,税务机关必须立即解除扣押,并归还所扣押的商品、货物;扣押后仍不缴纳应纳税款的,经县以上税务局(分局)局长批准,依法拍卖或者变卖所扣押的商品、货物,以拍卖或者变卖所得抵缴税款。"从上述规定可以看出,扣押价值与税款无关,最终应以拍卖所得抵缴税款。因此扣押该企业的车辆只能抵缴税款 4 750 元。

**【案例 3】**

企业表示员工退休转让股权属正常现象,不应再缴税的说法是错误的。根据《中华人民共和国个人所得税法》(以下简称《个人所得税法》)第二条第八项规定,财产转让所得应当缴纳个人所得税。《个人所得税法》第九条第一款规定:"个人所得税以所得人为纳税人,以支付所得的单位或者个人为扣缴义务人。"《中华人民共和国个人所得税法实施条例(修正)》第三十六条规定:"纳税义务人有下列情形之一的,应当按照规定到主管税务机关办理纳税申报:(一)年所得 12 万元以上的;(二)从中国境内两处或者两处以上取得工资、薪金所得的;(三)从中国境外取得所得的;(四)取得应纳税所得,没有扣缴义务人的;(五)国务院规定的其他情形。"

《中华人民共和国个人所得税法实施条例》第六条第八项规定:"财产转让所得,是指个人转让有价证券、股权、合伙企业中的财产份额、不动产、机器设备、车船以及其他财产取得的所得。"

《国家税务总局关于发布〈股权转让所得个人所得税管理办法(试行)〉的公告》第二条规定:"本办法所称股权是指自然人股东(以下简称个人)投资于在中国境内成立的企业或组织(以下统称被投资企业,不包括个人独资企业和合伙企业)的股权或股份。"第四条第一款规定:个人转让股权,以股权转让收入减除股权原值和合理费用后的余额为应纳税所得额,按"财产转让所得"缴纳个人所得税。

因此,该案例个人所得税处理应该遵循上述规定,按照财产转让所得缴纳个人所得税并由股权受让方扣缴。

# 第十五章 劳动法律制度

## 实训目标

培养学生在职业生活中能够运用劳动法律制度解决实际问题的能力,培养学生守法意识。

## 实训要求

通过案例分析,学生能够掌握劳动合同订立、履行及解除过程中应注意的基本法律问题,掌握保障劳动者权益的法律规定以及劳动争议的解决机制。

## 主要知识点

1. 重点概念

劳动合同　试用期　集体合同　非全日制用工　工作时间　休息休假　劳动争议

2. 重点问题

(1)《劳动法》的调整对象

(2)《劳动合同法》的适用范围

(3)劳动合同的类型及内容

(4)劳动合同的订立及解除

(5)劳动仲裁的范围

(6)劳动争议的解决

3. 难点问题

(1)试用期的一些强制性规定

(2)向劳动者支付经济补偿的情形及支付标准

(3)劳动合同解除的条件

(4)劳动合同不予解除的条件

(5)劳动仲裁的程序

# 课内实训

## 一、课内案例

**【案例 1】** 有关支付经济补偿金的案例

朱某 2011 年 3 月 5 日到某公司上班,但一直未签订书面劳动合同。2019 年 2 月 5 日公司与朱某签订书面劳动合同,约定合同期限为一年。2020 年 2 月 4 日,公司通知朱某劳动合同到期,与其续签一年劳动合同,但朱某拒绝了。

问题:

公司是否应支付朱某经济补偿金?为什么?

**【案例 2】** 有关集体合同何时生效的案例

某公司与职工签订了一份集体合同,公司总经理张某认为依法签订的集体合同对企业和企业全体职工具有约束力,该合同的草案应提交职工代表大会或全体职工讨论通过后报送劳动行政部门批准后实施。同时张某也认为,若劳动行政部门自收到集体合同文本之日起 15 日内未提出异议的,则集体合同即行生效。

问题:

公司总经理张某的说法是否有法律依据?

**【案例 3】** 有关劳务派遣合同相关问题的案例

2020 年 5 月,松园劳务派遣有限责任公司(以下简称"松园公司")与天利房地产开发有限责任公司(以下简称"天利公司")签订劳务派遣协议,将李某派遣到天利公司工作。天利公司将李某再派遣到自己的子公司,被李某拒绝。天利公司遂以李某不服从工作安排为由将其退回松园公司。随后,松园公司以李某已无工作为由解除劳动合同。

问题:

(1)天利公司可以对李某进行再派遣吗?

(2)松园公司可以解除与李某的劳动合同吗?

(3)李某申请劳动争议仲裁,应以谁为被申请人?

**【案例 4】** 有关竞业限制的案例

赵某原是甲公司的技术总监,公司与其签订了竞业限制的协议,约定劳动合同解除或终止后 3 年内,赵某不得在本行业从事相关业务,公司每月支付其补偿金 3 万元。但在赵某离职后,公司只在第一年按时给予了补偿金,此后一直没有支付。于是赵某在离职一年半后到甲公司的竞争对手乙公司应聘上班。甲公司得知后要求赵某支付违约金。赵某要求甲公司支付没有给付的经济补偿金,解除竞业限制协议。

问题:

甲公司与赵某应该如何解决该竞业限制纠纷?

## 二、实务操作

### (一)提供有关订立劳动合同的法律帮助

**【背景材料】** 张某于 2019 年 10 月应聘到某从事留学咨询服务的公司工作,双方签订了书面劳动合同,约定月工资为3 600元,没有约定劳动合同试用期条款。2019年10月、11月和12月,该咨询公司以张某还处于劳动合同试用期为由,按每月2 000元的标准为他发放了工资。2020年1月,工资调整为每月3 600元。2020年9月,张某以该咨询公司未给他缴纳社会保险费为由提出辞职,并要求公司补足拖欠他的2019年10月、11月、12月的每月工资差额1 600元,共计4 800元。但该咨询公司认为,公司的人事管理制度规定,初次入职的职工试用期为3个月,试用期间月工资一律为2 000元,因此不存在拖欠张某工资的情况。

【要求】 运用所学的《中华人民共和国劳动合同法》(以下简称《劳动合同法》)等法律法规的规定,对张某的下列问题给予法律帮助:

(1)在张某与公司签订的劳动合同中,劳动合同应当包括哪些条款?

(2)在本案例中,张某以公司未给他缴纳社会保险费为由提出辞职是否合法?为什么?

(3)该咨询公司通过制定规章制度规定初次入职的职工试用期为3个月,试用期间月工资一律为2 000元是否合法?为什么?

### (二)提供有关劳动争议仲裁的法律帮助

【背景材料】 ××市仲裁委员会接到一起因毕业生签订"三方协议"之后又违约引发争议的特殊案件。陈某为某大学毕业生,2019年毕业前与某科技公司签订了"三方协议",并向该公司交纳了2 500元档案转移手续费。陈某在报到期限前违约,没有到该公司上班并要求该公司返还2 500元手续费。公司称:2 500元手续费在协议中已有约定,陈某只有在公司服务满2年之后才能返还,陈某出尔反尔违反了诚实信用原则,故不退还其2 500元手续费。

【要求】 请针对下列问题给予大学毕业生陈某法律帮助:

(1)高等院校毕业生"三方协议"是否可以代替劳动合同?

(2)该案是否属于劳动争议仲裁委员会的受理范围?

(3)试分析该公司是否应返还陈某档案转移手续费2 500元。

## 课后自测题

### 一、判断题

1.中华人民共和国境内的企业、个体经济组织、民办非企业单位等组织与劳动者建立劳动关系,订立、履行、变更、解除或者终止劳动合同,适用《劳动合同法》。( )

2.依法订立的劳动合同具有约束力,用人单位与劳动者应当履行劳动合同约定的义务。( )

3.根据《劳动合同法》规定,用人单位自用工之日起即与劳动者建立劳动关系。用人单位应当建立职工名册备查。( )

4.用人单位招用劳动者,不得扣押劳动者的居民身份证和其他证件,不得要求劳动者提供担保或者以其他名义向劳动者收取财物。( )

5.劳动合同由用人单位与劳动者协商一致,并经用人单位在劳动合同文本上签字或者盖章生效。劳动合同文本由用人单位和劳动者各执一份。( )

6.以完成一定工作任务为期限的劳动合同或者劳动合同期限不满六个月的,不得约定试用期。( )

7.劳动合同被确认无效,劳动者已付出劳动的,用人单位应当向劳动者支付劳动报酬。劳动报酬的数额,参照本单位相同或者相近岗位劳动者的劳动报酬确定。（　　）

8.用人单位拖欠或者未足额支付劳动报酬的,劳动者可以依法向当地人民法院申请支付令,人民法院应当依法发出支付令。（　　）

9.用人单位变更名称、法定代表人、主要负责人或者投资人等事项,应当终止劳动合同的履行。（　　）

10.根据《劳动合同法》规定,用人单位与劳动者协商一致,可以解除劳动合同。（　　）

11.根据《中华人民共和国劳动法》(以下简称《劳动法》)规定,用人单位不得安排女职工在怀孕期间从事国家规定的第三级体力劳动强度的劳动和孕期禁忌从事的劳动。对怀孕七个月以上的女职工,不得安排其延长工作时间和夜班劳动。（　　）

12.国家发展社会保险事业,建立社会保险制度,设立社会保险基金,使劳动者在年老、患病、工伤、失业、生育等情况下获得帮助和补偿。（　　）

13.用人单位与劳动者发生劳动争议,当事人可以依法申请调解、仲裁、提起诉讼,不可以协商解决。（　　）

14.陈某是某机关单位的公务员,因单位拒绝支付加班工资与单位发生争议,应适用《中华人民共和国劳动争议调解仲裁法》(以下简称《劳动争议调解仲裁法》)。（　　）

15.对劳动合同的无效或者部分无效有争议的,由劳动争议仲裁机构或者人民法院确认。（　　）

### 二、单项选择题

1.下列各项社会关系中,适用《劳动法》调整的是(　　)。
A.职业培训中劳动者与培训机构产生的关系
B.用人单位与劳动行政管理机关在工伤认定方面发生的关系
C.某公司董事长与公司之间的聘用关系
D.丙公司拖欠农民工工资被劳动仲裁机构传唤参加仲裁活动而形成的社会关系

2.下列争议适用《劳动争议调解仲裁法》的是(　　)。
A.王某雇佣下岗职工李某照顾自己患病的母亲,李某与王某就报酬发生争议
B.在校生陈某假期到某公司勤工俭学,陈某与该公司就加班工资发生争议
C.某企业工会主席与该企业就年休假问题发生争议
D.某有限责任公司股东与该公司就分红问题发生争议

3.根据《劳动合同法》的规定,下列属于劳动合同必备条款的是(　　)。
A.职业培训　　　　B.劳动保护、劳动条件和职业危害防护
C.劳动纪律　　　　D.试用期限

4.劳动者违反竞业限制约定的,应当按照约定向用人单位支付(　　)。
A.赔偿金　　　B.补偿金　　　C.违约金　　　D.损失费

5.根据《劳动合同法》的规定,用人单位可以解除合同的情形是(　　)。
A.张某患职业病,但是未丧失劳动能力
B.王某休假期间外出游玩遭遇车祸,正在住院手术
C.李某在怀孕期间,严重违反劳动纪律给企业造成较大损失
D.陈某与所在单位的劳动合同期满

6.根据《劳动法》的规定,用人单位依法进行经济性裁减人员后,在一定期限内录用人员,应当优先录用本单位被裁减人员,该期限为劳动者被裁减后( )。

A.3个月内  B.6个月内  C.9个月内  D.1年内

7.张某在某企业连续工作满10年,下列说法错误的是( )。

A.张某提出与企业签订无固定期限劳动合同,企业应签订

B.张某与企业同意续签劳动合同,张某提出与企业签订无固定期限劳动合同,企业应签订

C.张某与企业同意续签劳动合同,不论张某是否提出签订无固定期限劳动合同,企业都应签订无固定期限劳动合同

D.企业有权决定是否与张某签订无固定期限劳动合同

8.韩某是甲公司实行综合计算工时制的职工,2015年1月1日韩某到公司上班。下列关于工资报酬支付的说法,正确的是( )。

A.由于实行综合计算工时,韩某属于正常工作,甲公司不需支付加班费

B.甲公司可以安排补休,不需支付加班费

C.如果2021年5月韩某的工作时间在国家法律规定范围内,甲公司不需支付加班费

D.如果韩某于2021年元旦加班,则公司应支付给韩某不低于工资的300%的工资报酬

9.根据《劳动法》的规定,用人单位安排劳动者每月的加班时间不得超过( )。

A.10小时  B.24小时  C.36小时  D.48小时

10.关于劳动争议仲裁,下列说法不正确的是( )。

A.劳动争议仲裁适用调解原则

B.当事人申请劳动争议仲裁的,必须与对方签订仲裁协议

C.劳动争议仲裁是劳动争议诉讼的法定前置程序

D.与劳动争议案件的处理结果有利害关系的第三人,可以申请参加仲裁活动

11.根据《劳动法》的规定,劳动争议当事人向劳动争议仲裁委员会提出书面申请的仲裁期间是自争议发生之日起( )。

A.60日  B.6个月  C.1年  D.2年

12.劳务派遣单位跨地区派遣劳动者的,被派遣劳动者享有的劳动报酬和劳动条件的标准是( )。

A.按用工单位所在地的标准  B.按派遣单位所在地的标准

C.派遣单位与劳动者约定  D.派遣单位与用工单位约定

13.下列关于非全日制用工的说法,不符合《劳动合同法》规定的是( )。

A.从事非全日制用工的劳动者与多个用人单位订立劳动合同的,后订立的合同不得影响先订立合同的履行

B.非全日制用工终止时,用人单位应当向劳动者支付经济补偿

C.非全日制用工合同不得约定试用期

D.非全日制用工劳动报酬结算支付周期最长不得超过十五日

14.根据《劳动合同法》的规定,协调劳动关系的三方机制中,不包括的主体是(　　)。
A.劳动行政部门　　B.工会　　C.企业　　D.劳动者

15.双方当事人分别向劳动合同履行地和用人单位所在地的劳动争议仲裁委员会申请仲裁,对案件有管辖权的是(　　)。
A.劳动合同履行地的劳动争议仲裁委员会
B.用人单位所在地的劳动争议仲裁委员会
C.双方当事人协商确定
D.抽签决定

### 三、多项选择题

1.根据劳动合同法律制度的规定,用人单位与劳动者发生争议,可以采取的解决方法包括(　　)。
A.协商　　B.调解　　C.仲裁　　D.诉讼

2.关于劳动关系的表述,下列选项正确的有(　　)。
A.劳动关系是特定当事人之间的法律关系
B.劳动关系既包括劳动者与用人单位之间的关系也包括劳动行政部门与劳动者、用人单位之间的关系
C.劳动关系既包括财产关系也包括人身关系
D.劳动关系既具有平等关系的属性也具有从属关系的属性

3.用人单位招录劳动者的下列情形中,违反法律规定的有(　　)。
A.甲超市和刚满十四周岁的初中毕业生王某签订劳动合同
B.乙公司以只招男性为由拒绝录用应聘者杨女士从事会计工作
C.丙公司设立的分公司已经领取营业执照,该分公司与张某订立劳动合同
D.丁公司要求李某提供1 000元保证金后才与其订立劳动合同

4.2014年2月,下列人员向所在单位提出订立无固定期限劳动合同,具备法定条件的有(　　)。
A.赵女士于2000年1月到某公司工作,2004年2月辞职,2007年1月回到该公司工作
B.钱先生于2000年进入某国有企业工作,2021年3月,该企业改制成私人控股的有限责任公司,年满50岁的钱先生与公司签订了三年期的劳动合同
C.孙女士于2005年2月进入某公司从事技术开发工作,签订了为期三年、到期自动续期三年且续期次数不限的劳动合同。2014年1月,公司将孙女士提升为技术部副经理
D.李先生原为甲公司的资深业务员,于2013年2月被乙公司聘请担任市场开发部经理,双方约定:先签订一年期合同,如果李先生于期满时提出请求,可以与公司签订无固定期限劳动合同

5.某公司欲解除与职工杨某之间的劳动合同,有法律依据的解约理由或做法的有(　　)。
A.杨某经过培训仍不能胜任现工作
B.杨某违反公司关于夫妻不得在同一部门任职的规定
C.公司因严重亏损而决定裁员,依据法律程序解除与杨某的劳动合同
D.杨某患病住院期间,公司给杨某送去3个月工资并通知其解除劳动合同

6.东星公司新建的化工生产线在投入生产过程中,下列行为违反《劳动法》规定的有(　　)。
A.安排女技术员参加公司技术攻关小组并到位于地下的设备室进行检测
B.在防止有毒气体泄漏的预警装置调试完成之前,开始生产线的试运行
C.试运行期间,从事特种作业的操作员已经接受了专门培训,但未取得相应的资格证书
D.试运行开始前,未对生产线上的员工进行健康检查

7.合同的履行与变更,下列各项中,正确的有(　　)。
A.劳动者拒绝用人单位管理人员强令冒险作业,不视为违反劳动合同
B.用人单位变更法定代表人不影响劳动合同的履行
C.用人单位发生合并,原劳动合同继续有效
D.用人单位应当依法建立和完善劳动规章制度,保障劳动者享有劳动权利、履行劳动义务

8.有下列(　　)情形之一的,用人单位可以解除劳动合同,但是应当提前三十日以书面形式通知劳动者本人。
A.劳动者患病或者非因工负伤,医疗期满后,不能从事原工作也不能从事由用人单位另行安排的工作的
B.劳动者不能胜任工作,经过培训或者调整工作岗位,仍不能胜任工作的
C.劳动合同订立时所依据的客观情况发生重大变化,致使原劳动合同无法履行,经当事人协商不能就变更劳动合同达成协议的
D.劳动者在试用期间被证明不符合录用条件的

9.根据劳动合同法律制度的规定,下列劳动争议中,劳动者可以向劳动仲裁部门申请劳动仲裁的有(　　)。
A.确认劳动关系争议
B.工伤医疗费争议
C.除名、辞退和辞职、离职发生的争议
D.社会保险争议

10.根据社会保险法律制度的规定,下列各项中,属于职工基本养老保险费征缴范围的有(　　)。
A.公有企业及其职工
B.实行企业化管理的事业单位及其职工
C.外商投资企业及其职工
D.城镇私营企业及其职工

### 四、案例分析

**【案例1】** 甲公司与李某签订一份2年期劳动合同。双方在劳动合同中约定:试用期3个月,试用期间李某的工资按约定工资(月薪1 600元)的60%执行;如在劳动合同履行期间甲公司经营方式调整,则劳动合同即行终止,甲公司无须向李某支付经济补偿。

问题:
(1)甲公司与李某在劳动合同中约定的事项有哪些不合法之处?
(2)假定双方在合同中同时约定:如双方发生劳动争议只能向甲公司所在地的人民法院提起诉讼。该约定是否合法,为什么?

【案例2】 李某与某公司签订了为期3年的劳动合同,自2019年2月1日起至2022年1月31日,双方约定试用期为6个月。2019年6月20日李某向公司提出辞职,并向公司索要经济补偿金。公司认为李某没有提出解除合同的正当理由,也未与公司协商,因而既不同意解除合同,也不支付经济补偿金。

问题:

(1)李某提出解除劳动合同时是否需要说明理由?为什么?

(2)李某是否可单方解除劳动合同?为什么?

(3)公司是否应给予李某经济补偿金?说明理由。

【案例3】 2020年5月,李某去一家外企应聘,声称自己是某名牌大学法学硕士毕业,取得了司法考试资格证书,并将自己的证书复印件交给了招聘人员。该公司急需法律顾问,于是以高薪聘请李某担任法律主管,双方签订了劳动合同,合同期限为5年,试用期为6个月。李某自2020年5月开始工作后,在试用期内经常发生错误,特别是在一项合同审查中,没有对该合同的重大纰漏提出法律意见,导致公司损失巨大。公司于2020年12月了解到,李某的司法考试证书是伪造的。于是公司主张立即解除与李某的劳动合同。

问题:

(1)公司是否有权解除与李某的劳动合同?为什么?

(2)若李某此时已经怀孕,公司是否还有权解除合同?

(3)公司是否有权要求李某承担相应的损失?

【案例4】 王某与某有限责任公司签订了为期3年的劳动合同,自2018年2月1日起至2021年1月31日,双方约定试用期为6个月。2018年6月18日王某向公司提出解除劳动合同,并向公司索要经济补偿金。公司认为王某没有提出解除合同的正当理由,且解除合同未征求公司意见,未经双方协商,因而不同意解除合同,并提出如果王某一定要解除合同,责任自负,公司不但不给予王某经济补偿金,还要求王某赔偿用人单位的损失,即在试用期内培训王某的费用。

问题:

(1)王某提出解除劳动合同时是否需要说明理由?

(2)用人单位是否应该给予王某经济补偿金?

## 课内实训参考答案

### 一、课内案例参考答案

【案例1】 不应支付。因为劳动合同期满,用人单位提出续签劳动合同要求,朱某不同意续签,依照《劳动合同法》规定,不需要支付经济补偿金。

【案例2】 公司总经理张某关于报送批准后实施的说法没有法律依据。

《劳动法》第三十三条规定:"企业职工一方与企业可以就劳动报酬、工作时间、休息休假、劳动安全卫生、保险福利等事项,签订集体合同。集体合同草案应当提交职工代表大会或者全体职工讨论通过。集体合同由工会代表职工与企业签订;没有建立工会的企业,由职工推举的代表与企业签订。"《劳动法》第三十四条规定:"集体合同签订后应当报送劳动行政部门;劳动行政部门自收到集体合同文本之日起十五日内未提出异议的,集体合同即行生效。"《劳动法》第三十五条规定:"依法签订的集体合同对企业和企业全体职工具有约束力。职工个人与企业订立的劳动合同中劳动条件和劳动报酬等标准不得低于集体合同的规定。"因此,集体合同签订后应当报送劳动行政部门,此报送的性质为登记备案,而非审批。

**【案例3】**

(1)天利公司不可以对李某进行再派遣。《劳动合同法》第六十二条规定:"用工单位不得将被派遣劳动者再派遣到其他用人单位。"故天利公司不可以对李某进行再派遣。

(2)松园公司不可以解除与李某的劳动合同。《劳动合同法》第六十五条第二款规定:"被派遣劳动者有本法第三十九条和第四十条第一项、第二项规定情形的,用工单位可以将劳动者退回劳务派遣单位,劳务派遣单位依照本法有关规定,可以与劳动者解除劳动合同。"本案例中,"李某已无工作"不属于《劳动合同法》第三十九条和第四十条第一项、第二项规定的情形,因此,松园公司不得以李某已无工作为由而解除劳动合同。

(3)李某申请劳动争议仲裁,可以将天利公司和松园公司作为被申请人。《劳动争议调解仲裁法》第二十二条规定:"发生劳动争议的劳动者和用人单位为劳动争议仲裁案件的双方当事人。劳务派遣单位或者用工单位与劳动者发生劳动争议的,劳务派遣单位和用工单位为共同当事人。"李某可以将天利公司和松园公司作为被申请人,申请劳动争议仲裁。

**【案例4】**

根据劳动合同法律制度的规定,用人单位可以与劳动者签订竞业限制协议,但约定的期限不得超过2年,因此,甲公司与赵某签订3年的竞业限制协议不符合法律规定。另外甲公司不按照协议约定按月支付赵某经济补偿金,且已经超过3个月,赵某可以提出请求解除竞业限制约定,并要求甲公司支付竞业限制经济补偿,人民法院应予支持。

## 二、实务操作参考意见

### (一)提供有关订立劳动合同的法律帮助

(1)劳动合同应当具备以下条款:

①用人单位的名称、住所和法定代表人或者主要负责人;

②劳动者的姓名、住址和居民身份证或者其他有效身份证件号码;

③劳动合同期限;

④工作内容和工作地点;

⑤工作时间和休息休假;

⑥劳动报酬;

⑦社会保险;

⑧劳动保护、劳动条件和职业危害防护;

⑨法律、法规规定应当纳入劳动合同的其他事项。

劳动合同除以上规定的必备条款外,用人单位与劳动者可以约定试用期、培训、保守秘密、补充保险和福利待遇等其他事项。

(2)张某提出辞职合法。

《劳动合同法》第三十八条规定:"用人单位有下列情形之一的,劳动者可以解除劳动合同:

"(一)未按照劳动合同约定提供劳动保护或者劳动条件的;

"(二)未及时足额支付劳动报酬的;

"(三)未依法为劳动者缴纳社会保险费的;

"(四)用人单位的规章制度违反法律、法规的规定,损害劳动者权益的;

"(五)因本法第二十六条第一款规定的情形致使劳动合同无效的;

"(六)法律、行政法规规定劳动者可以解除劳动合同的其他情形。

"用人单位以暴力、威胁或者非法限制人身自由的手段强迫劳动者劳动的,或者用人单位违章指挥、强令冒险作业危及劳动者人身安全的,劳动者可以立即解除劳动合同,不需事先告知用人单位。"

张某所在单位未依法为张某缴纳社会保险费,所以,张某可以依法解除劳动合同。

(3)张某所在公司通过规章制度规定初次入职的试用期为3个月是有悖于法律规定的。

《劳动合同法》第十九条规定:"劳动合同期限三个月以上不满一年的,试用期不得超过一个月;劳动合同期限一年以上不满三年的,试用期不得超过二个月;三年以上固定期限和无固定期限的劳动合同,试用期不得超过六个月。

"同一用人单位与同一劳动者只能约定一次试用期。

"以完成一定工作任务为期限的劳动合同或者劳动合同期限不满三个月的,不得约定试用期。

"试用期包含在劳动合同期限内。劳动合同仅约定试用期的,试用期不成立,该期限为劳动合同期限。"

张某所在单位规定试用期工资一律2 000元也是违法的。《劳动合同法》第二十条规定:"劳动者在试用期的工资不得低于本单位相同岗位最低档工资或者劳动合同约定工资的百分之八十,并不得低于用人单位所在地的最低工资标准。"

**(二)提供有关劳动争议仲裁的法律帮助**

(1)高等院校毕业生"三方协议"仅仅是陈某与单位为签订劳动合同所做的准备,应是一份意向协议。该协议中未对工资、岗位、劳动条件等《劳动合同法》规定的劳动合同必备条款进行约定,仅有该协议无法起到保护劳动者劳动权利的作用,故可以认为该"协议"无法代替劳动合同。

(2)"三方协议"并不具有《劳动合同法》中规定的必备条款,但是"三方协议"毕竟是劳动合同订立过程中的一个行为。根据《劳动争议调解仲裁法》第二条第(二)项关于"因订立、履行、变更、解除和终止劳动合同发生的争议"的规定,鉴于此案是涉及劳动关系建立前的先行行为,涉及仲裁范围及由其产生的法律效力,因此属于劳动争议仲裁委员会的受理范围。

(3)此案中公司借转办档案为由,收取陈某的档案转移手续费,并且约定为公司服务2年后返还,本质为向陈某收取押金或违约金。《劳动合同法》中多次将"押金"列为禁止性条款,并且明确规定:除"竞业限制"和"专项培训"外,用人单位不得以任何理由向劳动者收取违约金。陈某与该公司约定的有关档案转移手续费的条款应被认定为无效条款,该公司应返还陈某档案转移手续费2 500元。

提示:"三方协议"不等于劳动合同,当事人双方实际上签订的是"全国普通高等学校毕业生就业协议书"。一般来说,就业协议签订在前,劳动合同订立在后。一旦毕业生离校后,学校将脱离三方关系,毕业生和用人单位双方应确立劳动关系,签订劳动合同,"三方协议"

则同时终止。"三方协议"不能替代劳动合同,应届毕业生拿到毕业证、报到证等,在明确劳动关系之后,应及时与单位签订劳动合同,将报酬、合同期、福利待遇、社会保障和其他需要特别约定的内容等写入劳动合同,以防落入某些不规范企业设下的侵权陷阱。

## 课后自测题参考答案

### 一、判断题

1.对  2.对  3.对  4.对  5.错  6.错  7.对  8.对  9.错  10.对  11.对  12.对  13.错  14.错  15.对

### 二、单项选择题

1.C  2.C  3.B  4.C  5.C  6.B  7.D  8.D  9.C  10.B  11.A  12.A  13.B  14.D  15.A

### 三、多项选择题

1.ABCD  2.ACD  3.ABD  4.BCD  5.AC  6.BC  7.ABCD  8.ABC  9.ABCD  10.ABCD

### 四、案例分析

【案例1】

(1)甲公司与李某在劳动合同中约定的事项有三处不合法:①劳动合同期限1年以上不满3年的,试用期不得超过2个月。②工资不应少于约定工资的80%。③劳动合同不得约定终止条件。

《劳动合同法》第十九条第一款规定:"劳动合同期限三个月以上不满一年的,试用期不得超过一个月;劳动合同期限一年以上不满三年的,试用期不得超过二个月;三年以上固定期限和无固定期限的劳动合同,试用期不得超过六个月。"

《劳动合同法》第二十条规定:"劳动者在试用期的工资不得低于本单位相同岗位最低档工资或者劳动合同约定工资的百分之八十,并不得低于用人单位所在地的最低工资标准。"

《劳动合同法》第四十四条规定:"有下列情形之一的,劳动合同终止:(一)劳动合同期满的;(二)劳动者开始依法享受基本养老保险待遇的;(三)劳动者死亡,或者被人民法院宣告死亡或者宣告失踪的;(四)用人单位被依法宣告破产的;(五)用人单位被吊销营业执照、责令关闭、撤销或者用人单位决定提前解散的;(六)法律、行政法规规定的其他情形。"

《劳动合同法实施条例》第十三条规定:"用人单位与劳动者不得在劳动合同法第四十四条规定的劳动合同终止情形之外约定其他的劳动合同终止条件。"

(2)该约定不合法。双方发生劳动争议,劳动仲裁是必经程序。

《劳动争议调解仲裁法》第五条规定:"发生劳动争议,当事人不愿协商、协商不成或者达成和解协议后不履行的,可以向调解组织申请调解;不愿调解、调解不成或者达成调解协议后不履行的,可以向劳动争议仲裁委员会申请仲裁;对仲裁裁决不服的,除本法另有规定的外,可以向人民法院提起诉讼。"所以本案例中,双方在合同中约定如双方发生劳动争议只能向甲公司所在地的人民法院提起诉讼是不合法的。

**【案例 2】**

(1)不需要说明理由。《劳动合同法》第三十七条规定:"劳动者提前三十日以书面形式通知用人单位,可以解除劳动合同。劳动者在试用期内提前三日通知用人单位,可以解除劳动合同。"《劳动合同法》第二十一条规定,用人单位在试用期解除劳动合同的,应当向劳动者说明理由。在本案例中,从 2019 年 2 月 1 日到 2019 年 6 月 20 日,李某还在试用期内,李某提出解除劳动合同只需要提前三日通知用人单位即可,不需要说明理由。

(2)李某可单方解除劳动合同。试用期间是双方进行选择的考察期,《劳动合同法》规定,劳动者在试用期内,提前三天通知用人单位,可以解除劳动合同。

(3)用人单位不应该给予李某经济补偿金。因为李某主动辞职,用人单位也不存在违法行为,所以用人单位不应该给予李某经济补偿金。

**【案例 3】**

(1)公司有权解除与李某的劳动合同。根据《劳动合同法》的规定,以欺诈、胁迫的手段或者乘人之危,使对方在违背真实意思的情况下订立或者变更的劳动合同其效力为无效或者部分无效。

本案例中,李某以欺诈的手段蒙骗公司签订劳动合同,导致合同无效,所以公司有权解除与李某的劳动合同。

(2)若李某此时已经怀孕,公司仍然有权解除合同。李某虽然正值孕期,但是公司解除劳动合同属于劳动者过错解除,不受《劳动合同法》第四十二条规定的"女职工在孕期、产期、哺乳期的,用人单位不得解除劳动合同"的特殊情况限制。

(3)公司有权要求李某承担相应的损失。《劳动合同法》第八十六条规定:"劳动合同依照本法第二十六条规定被确认无效,给对方造成损害的,有过错的一方应当承担赔偿责任。"由于本案例中有过错的是李某,所以李某应该赔偿公司相应的损失。

**【案例 4】** (1)不需要。王某提出解除劳动合同是在试用期内提出的,劳动者在试用期内提前三日通知用人单位,可以解除劳动合同。

(2)不需要给予王某经济补偿金,依据《劳动合同法》规定,劳动者单方提出解除劳动合同,用人单位没有《劳动合同法》所要求禁止的义务,无须支付经济补偿金。

# 第十六章

# 经济纠纷的解决

## 实训目标

培养学生依法解决经济纠纷的能力,维护企业和自身的合法权益。

## 实训要求

通过实训,学生能够掌握经济纠纷解决的途径,并会灵活运用。

## 主要知识点

### 1.重点概念
仲裁　仲裁协议　行政复议　经济诉讼　地域管辖　诉讼时效

### 2.重点问题
(1)仲裁的基本原则
(2)仲裁的事项和仲裁协议
(3)行政复议的范围和程序
(4)经济诉讼的受案范围

### 3.难点问题
(1)诉讼的管辖和程序
(2)仲裁行政复议和经济诉讼的区别
(3)诉讼时效

# 课内实训

## 一、课内案例

**【案例1】** 有关仲裁条款效力的案例

河南某贸易公司与山东某粮油公司签订了一份500吨花生米的购销合同。合同中规定，与合同有关的一切争议均提请仲裁委员会解决。后双方对产品质量问题发生纠纷，双方决定仲裁。河南方坚持向郑州仲裁委员会提请仲裁，山东方坚持向济南仲裁委员会提请仲裁。双方不能达成协议。河南方遂向郑州仲裁委员会提请仲裁，山东方则向郑州市人民法院提起诉讼。

问题：
(1)本案合同中仲裁条款是否有效？
(2)本案应由仲裁委员会受理还是由法院受理？

**【案例2】** 有关经济案件审判程序方面的案例

甲公司和乙公司发生合同纠纷，甲公司于2019年7月5日起诉到人民法院。法院经审查于7月20日立案，8月1日将起诉书副本送达乙公司。法院9月15日开庭。经过开庭审理，判决甲公司败诉，于9月20日将判决书送达甲公司。此时，甲公司法定代表人正在国外，等他回来时已是10月中旬，此时早已过了上诉期。

问题：
(1)法院在审判程序上存在哪些违法之处？
(2)若甲公司不服一审判决，应采取何种措施维护自己的合法权益？
(3)若一审判决错误，还可以通过什么途径纠正？

**【案例3】** 有关行政复议方面的案例

甲、乙公司因买卖合同发生纠纷，经北京市东城区市场监督管理局调解，双方对合同的履行达成谅解。后甲公司认为调解结果对自己不利，于是向北京市市场监督管理局申请行政复议。

问题：
请分析北京市市场监督管理局应如何处理甲公司的申请。

## 二、实务操作

### (一)撰写民事起诉状

**【背景材料】** 2021年1月23日王某去洗浴中心洗澡时被烫伤，花去医疗费3.2万元。洗浴中心拒不赔偿王某损失，现王某想向法院起诉，要求洗浴中心支付医疗费和赔偿相关损失。

**【要求】** 假设你是王某的诉讼代理人，请帮王某起草一份民事起诉状。

## (二)法律咨询

**【背景材料】** 甲企业得知竞争对手乙企业在M地的营销策略将会进行重大调整,于是到乙企业设在N地的分部窃取到乙企业内部机密文件,随之采取相应对策,给乙企业在M地的营销造成重大损失,乙企业经过调查掌握了甲企业的侵权证据,拟向法院提起诉讼。

**【要求】** 请就乙企业可以向哪些法院提起诉讼提出建议。

# 课后自测题

### 一、判断题

1. 经济纠纷案件当事人只能向纠纷发生地仲裁机构提请仲裁。（  ）
2. 仲裁庭不形成多数意见时,按首席仲裁员的意见作出裁决。（  ）
3. 根据《仲裁法》规定,申请仲裁后,当事人可以自行和解;达成和解协议的,仲裁庭应当制作裁决书,终结仲裁程序。（  ）
4. 如果一方当事人不履行仲裁裁决的,另一方当事人可以按照《民事诉讼法》的有关规定向人民法院申请执行。（  ）
5. 仲裁机构处理经济纠纷案件,依法独立进行仲裁,不受行政机关、社会团体和个人的干涉。（  ）
6. 张某因王某未偿还到期借款20万元,向甲县人民法院提起诉讼,此时王某下落不明已达半年。甲县人民法院可以适用简易程序审理本案。（  ）
7. 甲公司与乙公司因技术转让合同的履行产生纠纷,甲公司向某人民法院提起诉讼,人民法院受理该案件。已知该案件涉及商业秘密,当事人申请不公开审理的,可以不公开审理。（  ）
8. 申请人申请行政复议,可以书面申请,也可以口头申请;口头申请的,行政复议机关应当当场记录申请人的基本情况、行政复议请求、申请行政复议的主要事实、理由和时间。（  ）
9. 公民、法人或者其他组织认为行政机关的具体行政行为侵犯其已经依法取得的土地、矿藏、水流、森林、山岭、草原、荒地、滩涂、海域等自然资源的所有权或者使用权的,可以先申请行政复议。（  ）
10. 行政复议机关受理行政复议申请,可以向申请人收取一定数额的行政复议费用。（  ）

### 二、单项选择题

1. 下列关于仲裁协议效力的表述中,不符合仲裁法律制度规定的是(　　)。
   A. 仲裁协议具有独立性,合同的变更、解除,不影响仲裁协议的效力
   B. 仲裁协议具有排除诉讼管辖权的效力
   C. 当事人对协议的效力有异议的,只能请求人民法院裁定
   D. 仲裁协议对仲裁事项没有约定且达不成补充协议的,仲裁协议无效
2. 仲裁委员会是民间性自治组织,表现在(　　)。
   A. 仲裁委员会在业务上受上一级仲裁委员会指导

B.独立于行政机关,与行政机关没有隶属关系

C.根据《仲裁法》自行成立,不必向行政机关登记

D.仲裁委员会由设立地人民政府组建

3.向仲裁机关申请仲裁,应当按《仲裁法》的规定递交申请书,并按照(　　)的人数提交副本。

　　A.申诉人　　　　　　B.申请人　　　　　　C.当事人　　　　　　D.被申请人

4.经济纠纷仲裁实行(　　)。

A.一次裁决,裁决即终局的制度

B.二次裁决,裁决即终局的制度

C.裁决后向人民法院起诉的制度

D.裁决经复议后向人民法院起诉的制度

5.甲乙因买卖货物发生合同纠纷,甲向法院提起诉讼。开庭审理时,乙提出双方签订仲裁协议,应通过仲裁方式解决。对该案件的下列处理方式中,符合法律规定的是(　　)。

A.仲裁协议有效,法院驳回甲的起诉

B.仲裁协议无效,法院继续审理

C.由甲、乙协商确定纠纷解决的方式

D.视为甲、乙已经放弃仲裁协议,法院继续审理

6.下列关于仲裁的表述中,不正确的是(　　)。

A.被申请人在仲裁过程中有权进行辩论

B.当事人有正当理由,可告知仲裁庭延期开庭

C.仲裁庭也可以自行收集争议事实的证据

D.在仲裁过程中,被申请人未经仲裁庭许可中途退庭的,仲裁庭可缺席裁决

7.甲乙双方签订买卖合同,发生纠纷。双方根据仲裁协议申请仲裁后,又自行达成了和解。对此,下列说法正确的是(　　)。

A.申请仲裁后,当事人可以自行和解

B.达成和解协议的,必须撤回仲裁申请

C.达成和解协议,撤回仲裁申请后不得反悔

D.达成和解协议的,仲裁庭不再受理

8.公民、法人或者其他组织认为具体行政行为侵犯其合法权益的,可以自知道该具体行政行为之日起(　　)内提出行政复议申请。

　　A.15 日　　　　　　B.30 日　　　　　　C.45 日　　　　　　D.60 日

9.下列纠纷中,可以适用仲裁法解决的是(　　)。

A.甲、乙之间的农村土地承包合同纠纷

B.乙、丙之间的货物买卖合同纠纷

C.丙、丁之间的遗产继承纠纷

D.丁、戊之间的劳动争议纠纷

10.人民法院收到原告的起诉状后,经审查核实认为符合条件的,在(　　)日内作出受理决定。

　　A.3　　　　　　　　B.5　　　　　　　　C.7　　　　　　　　D.10

11.根据民事诉讼法律制度的规定,在一定期间内,债权人因不可抗力不能行使请求权的,诉讼时效中止,该期间为(    )。
　　A.诉讼时效期间的最后六个月
　　B.诉讼时效期间的最后九个月
　　C.诉讼时效期间届满后六个月
　　D.诉讼时效期间届满后九个月

12.根据民事诉讼法律制度的规定,下列民事纠纷中,当事人不得约定纠纷管辖法院的是(    )。
　　A.收养协议纠纷　　　　　　　　B.赠与合同纠纷
　　C.物权变动纠纷　　　　　　　　D.商标权纠纷

13.下列关于诉讼时效期间届满后法律后果的表述中,符合法律规定的是(    )。
　　A.当事人在诉讼时效期间届满后起诉的,人民法院不予受理
　　B.诉讼时效期间届满,义务人自愿履行义务后,可以以诉讼时效期间届满为由进行抗辩
　　C.诉讼时效期间届满后,当事人自愿履行义务的,不受诉讼时效限制
　　D.诉讼时效期间届满后,权利人的实体权利消灭

14.适用简易程序审判的经济纠纷案件,其审理期限为立案之日起(    )内。
　　A.1个月　　　　B.2个月　　　　C.3个月　　　　D.4个月

15.甲于2018年3月20将小件包裹寄存在乙处保管。3月22日,该包裹被盗。3月27日甲取包裹时得知包裹被盗。甲要求乙赔偿损失的诉讼时效期间届满日是(    )。
　　A.2020年3月27日　　　　　　　B.2020年3月22日
　　C.2021年3月27日　　　　　　　D.2019年3月22日

### 三、多项选择题

1.凡下列情形仲裁员必须回避,当事人也有权提出回避申请。这些情形包括(    )。
　　A.仲裁员是本案当事人的近亲属
　　B.仲裁员是本案代理人的近亲属
　　C.仲裁员与本案有利害关系
　　D.仲裁员私自会见当事人、代理人的

2.下列纠纷,属于仲裁机构受理案件范围的有(    )。
　　A.买卖合同纠纷　　　　　　　　B.技术合同纠纷
　　C.收养关系纠纷　　　　　　　　D.监护关系纠纷

3.根据仲裁法律制度的规定,下列属于无效仲裁协议的有(    )。
　　A.约定的仲裁事项超出法律规定的仲裁范围的
　　B.无民事行为能力人或者限制民事行为能力人订立的仲裁协议
　　C.一方采取胁迫手段,迫使对方订立仲裁协议的
　　D.因一方违约而被相对人依法解除的买卖合同中包含的仲裁协议

4.《仲裁法》规定,仲裁协议独立存在,表现在(    )。
　　A.合同无效不影响仲裁协议的效力
　　B.合同的变更不影响仲裁协议的效力

C.合同的解除不影响仲裁协议的效力

D.合同的终止不影响仲裁协议的效力

5.根据仲裁法律制度的规定,下列各项中,属于仲裁基本原则的有(　　)。

A.一裁终局原则

B.自愿原则

C.以事实为根据,以法律为准绳,公平合理地解决纠纷原则

D.仲裁组织依法独立行使仲裁权原则

6.根据民事法律制度的规定,关于两个以上人民法院都有管辖权的诉讼确立管辖权的下列表述中,正确的有(　　)

A.先立案的人民法院可以将案件移送给另一个有管辖权的人民法院

B.原告向两个以上有管辖权的人民法院起诉的,由最先立案的人民法院管辖

C.人民法院在立案前发现其他有管辖权的人民法院已先立案的,不得重复立案

D.原告可以选择向其中一个人民法院起诉

7.王某借给李某5万元,约定的还款期间届满后,李某未还款。在诉讼时效期间届满前发生的下列事由中,能够导致诉讼时效期间中断的有(　　)。

A.李某向王某请求延期还款

B.王某要求李某还款

C.王某向人民法院提起诉讼要求李某还款

D.李某向王某还款1万元

8.下列各项中,可导致诉讼时效中止的情形有(　　)。

A.发生不可抗力

B.当事人提起诉讼

C.权利被侵害的无行为能力人没有法定代理人

D.当事人一方提出要求

9.根据《中华人民共和国行政复议法》(以下简称《行政复议法》)的规定,公民、法人或其他组织认为行政机关的具体行政行为所依据的(　　)不合法,在对具体行政行为申请复议时,可一并向行政复议机关提出对该规定的审查申请。

A.国务院有关部门的规定

B.县级以上地方各级人民政府及其工作部门的规定

C.乡、镇人民政府的规定

D.国务院部委规章

10.根据《行政诉讼法》的规定,下列各项中,不应当提起行政诉讼的有(　　)。

A.某直辖市部分市民认为市政府新颁布的《道路交通管理办法》侵犯了他们的合法权益

B.某税务局工作人员吴某认为税务局对其作出记过处分违法

C.李某认为公安局对其罚款的处罚决定违法

D.某商场认为某教育局应当偿还所欠的购货款

### 四、案例分析

【案例1】 甲市朝阳布店与乙市某纺织厂于2021年7月签订了一份购销合同。合同

中的仲裁条款规定:因履行合同发生的争议由双方协商解决,无法协商解决的由仲裁机构仲裁。2021年9月双方发生争议,朝阳布店向其所在地的甲市仲裁委员会递交了仲裁申请书,但乙市某纺织厂拒绝答辩。同年11月双方经过协商,重新签订了一份仲裁协议,并协商将此合同争议提交该纺织厂所在地的乙市仲裁委员会仲裁。事后,朝阳布店担心乙市仲裁委员会实行地方保护主义偏袒纺织厂,故意未申请仲裁而向合同履行地人民法院提起诉讼,且起诉时未说明此前两次的约定仲裁情况。法院受理了此案,并向纺织厂送达了起诉状副本,该纺织厂向法院提交了答辩状。法院审理判决被告纺织厂败诉,纺织厂提起上诉,指出法院判决无效。

**问题:**
(1)购销合同中的仲裁条款是否有效?请说明理由。
(2)争议发生后,双方签订的协议是否有效?为什么?
(3)原告朝阳布店向法院提起诉讼是否正确?
(4)法院审理本案是否合法?为什么?
(5)被告纺织厂的上诉理由是否正确?为什么?
(6)被告是否具有上诉权?为什么?

【案例2】 甲市电器厂(卖方)与乙市百货公司(买方)签订了一份买卖300台电饭锅的合同,后因电饭锅的质量问题双方发生纠纷。于是,乙市百货公司于2020年9月向某仲裁委员会申请仲裁。该仲裁委员会于2021年3月作出裁决,由甲市电器厂赔偿乙市百货公司经济损失3万元。裁决生效后,甲市电器厂拒不向乙市百货公司给付赔偿款。乙市百货公司向人民法院申请强制执行。执行程序开始后,甲市电器厂提出该厂与乙市百货公司签订的买卖合同中没有订立仲裁条款,事后也没有达成书面仲裁协议。经管辖法院组成的合议庭审查,认定被执行人所述的情况属实。

**问题:**
(1)人民法院认定生效的仲裁裁决不符合法定条件的,应当如何处理?
(2)人民法院作出处理后,当事人之间的纠纷如何解决?

【案例3】
小刘在市场上买了一辆自行车,八成新,价格也便宜。小马主张:该车是自己前天被盗的,要求小刘返还。小刘以所有权已归自己为由不予返还。两人约定在A市仲裁委员会仲裁。提交仲裁申请书后,两人商量私下这样解决:小刘返还自行车,小马给小刘自行车价款的一半,小刘撤回申请。事后小刘反悔,又凭借仲裁协议申请仲裁。仲裁委员会受理后仲裁庭主持双方进行调解,最后达成调解书。调解书送达时小刘却不肯签收。小马拟向人民法院申请强制执行。

**问题:**
(1)申请人撤回申请,能否再申请仲裁?
(2)假如小刘和小马私下达成和解协议,小刘撤回仲裁申请后反悔,拒不按照和解协议履行。小马能否申请人民法院强制执行?
(3)小刘拒绝签收调解书,小马能否申请人民法院强制执行?
(4)小刘拒绝签收调解书,仲裁庭应如何处理?

# 课内实训参考答案

## 一、课内案例参考答案

**【案例 1】** 本案是合同纠纷,涉及仲裁协议的形式、内容,仲裁条款的效力,仲裁管辖和司法管辖的冲突及解决等问题。

(1)《仲裁法》第十六条规定,仲裁协议包括合同中订立的仲裁条款和以其他书面方式在纠纷发生前或者纠纷发生后达成的请求仲裁的协议。仲裁协议应当具有下列内容:请求仲裁的意思表示;仲裁事项;选定的仲裁委员会。《仲裁法》第十八条规定:"仲裁协议对仲裁事项或者仲裁委员会没有约定或者约定不明确的,当事人可以补充协议;达不成协议的,仲裁协议无效。"本案例合同中有仲裁条款,但对仲裁委员会约定不明确。而且当事人在仲裁委员会的确定问题上各抒己见,未能达成协议。所以合同中的仲裁条款无效。

(2)《仲裁法》第五条规定:"当事人达成仲裁协议,一方向人民法院起诉的,人民法院不予受理,但仲裁协议无效的除外。"本案例中一方当事人向仲裁委员会申请仲裁,因缺乏有效的仲裁协议,仲裁委员会无权受理。另一方当事人向被告所在地人民法院起诉,人民法院应该受理。

**【案例 2】**

(1)法院在审判程序上存在如下违法之处:

第一,人民法院立案时间不合法。《民事诉讼法》规定,人民法院收到起诉状经审查认为符合起诉条件的,应当在 7 日内立案。本案例中法院的立案时间超过了这个期限。

第二,人民法院送达起诉状副本时间不合法。《民事诉讼法》规定,人民法院应当在立案之日起 5 日内将起诉状副本送达被告,本案例中法院送达副本的时间超过了这个期限。

(2)若甲公司不服一审判决,应申请再审。《民事诉讼法》规定,当事人对已经发生法律效力的判决、裁定认为有错误的,可以在判决、裁定发生法律效力后两年内,向原审人民法院或上一级人民法院申请再审。本案虽已过了上诉期,但当事人可以申请再审。

(3)若一审判决错误,还可以通过审判监督程序纠正。

**【案例 3】**

根据《行政复议法》的规定,不服行政机关对民事纠纷作出的调解处理,不属于行政复议范围,当事人可依法申请仲裁或向人民法院提起诉讼。甲、乙公司因买卖合同发生纠纷,虽经北京市东城区市场监督管理局调解,但其实质还是甲、乙双方的民事纠纷,因而对甲公司行政复议的申请,北京市市场监督管理局应不予受理。

## 二、实务操作参考意见

(一)【撰写诉状】

民事起诉状

原告:王某,女,汉族,某省某市人,某公司职员。

委托代理人:赵某,某省某律师事务所律师。

被告:某市某洗浴中心。地址:某市某区和平路 23 号。

法定代表人:高某。

诉讼请求：

(1)要求被告支付原告的医疗费 3.2 万元,误工费、交通费等 5 000 元；

(2)被告承担诉讼费用。

事实及理由：

2021 年 1 月 23 日王某在洗浴中心洗澡时被烫伤,此后花去医疗费 3.2 万元,洗浴中心拒不支付医疗费。根据《消费者权益保护法》的有关规定,消费者在接受服务时,经营者负有维护其人身和财产安全的义务。本案例中王某在洗浴中心洗澡时,洗浴中心水温突然超过国家规定的水温标准是导致王某被烫伤的原因,所以洗浴中心应支付原告的医疗费 3.2 万元,误工费、交通费等 5 000 元。为维护原告的合法权益,特诉诸贵院,请依法公正判决。

此致

某市某区人民法院

起诉人：王某

2021 年 10 月 15 日

(二)【审查建议】

因为侵权行为提起的诉讼,由侵权行为地(包括侵权行为实施地、侵权结果发生地)或者被告住所地法院管辖。在本案例中,乙企业可以选择向甲企业住所地(被告住所地)、M 地(侵权结果发生地)、N 地(侵权行为实施地)人民法院起诉。

## 课后自测题参考答案

### 一、判断题

1.错　2.对　3.错　4.对　5.对　6.错　7.对　8.对　9.错　10.错

### 二、单项选择题

1.C　2.B　3.D　4.A　5.D　6.B　7.A　8.D　9.B　10.C　11.A　12.A　13.C　14.C　15.C

### 三、多项选择题

1.ABCD　2.AB　3.ABC　4.ABCD　5.ABCD　6.BCD　7.ABCD　8.AC　9.ABC　10.ABD

### 四、案例分析

【案例 1】

(1)本案例购销合同的仲裁条款无效。因为《仲裁法》第十六条第二款规定,仲裁协议应当具有下列内容：请求仲裁的意思表示；仲裁事项；选定的仲裁委员会。本案例中双方当事人签订的合同中的仲裁条款并未指明具体的仲裁委员会,属于内容不明确。因此,该仲裁条款无法履行,是无效的。

(2)《仲裁法》第十八条规定："仲裁协议对仲裁事项或者仲裁委员会没有约定或者约定不明确的,当事人可以补充协议。"当事人重新签订的仲裁协议指明了具体的仲裁委员会,因此是有效的。

(3)朝阳布店向人民法院的起诉是不正确的。《仲裁法》第五条规定："当事人达成仲裁协议,一方向人民法院起诉的,人民法院不予受理,但仲裁协议无效的除外。"本案例中因重新签订的仲裁协议是有效的,因此,原告的起诉不正确。

(4)法院审理本案是合法的。本案例中朝阳布店向法院起诉时未声明有仲裁协议,法院受理该案后纺织厂也应诉答辩。根据《仲裁法》第二十六条规定,法院应该审理本案。

(5)被告的上诉理由不成立,因为在法院受理该案后,被告未提出异议且应诉答辩,人民法院的审理和判决都是有效的。

(6)被告在法定期限内有权提出上诉,这是当事人的诉讼权利。无论上诉理由是否成立,上诉权不受影响。

【案例 2】

(1)有管辖权的人民法院认定生效的仲裁裁决是不符合法定条件的,即本案因当事人之间没有书面仲裁协议,在买卖合同中又没有订立仲裁条款,因此仲裁机构对本案没有管辖权。该仲裁机构作出的裁决严重违反法定程序,人民法院审查核实后根据《仲裁法》第六十三条规定,应当作出不予执行的书面裁定,并送达双方当事人。

(2)仲裁裁决被人民法院裁定不予执行后,有两条解决纠纷的法律途径可供当事人选择:一是双方重新达成书面仲裁协议,然后向仲裁机构申请仲裁;二是双方不愿或者不能达成书面仲裁协议的,也可以向有管辖权的人民法院起诉,以解决纠纷。

【案例 3】

本案涉及仲裁程序中的和解、撤诉、调解、执行等问题。

(1)《仲裁法》第九条规定:"仲裁实行一裁终局的制度。裁决作出后,当事人就同一纠纷再申请仲裁或者向人民法院起诉的,仲裁委员会或者人民法院不予受理。裁决被人民法院依法裁定撤销或者不予执行的,当事人就该纠纷可以根据双方重新达成的仲裁协议申请仲裁,也可以向人民法院起诉。"《仲裁法》第五十条规定:"当事人达成和解协议,撤回仲裁申请后反悔的,可以根据仲裁协议申请仲裁。"本案例中当事人就是在达成和解协议后撤回仲裁申请的,依法可以再根据仲裁协议申请仲裁。

(2)《仲裁法》第四十九条规定:"当事人申请仲裁后,可以自行和解。达成和解协议的,可以请求仲裁庭根据和解协议作出裁决书,也可以撤回仲裁申请。"和解协议是当事人同意的,当事人不能申请人民法院强制执行。一方反悔的只能够根据《仲裁法》第五十条规定再申请仲裁。

(3)《仲裁法》第五十一条规定:"调解书与判决书具有同等法律效力。"《仲裁法》第五十二条规定:"调解书经双方当事人签收后,即发生法律效力。"本案例中一方当事人没有签收调解书,因此调解书未能生效,当事人不能申请人民法院强制执行。

(4)《仲裁法》第五十二条规定:"在调解书签收前当事人反悔的,仲裁庭应当及时作出裁决。"本案例中一方当事人没有签收调解书,表明调解失败。仲裁庭应当退出调解程序,及时做出裁决。

# 综合实训三

## 综合实训目标

通过综合案例分析和实训方案设计的训练，使学生能够熟练运用证券法、票据法、税法、劳动法律制度等相关法律知识，并提高在实际工作生活中处理法律问题的能力。

## 综合实训操作

### 一、综合示范案例分析

【案例1】 2016年6月1日，王某(35周岁)首次就业即到甲公司工作。2019年8月25日，甲公司依法进行经济性裁员，解除了与王某的劳动合同。9月1日王某办理了失业登记和申领失业保险金手续。

2019年12月1日，王某被乙公司聘用而重新就业。2021年12月王某向乙公司提出当年年休假申请，遭到拒绝。双方因此发生劳动争议。

已知：劳动合同解除前12个月王某在甲公司月平均工资为5 000元。王某与甲、乙公司均按时缴纳社会保险费。

问题：

根据上述资料，不考虑其他因素，分析回答下列问题。

1.甲公司解除王某劳动合同时应向其支付的多少经济补偿金？

2.王某于2019年8月25日失业后实际领取失业保险金的期限是什么时间？

3.2021年王某在乙公司可享受多少天法定年休假？

4.王某可采取哪些方式解决与乙公司的劳动争议？

重点法条：

《劳动合同法》第四十六条规定："有下列情形之一的，用人单位应当向劳动者支付经济补偿：

"(一)劳动者依照本法第三十八条规定解除劳动合同的；

"(二)用人单位依照本法第三十六条规定向劳动者提出解除劳动合同并与劳动者协商一致解除劳动合同的；

"(三)用人单位依照本法第四十条规定解除劳动合同的;

"(四)用人单位依照本法第四十一条第一款规定解除劳动合同的;

"(五)除用人单位维持或者提高劳动合同约定条件续订劳动合同,劳动者不同意续订的情形外,依照本法第四十四条第一项规定终止固定期限劳动合同的;

"(六)依照本法第四十四条第四项、第五项规定终止劳动合同的;

"(七)法律、行政法规规定的其他情形。"

《劳动合同法》第四十七条规定:"经济补偿按劳动者在本单位工作的年限,每满一年支付一个月工资的标准向劳动者支付。六个月以上不满一年的,按一年计算;不满六个月的,向劳动者支付半个月工资的经济补偿。

"劳动者月工资高于用人单位所在直辖市、设区的市级人民政府公布的本地区上年度职工月平均工资三倍的,向其支付经济补偿的标准按职工月平均工资三倍的数额支付,向其支付经济补偿的年限最高不超过十二年。

"本条所称月工资是指劳动者在劳动合同解除或者终止前十二个月的平均工资。"

《劳动法》第四十五条规定:"国家实行带薪年休假制度。劳动者连续工作一年以上的,享受带薪年休假。具体办法由国务院规定。"

《劳动法》第七十八条规定:"解决劳动争议,应当根据合法、公正、及时处理的原则,依法维护劳动争议当事人的合法权益。"

《劳动法》第七十九条规定:"劳动争议发生后,当事人可以向本单位劳动争议调解委员会申请调解;调解不成,当事人一方要求仲裁的,可以向劳动争议仲裁委员会申请仲裁。当事人一方也可以直接向劳动争议仲裁委员会申请仲裁。对仲裁裁决不服的,可以向人民法院提起诉讼。"

【案例2】 公民张女士于2016年6月与某副食品加工厂签订了为期5年的劳动合同,工作岗位为糕点生产线操作工。2020年5月15日,张女士经县卫生防疫站检查确诊患有乙型肝炎。厂方以张女士患有传染病不能从事食品加工生产为由,给其3个月医疗期,并通知其自行联系其他单位,调出副食品加工厂。其间,张女士提出自己已怀孕3个月,并提供了医院有关证明。2020年8月15日,厂方仍以张女士患有乙型肝炎且在医疗期内未治愈为由,提前解除了与张女士的劳动合同,并一次性发给生活困难补助费2 000元。接到解除劳动合同通知书的第2天,张女士即流产。随后,张女士多次以家庭生活困难为由,希望与厂方继续履行劳动合同,要求厂方按照规定发给其病假期间的工资、报销怀孕和患病期间的医疗费,并享受产假待遇;提出如不能继续履行劳动合同,也应当发给解除劳动合同的经济补偿金。厂方认为,张女士患有传染病已不适于在该行业工作,单位按劳动法律法规规定,提前通知并按程序与其解除劳动合同合理合法,现在企业面临市场竞争,效益低下,厂里已经在极度困难的情况下,从人道主义出发,发给张女士一次性困难补助,张女士的其他要求不能接受。张女士在多次要求没有结果的情况下,于2020年9月15日向当地劳动争议仲裁委员会申请仲裁(注:按照有关法律规定,张女士所患疾病确实不适于在食品行业工作;女职工怀孕4个月以上流产时,应给予42天产假及其他产假待遇)。

问题:

(1)该厂提前与张女士解除劳动合同的做法是否符合《劳动合同法》的规定?为什么?

(2)张女士所提出的要求是否合法?为什么?
(3)张女士申请仲裁可以提出哪些要求?

**重点法条:**
《劳动合同法》第三十九条规定:"劳动者有下列情形之一的,用人单位可以解除劳动合同:

"(一)在试用期间被证明不符合录用条件的;

"(二)严重违反用人单位的规章制度的;

"(三)严重失职,营私舞弊,给用人单位造成重大损害的;

"(四)劳动者同时与其他用人单位建立劳动关系,对完成本单位的工作任务造成严重影响,或者经用人单位提出,拒不改正的;

"(五)因本法第二十六条第一款第一项规定的情形致使劳动合同无效的;

"(六)被依法追究刑事责任的。"

《劳动合同法》第四十二条规定:"劳动者有下列情形之一的,用人单位不得依照本法第四十条、第四十一条的规定解除劳动合同:

"(一)从事接触职业病危害作业的劳动者未进行离岗前职业健康检查,或者疑似职业病病人在诊断或者医学观察期间的;

"(二)在本单位患职业病或者因工负伤并被确认丧失或者部分丧失劳动能力的;

"(三)患病或者非因工负伤,在规定的医疗期内的;

"(四)女职工在孕期、产期、哺乳期的;

"(五)在本单位连续工作满十五年,且距法定退休年龄不足五年的;

"(六)法律、行政法规规定的其他情形。"

《劳动合同法》第四十条规定:"有下列情形之一的,用人单位提前三十日以书面形式通知劳动者本人或者额外支付劳动者一个月工资后,可以解除劳动合同:

"(一)劳动者患病或者非因工负伤,在规定的医疗期满后不能从事原工作,也不能从事由用人单位另行安排的工作的;

"(二)劳动者不能胜任工作,经过培训或者调整工作岗位,仍不能胜任工作的;

"(三)劳动合同订立时所依据的客观情况发生重大变化,致使劳动合同无法履行,经用人单位与劳动者协商,未能就变更劳动合同内容达成协议的。"

**【案例3】** 甲股份有限公司(以下简称甲公司)成立于2019年9月3日,公司股票自2021年2月1日起在深圳证券交易所上市交易。公司章程规定,凡投资额在2 000万元以上的投资项目须提交公司股东大会讨论决定。

乙有限责任公司(以下简称乙公司)是一家软件公司,甲公司董事李某为其出资人之一。

乙公司于2021年1月拟新研发一款高科技软件,但缺少3 000万元研发资金。遂与甲公司洽谈,希望甲公司投资3 000万元用于研发此软件。

2021年2月10日,甲公司董事会直接就投资乙公司软件研发项目事宜进行讨论表决。全体董事均出席董事会并参与表决。在表决时,董事陈某对此投资项目表示反对,其意见被记载于会议记录,赵某等其余8名董事均表决同意。随后,甲公司与乙公司签订投资合作协议,双双就投资数额、利润分配等事项做了约定。3月1日,甲公司即按约定向乙公司投资3 000万元,用于此软件研发项目。

2021年8月,软件产品投入市场,但由于产品性能不佳,销售状况很差,甲公司因此软件投资项目损失重大。

2021年11月1日,甲公司董事李某建议其朋友王某抛售所持有的甲公司的全部股票。11月5日,甲公司将有关投资该软件项目损失重大的情况向国务院证券监督管理机构和深圳证券交易所报送临时报告,并予以公告。甲公司的股票价格随即下跌。

2021年11月20日,持有甲公司2%股份的发起人股东郑某以书面形式请求公司监事会向人民法院提起诉讼,要求赵某等董事就投资软件项目的损失对公司负赔偿责任。但公司监事会拒绝提起诉讼,郑某遂以自己的名义直接向人民法院提起诉讼,要求赵某等董事负赔偿责任。

此后,郑某考虑退出甲公司,并拟于2021年12月20日将其所持有的甲公司全部股份转让给他人。

**问题:**

(1)董事李某是否有权对甲公司投资软件研发项目的决议行使表决权?说明理由。
(2)董事陈某是否应就投资软件研发项目的损失对甲公司承担赔偿责任?说明理由。
(3)董事李某建议其朋友王某抛售甲公司股票的做法是否符合法律规定?说明理由。
(4)股东郑某以自己的名义直接向人民法院提起诉讼是否符合法律规定?说明理由。
(5)股东郑某是否可以于2021年12月20日转让全部股份?说明理由。

**重点法条:**

《公司法》第一百二十四条规定:"上市公司董事与董事会会议决议事项所涉及的企业有关联关系的,不得对该项决议行使表决权,也不得代理其他董事行使表决权。该董事会会议由过半数的无关联关系董事出席即可举行,董事会会议所作决议须经无关联关系董事过半数通过。出席董事会的无关联关系董事人数不足三人的,应将该事项提交上市公司股东大会审议。"

《证券法》第五十三条规定:"证券交易内幕信息的知情人和非法获取内幕信息的人,在内幕信息公开前,不得买卖该公司的证券,或者泄露该信息,或者建议他人买卖该证券。持有或者通过协议、其他安排与他人共同持有公司百分之五以上股份的自然人、法人、非法人组织收购上市公司的股份,本法另有规定的,适用其规定。内幕交易行为给投资者造成损失的,应当依法承担赔偿责任。"

**【案例4】** 2019年年底,大宇股份有限公司净资产为4 500万元,且具备健全及运营良好的组织机构。为了进一步扩大公司的生产经营规模,公司董事会决定第二次向社会发行公司债券1 500万元,第一次发行尚有600万元未偿还。公司董事会决定后,经国务院证券监督管理部门决定,不予批准。

**问题:**

(1)根据《证券法》的规定,试分析大宇股份有限公司第一次、第二次发行公司债券是否符合法定条件?
(2)大宇股份有限公司董事会能否作出向社会公众发行公司债券的决定?

**重点法条:**

《证券法》第十五条规定:"公开发行公司债券,应当符合下列条件:

"(一)具备健全且运行良好的组织机构;

"(二)最近三年平均可分配利润足以支付公司债券一年的利息;

"(三)国务院规定的其他条件。

"公开发行公司债券筹集的资金,必须按照公司债券募集办法所列资金用途使用;改变资金用途,必须经债券持有人会议作出决议。公开发行公司债券筹集的资金,不得用于弥补亏损和非生产性支出。

"上市公司发行可转换为股票的公司债券,除应当符合第一款规定的条件外,还应当遵守本法第十二条第二款的规定。但是,按照公司债券募集办法,上市公司通过收购本公司股份的方式进行公司债券转换的除外。"

《证券法》第十七条规定:"有下列情形之一的,不得再次公开发行公司债券:

"(一)对已公开发行的公司债券或者其他债务有违约或者延迟支付本息的事实,仍处于继续状态;

"(二)违反本法规定,改变公开发行公司债券所募资金的用途。"

【案例5】 甲企业在计算2021年企业所得税应纳税所得额时,对"存货跌价准备"在税前进行了扣除。但税务机关认为,甲企业110万元的"存货跌价准备"不得在税前扣除,并须补缴企业所得税36.3万元。甲企业不服,拒绝补缴税款。

问题:

(1)请分析,税务机关认为"存货跌价准备"不得在税前扣除的主张是否符合法律规定?并说明理由。

(2)甲企业拒绝补缴税款的做法是否符合法律规定?并说明理由。

(3)如果甲企业对税务机关的补税决定不服,可以通过什么途径保护自己的权益?

重点法条:

《税收征收管理法》第三十五条规定:"纳税人有下列情形之一的,税务机关有权核定其应纳税额:

"(一)依照法律、行政法规的规定可以不设置账簿的;

"(二)依照法律、行政法规的规定应当设置账簿但未设置的;

"(三)擅自销毁账簿或者拒不提供纳税资料的;

"(四)虽设置账簿,但账目混乱或者成本资料、收入凭证、费用凭证残缺不全,难以查账的;

"(五)发生纳税义务,未按照规定的期限办理纳税申报,经税务机关责令限期申报,逾期仍不申报的;

"(六)纳税人申报的计税依据明显偏低,又无正当理由的。"

《中华人民共和国企业所得税法》第十条规定:"在计算应纳税所得额时,下列支出不得扣除:

"(一)向投资者支付的股息、红利等权益性投资收益款项;

"(二)企业所得税税款;

"(三)税收滞纳金;

"(四)罚金、罚款和被没收财物的损失;

"(五)本法第九条规定以外的捐赠支出;

"(六)赞助支出;

"(七)未经核定的准备金支出;

"(八)与取得收入无关的其他支出。"

《中华人民共和国企业所得税法实施条例》第五十五条规定:"企业所得税法第十条第(七)项所称未经核定的准备金支出,是指不符合国务院财政、税务主管部门规定的各项资产减值准备、风险准备等准备金支出。"

【案例6】 国内某作家完成了一部小说,2019年3月第一次出版获得稿酬20 000元,8月该小说再版获得稿酬10 000元。

问题: 根据个人所得税法律制度的规定,计算该作家两次所获稿酬应缴纳的个人所得税。

**重点法条:**

《中华人民共和国个人所得税法实施条例》第十四条规定:"个人所得税法第六条第一款第二项、第四项、第六项所称每次,分别按照下列方法确定:

"(一)劳务报酬所得、稿酬所得、特许权使用费所得,属于一次性收入的,以取得该项收入为一次;属于同一项目连续性收入的,以一个月内取得的收入为一次。

"(二)财产租赁所得,以一个月内取得的收入为一次。

"(三)利息、股息、红利所得,以支付利息、股息、红利时取得的收入为一次。

"(四)偶然所得,以每次取得该项收入为一次。"

【案例7】 2018年3月10日,甲、乙两个企业签订了100万元的买卖合同。根据合同约定,乙企业于3月20日向甲企业发货后,甲企业向乙企业签发了100万元的支票,出票日期为2018年4月1日,付款人为丙银行。但甲企业在支票上未记载支票金额,授权乙企业补记。乙企业在支票上补记金额后,于2018年4月8日向丙银行提示付款,但甲企业的银行账户上只有20万元。

问题:

(1)甲企业在出票时未记载金额即将支票交给乙企业,该支票是否有效?

(2)甲企业签发空头支票的行为,应承担何种法律责任?

(3)如果持票人乙企业于2018年4月18日向丙银行提示付款,出票人甲企业的票据责任能否解除?请说明理由。

**重点法条:**

《票据法》第八十七条规定:"支票的出票人所签发的支票金额不得超过其付款时在付款人处实有的存款金额。出票人签发的支票金额超过其付款时在付款人处实有的存款金额的,为空头支票。禁止签发空头支票。"

【案例8】 某公司的财务部被盗,会计人员清理财物时,发现有10张票据被盗,其中包括付款方签发的未向银行交存的转账支票3张,已经承兑的汇票3张,填明"现金"字样的银行汇票2张,未填明"现金"字样的银行本票2张。上述票据均在法定的提示付款期限内。

问题:

(1)公司的票据被盗后,哪些票据可以挂失止付?

(2)公司对票据挂失止付后,还可以采取哪些补救措施?

(3)请说明采取补救措施的条件。

**重点法条：**

《票据法》第十五条规定："票据丧失，失票人可以及时通知票据的付款人挂失止付，但是，未记载付款人或者无法确定付款人及其代理付款人的票据除外。

"收到挂失止付通知的付款人，应当暂停支付。

"失票人应当在通知挂失止付后三日内，也可以在票据丧失后，依法向人民法院申请公示催告，或者向人民法院提起诉讼。"

## 二、综合实务操作

**【实训方案示例 1】** 以案说法：在校学生和工作单位之间认定为劳动合同关系成立吗？

**【实训目的】** 运用所学的劳动法律制度，解决自己就业过程中可能遇到的劳动争议纠纷，学会维护自身的合法权益。

**【实训要求】** 认真理解和掌握劳动法律制度的规定，在实践中学会运用。

**【实训步骤】**

(1)仔细阅读案例资料。

(2)准确找出法律依据。

(3)从法律的角度对案例进行透彻的分析。

**【注意事项】**

(1)引用法律要准确。

(2)语言表达要严谨。

**【背景资料】** 郭某系某省广播电视大学（某市某中等专业学校办学点）药学专业 2021 届毕业生，于 2021 年 7 月毕业，已年满 19 周岁。

2020 年 10 月 26 日郭某向 Y 公司进行求职登记，并在 Y 公司的求职人员登记表中登记其为某市某中等专业学校 2021 届毕业生，2020 年是其实习年。

2020 年 10 月 30 日郭某与 Y 公司签订劳动合同书一份，期限三年，从 2020 年 10 月 30 日起至 2023 年 10 月 29 日；其中试用期 60 天，从 2020 年 10 月 30 日起至 2020 年 12 月 29 日。合同还约定，录用条件之一为具备中专或中专以上学历；郭某从事营业员工作；试用期满后月工资收入不少于 900 元，试用期工资标准不低于同工种同岗位职工工资的 80%；等等。

后来郭某与 Y 公司发生劳动争议纠纷，2021 年 7 月 21 日，Y 公司向所在市劳动争议仲裁委员会提出仲裁申请，辩称双方系实习关系，郭某不符合录用条件，并请求确认其与郭某之间的劳动关系不成立。

**问题：**

请分析郭某与 Y 公司的劳动关系是否成立。

**【实训方案示例 2】** 为毕业的大学生就业过程中遇到的法律问题提供咨询

**【实训目的】** 通过运用学到的《劳动合同法》等劳动法律制度的相关内容，为毕业的大学生解决实际工作中遇到的法律问题，以提高学生运用法律知识解决实际问题的能力。

**【实训要求】** 熟练掌握劳动法律制度的重点内容，并能够理论联系实际学会解决实际问题。

**【实训步骤】**

(1) 了解背景材料。

(2) 运用相关法律知识对背景材料进行分析。

(3) 提出法律建议,帮助依法解决实际问题。

**【注意事项】**

(1) 准确掌握劳动合同法律制度内容。

(2) 熟悉并理解背景材料的内容。

**【背景材料】**

刘某于2018年7月1日大学毕业后,首次就业在甲公司,与甲公司签订了2年期劳动合同。2020年3月1日,刘某因病住院治疗1个月;2020年6月1日,刘某再次因病住院。2020年7月1日,刘某收到甲公司发来的解除劳动合同通知。2020年9月1日,刘某治愈出院,向甲公司主张违法解除劳动合同的赔偿金。

问题:

(1) 刘某享受多长时间的医疗期?如何享有医疗期?

(2) 甲公司解除劳动合同的行为是否有法律依据?

## 三、热点及深度问题探讨

**【问题1】** 大学生就业过程中劳动合同签订时存在的问题分析。

**【目的】** 通过讨论,学生应明确签订劳动合同应注意的问题,学会运用法律进行自我保护。

**【问题2】** 《中华人民共和国网络安全法》(以下简称《网络安全法》)下用人单位对劳动者个人信息保护的义务。

**【目的】** 信息时代提高用人单位对劳动者个人信息保护的意识,为社会经济发展营造良好的法治环境。

## 综合实训课后练习

## 一、作业案例

**【案例1】** 甲公司职工张某的日工资标准为120元,每周工作5天,每天工作8小时。张某在2020年的"十一"国庆节当天加班了1天,10月的一个周六加班了1天(单位不能安排补休)。

问题: 请计算张某2020年10月应从甲公司取得多少加班费?

**【案例2】** 李某大学毕业后到一家外资公司工作,劳动合同书约定的工作岗位是会计,工资为2 800元,合同期2年,但是1年后因公司1名职员离职,单位要将李某的岗位变更为销售员,报酬也改为基本工资1 000元,绩效工资随销售业绩浮动。李某不同意,认为自己学的是会计专业,不适合做销售,并且调动岗位应经双方协商一致。于是李某来到劳动仲裁委员会申请仲裁,要求公司继续履行合同。

**问题:**

单位能否单方变更劳动合同?

**【案例3】** 2021年8月8日,某家上市公司成立时共发行人民币普通股1亿元且已募足,公司的净资产为人民币1.8亿元,该公司三年内连续盈利,并且向股东支付了股利,没有违法行为。现在,该公司为了业务发展,需要筹集资金8 500万元人民币。公司召开董事会,提出发行公司债券的建议。

**问题:**

此种建议存在哪些法律问题?

**【案例4】** 上市公司A在股票发行申报材料中,对当地国土管理部门未批准处置的两块土地做了违规处理,按照评估结果计入公司总资产,由此虚增公司无形资产1 000万元;在公司股票发行材料中,将公司国家股、法人股和内部职工股数额做了相应缩减,该事实在A公司股票发行文件中未做披露;公司股票申请发行前,已将其内部职工股在某产权交易报价系统挂牌交易,对此,A公司未在招股说明中披露。

**问题:**

A公司有哪些违法行为,其法律责任应如何承担?

**【案例5】** 某有限责任公司自成立以来,经济效益一直很好,但是,该公司在纳税问题上,却经常拖欠税款。2021年3月,税务机关在依法进行的税务检查过程中,发现该公司有逃避纳税义务的行为,为了保证该公司2021年上半年的税款能够按时缴纳,税务机关责令该公司在5月缴纳2021年上半年税款。在此期间,税务机关发现该公司有明显的转移财产行为。税务机关立即通知该公司提供纳税担保,该公司一直置之不理。无奈之下,税务机关扣押了该公司的一批价值相当于应纳税款的货物。

**问题:**

(1)税务机关是否有权扣押该公司的货物?为什么?

(2)该公司对于税务机关扣押货物的行为,依法可以采取什么方法维护自己的权益?

(3)税务机关扣押货物后,应当如何处理本案?为什么?

**【案例6】** 甲公司2019年6月1日与乙公司签订买卖合同,双方约定采取托收承付、验货付款的结算方式,合同标的额为1 000万元。6月5日,甲公司发出货物并办妥托收手续,6月15日乙公司收到运输部门的提货通知,6月30日甲公司取得全部货款1 000万元。2019年6月,甲公司欠缴税款50万元。税务机关在对甲公司的调查中发现,甲公司于2019年6月10日主动放弃对丙公司的到期债权50万元。

**问题:**

(1)甲公司增值税的纳税义务发生时间是哪一天?请说明理由。

(2)对甲公司欠缴税款、放弃到期债权等行为,税务机关能否行使撤销权?请说明理由。

(3)税务机关行使撤销权后,甲公司尚未履行的纳税义务能否免除?请说明理由。

**【案例7】** 王某系某科学院会计,2014年因受刺激而致精神失常。2021年1月1日王某签发了一张1万元的转账支票给大中电器公司购买空调作为新年礼物,大中电器公司提出应有保证人进行保证,王某于是找到其同事李某为其进行保证。大中电器公司收受支票后,于1月10日以背书的方式将该支票转让给了海龙科技公司以购买一台电脑,1月12日海龙科技公司持该支票向某超市购置办公用品,1月14日该超市通过其开户银行提示付款时,开户银行以超过提示付款期为由做了退票处理。超市只好通知其前手进行追索。在追索的过程中,海龙科技公司和大中电器公司均以有保证人为由推卸自己的票据责任。保证人李某也以王某系精神病人,其签发的支票无效为由拒不承担责任。经鉴定,王某确实精神不正常,属无民事行为能力人。

问题:
(1)王某的票据行为是否有效?其所签发的票据是否有效?
(2)海龙科技公司、大中电器公司拒不承担责任的理由有无道理?为什么?
(3)本案例中李某应否承担保证责任?为什么?
(4)假设超市的工作人员携带支票去银行提示付款时,将支票丢失,被孙某捡到,孙某伪造了超市的签章并将票据背书转让给了赵某,赵某足额支付了1万元,请问赵某是否能取得票据权利?为什么?
(5)假设上一题中孙某将票据赠予其女友许某,许某不知道该票据是孙某拾得的,请问许某是否取得票据权利?为什么?

【案例8】 某日,A签发一张商业汇票给收款人B,汇票记载的金额为人民币8万元。B依法承兑后将该汇票背书转让给C。C获得该汇票的第二天,因车祸而死亡,该汇票由其唯一的继承人D获得。D又将该汇票背书转让给E,并依法提供了继承该票据的有效证明。E获得该汇票之后,将汇票金额改为人民币18万元,并背书转让给F,F又将该汇票背书转让给G。G在法定期限内向付款人请求付款,付款人在审查该汇票后拒绝付款,理由是:①该汇票背书不连续。因为C受让该汇票时,是该转让行为的被背书人,而在下一次背书转让中,背书人不是C,而是D。②该汇票金额已被变造。随即,付款人做出退票理由书,即为退票。

问题:
根据上述事实及有关规定,请回答下列问题。
(1)付款人可否以背书不连续作为拒绝付款的理由?为什么?
(2)G可以向哪些当事人行使追索权?
(3)对于这种因变造而退票的行为,如何界定当事人应承担的责任?

## 二、实训练习

【训练1】　　　　　　　　审查企业劳动合同

【背景材料】 HT商场是一家中外合资企业,共有员工600余人。前几年,商场和职工签订劳动合同一直使用市人力资源和社会保障局提供的标准文本。今年,为了适应新形势的需要,同时为满足本企业的特殊要求,商场决定制定本企业专用的劳动合同文本。

制作劳动合同文本的通知到达人力资源部时,人力资源部的赵经理正在考虑把这个任务交给谁完成。这时候,人力资源部来了一名实习生小王。小王是附近一所大专院校的学生,想利用课余时间到实际工作岗位锻炼锻炼。于是,赵经理把起草劳动合同的任务交给了小王。

两天后,小王将起草好的劳动合同交给了赵经理。赵经理一看,不禁皱起了眉头。

## HT 商场劳动合同

第一条　本合同期限为_____。

第二条　乙方为甲方的工作人员,专门负责_____。

第三条　工作时间为早9点到晚9点,节假日不休息。

第四条　工作报酬酌情而定,食宿自理。

第五条　福利按劳动部门的规定发放,社会保险费由乙方个人负担。

第六条　本合同自签字之日起生效,任何一方不得擅自变更。如果一方违约造成另一方损失的,要依法承担赔偿责任。

第七条　乙方在工作期内发生事故,甲方概不负责。

　　甲方：　　　　　　　　　　　　　乙方：

　　年　月　日　　　　　　　　　　　年　月　日

【实训要求】　请对小王起草的这份劳动合同做出评价。

【训练2】　　　　　　　　　提供法律服务

【背景材料】　2021年12月21日下午,某市海燕五交化工经销处采购员张某持单位开出的一张未加盖银行预留印鉴,也未填写金额和收款单位的空白转账支票,到某市广野胶织带有限公司购进胶织带8卷。张某到广野胶织带有限公司财务处开发票时,将空白转账支票交给出纳员李某说:"支票你自己填写吧。"李某开出金额为153 000元的支票。后李某在去银行的路上转账支票被盗。

【实训要求】　请根据以上情况,为李某丢失支票一事提供法律服务。

## 综合实训操作参考答案

### 一、综合示范案例分析参考答案

【案例1】

(1)王某在甲公司的工作年限将近3年零3个月,应按3.5个月标准支付经济补偿金;甲公司应向王某支付的经济补偿金＝5 000×3.5＝17 500元。

(2)王某与甲公司的失业保险缴费年限为将近3年零3个月,王某可以自办理失业登记之日起领取12个月(2019年9月1日—2020年8月31日)的失业保险金;由于王某于2019年12月1日重新就业,应停止领取失业保险金,因此,王某实际领取失业保险金的期限为3个月(2019年9月1日—2019年11月30日)。

(3)王某的工作年限已满1年,但不足10年,享受5天带薪年休假(注意本题提问的是2021年度的带薪年休假,不是2019年度的,不存在年中跳槽如何处理的问题)。

(4)我国劳动争议纠纷解决采用"先裁后诉"制度,不经劳动仲裁直接向人民法院提起劳动诉讼的,人民法院不予受理。

【案例2】

(1)该厂提前与张女士解除劳动合同的做法不符合《劳动合同法》的规定。原因有二:

第一,女职工在怀孕期间,用人单位不得解除劳动合同,除非劳动者存在《劳动合同法》第三十九条规定的情况,因为本案不存在第三十九条规定的情况,所以用人单位解除劳动合同的行为违法。

第二,根据《劳动合同法》第四十条的规定,劳动者患病或者非因工负伤,在规定的医疗期满后不能从事原工作,也不能从事由用人单位另行安排的工作的,用人单位提前三十日以书面形式通知劳动者本人或者额外支付劳动者一个月工资后,可以解除劳动合同。虽然张女士不能胜任原工作,但是用人单位有义务为其另行安排工作,没有安排就解除劳动合同,行为违法。

(2)张女士的部分请求能得到支持。因为用人单位解除劳动合同的行为,违反了《劳动合同法》的规定,解除行为应认定为无效,即双方仍然存在劳动合同关系,用人单位要给张女士发工资和给予产假待遇、医疗保险待遇,张女士当然也有权利要求继续履行劳动合同。

(3)张女士可以在申请仲裁的时候提出如下请求:请求裁决用人单位解除劳动合同的行为无效;请求裁决用人单位按原劳动合同继续履行;请求裁决用人单位承担违约责任;请求裁决用人单位按照规定发给其病假期间的工资,给予怀孕和患病期间的医疗保险待遇,并享受产假待遇。

【案例3】

(1)董事李某无权对甲公司投资软件研发项目决议行使表决权。根据《公司法》规定,上市公司董事与董事会会议决议事项所涉及的企业有关联关系的,不得对该项决议行使表决权。本案例中,甲公司董事李某是乙公司的出资人之一,因此在甲公司对乙公司的投资项目进行表决时,李某应该予以回避,不得行使表决权。

(2)董事陈某不应就投资软件研发项目的损失对甲公司承担赔偿责任。根据《公司法》规定,董事会的决议违反法律、行政法规或者公司章程、股东大会决议,致使公司遭受严重损失的,参与决议的董事对公司负赔偿责任。但经证明在表决时曾表明异议并记载于会议记录的,该董事可以免除责任。本案例中,董事陈某对此投资项目表示反对,其意见也被记载于会议记录,因此陈某对此投资项目所造成的损失不承担赔偿责任。

(3)董事李某建议其朋友王某抛售甲公司股票的做法不符合法律规定。根据《证券法》规定,发行人的董事、监事、高级管理人员属于内幕信息的知情人,证券交易内幕信息的知情人和非法获取内幕信息的人,在内幕信息公开前,不得买入或者卖出该公司的证券,不得泄露该信息,也不得建议他人买卖该证券。本案例中,董事李某属于内幕信息的知情人,因而其建议朋友王某抛售甲公司股票的行为是不合法的。

(4)股东郑某以自己的名义直接向人民法院提起诉讼符合法律规定。根据《公司法》规定,公司董事、高级管理人员执行公司职务时违反法律、行政法规或者公司章程的规定,给公司造成损失的,股份有限公司连续180日以上单独或者合计持有公司1%以上股份的股东,可以书面请求监事会向人民法院提起诉讼。监事会拒绝提起诉讼的,股份有限公司连续180日以上单独或者合计持有公司1%以上股份的股东,有权为了公司的利益,以自己的名义直接向人民法院提起诉讼。本案例中,郑某持有甲公司2%股份,符合股东代表诉讼的主体要求,依法请求监事会提起诉讼后,监事会拒绝,因此,郑某可以自己的名义直接向人民法院提起诉讼。

(5)股东郑某不能于2021年12月20日转让其所持有的甲公司全部股份。根据规定,发起人持有的本公司股份,公司公开发行股份前已发行的股份,自公司股票在证券交易所上市交易之日起1年内不得转让。本题中,甲公司股票自2021年2月1日起在深圳证券交易所上市交易,因此发起人持有的股票应自此次公开发行股票日2021年2月1日至2022年1月31日不得转让,因此,郑某在2021年12月20日转让全部股份是不符合规定的。

【案例4】

(1)大宇股份有限公司符合发行公司债券的条件。《证券法》第十五条规定:"公开发行公司债券,应当符合下列条件:(一)具备健全且运行良好的组织机构;(二)最近三年平均可分配利润足以支付公司债券一年的利息;(三)国务院规定的其他条件。"大宇公司不具备第二次发行公司债券的条件,《证券法》第十七条规定:"有下列情形之一的,不得再次公开发行公司债券:(一)对已公开发行的公司债券或者其他债务有违约或者延迟支付本息的事实,仍处于继续状态;(二)违反本法规定,改变公开发行公司债券所募资金的用途。"案例中,大宇公司有延迟支付本息的事实。

(2)大宇股份有限公司的董事会不能作出向社会公众发行公司债券的决定。此决定应当由公司权力机构股东大会作出。

【案例5】

(1)税务机关的决定符合规定。根据税法有关规定,"存货跌价准备"不得在税前扣除。

(2)甲企业拒绝补缴税款的做法不符合规定。根据规定,纳税人同税务机关在纳税问题上发生争议时,必须首先执行税务机关的决定。

(3)在补缴税款后,如果甲企业对税务机关的补税决定不服,可以依法申请税务行政机关复议;对行政复议决定不服的,可以依法向人民法院提起诉讼。

【案例6】

(1)同一作品再版取得的所得,应视作另一次稿酬所得计征个人所得税。

(2)第一次稿酬应纳个人所得税$=20\ 000\times(1-20\%)\times20\%\times(1-30\%)$
$$=2\ 240(元);$$

(3)第二次稿酬应纳个人所得税$=10\ 000\times(1-20\%)\times20\%\times(1-30\%)$
$$=1\ 120(元);$$

(4)两次稿酬合计应缴纳个人所得税$=2\ 240+1\ 120=3\ 360(元)$。

【案例7】

(1)该支票有效。根据规定,支票的金额、收款人名称,可以由出票人授权补记。

(2)对甲企业签发空头支票的行为,按票面金额对其处以5%但不低于1 000元的罚款;同时处以2%的赔偿金,赔偿收款人。

(3)出票人甲企业的票据责任不能解除。根据规定,支票的持票人应当自出票日起10日内提示付款,超过提示付款期限的,付款人可以不予付款,但出票人仍应当对持票人承担票据责任。

【案例8】

(1)本案例中可以挂失止付的票据有:付款方签发的未送交银行交存的转账支票3张,已经承兑的汇票3张,填明"现金"字样的银行汇票2张。

（2）公司对票据挂失止付后，还可以采取的补救措施包括：公示催告、普通诉讼。

（3）无论采取哪种补救措施，都必须符合三个条件：一是必须有丧失票据的事实；二是失票人必须是真正的票据权利人；三是丧失的票据必须是未获付款的有效票据。

## 二、综合实务操作参考意见

**【实训方案示例 1】**

判断郭某与 Y 公司签订的劳动合同是否有效，首先要看郭某是否具备劳动关系的主体资格。郭某与 Y 公司签订劳动合同时已年满 19 周岁，符合《劳动法》规定的就业年龄，具备与用工单位建立劳动关系的行为能力和责任能力。人力资源和社会保障部印发的《关于贯彻执行〈中华人民共和国劳动法〉若干问题的意见》（以下简称《意见》）规定了公务员和比照实行公务员制度的事业组织和社会团体的工作人员，以及农村劳动者、现役军人和家庭保姆不适用《劳动法》，并未将在校学生排除在外，学生身份并不限制郭某作为普通劳动者加入劳动力群体。《意见》第 12 条规定："在校生利用业余时间勤工助学，不视为就业，未建立劳动关系，可以不签订劳动合同。"该条规定仅适用于在校生勤工助学的行为，并不能由此否定在校生的劳动权利而推定出在校生不具备劳动关系的主体资格。综上，法律并无明文规定在校生不具备劳动关系的主体资格，故郭某能够成为劳动关系的主体。

其次，郭某为 Y 公司工作的行为不属于《意见》第 12 条规定的情形。该条规定针对的是学生仍以在校学习为主，不以就业为目的，利用业余时间在单位进行社会实践打工补贴学费、生活费的情况。勤工助学和实习时，学生与单位未建立劳动关系，可以不签订劳动合同，不需要明确岗位、报酬、福利待遇等。本案例中，郭某的情形显然不属于勤工助学或实习。郭某在登记求职时，已完成了全部学习任务，明确向 Y 公司表达了求职就业愿望，双方签订了劳动合同书。郭某在与 Y 公司签订劳动合同后，亦按照规定内容为 Y 公司付出劳动，Y 公司向郭某支付劳动报酬，并对其进行管理，这完全符合劳动关系的本质特征。故 Y 公司辩称双方系实习关系的理由不能成立。

第三，郭某签约时虽不具备被告 Y 公司要求的录用条件，但郭某在填写 Y 公司求职人员登记表时，明确告知其系 2021 届毕业生，2020 年是学校规定的实习年，自己可以正常上班，但尚未毕业。Y 公司对此情形完全知晓，双方在此基础上就应聘、录用达成一致意见，签订了劳动合同。因此，劳动合同的签订是双方真实意思的表示，不存在欺诈、隐瞒事实或胁迫等情形，并没有违反法律、行政法规的规定，Y 公司辩称郭某不符合录用条件的理由亦不能成立。

综上所述，郭某与 Y 公司存在劳动关系，双方签订的劳动合同合法、有效，对双方均具有法律约束力。

**【实训方案示例 2】**

（1）至刘某因病住院治疗时，刘某的实际工作年限及在甲公司的工作年限均少于 2 年，享受 3 个月医疗期，在 6 个月内累计计算。2020 年 7 月 1 日，刘某的医疗期未满（自第一次病休 3 月 1 日起刚满 4 个月，累计病休仅 2 个月。按本题案情，刘某至 8 月 1 日才满足自第一次病休起 6 个月内累计病休 3 个月）。

（2）甲公司在刘某医疗期未满时解除劳动合同，构成违法解除劳动合同。刘某不要求继续履行劳动合同，甲公司应当按照法定经济补偿金标准的 2 倍向劳动者支付赔偿金。

### 三、热点及深度问题探讨提示

【问题1】

1.目前大学生在签订劳动合同时出现的问题

(1)错误地认为就业协议就是劳动合同。经调查发现,有很多的毕业生认为,有就业协议就不用签订劳动合同了,就业协议就是劳动合同。

(2)越过就业协议直接签订劳动合同。很多毕业生认为不用签订就业协议而直接签订劳动合同就可以了。

(3)对自己的权利和义务不了解是当代大学生找工作所面临的一个共性问题。

(4)大学生普遍对劳动合同中存在的不合理条款敢怒不敢言。越来越多的高中生走进了大学的殿堂,但同时,更多的大学毕业生面临着就业难题,而这给一些企业提供了利用廉价劳动力的机会,它们利用自己在招聘时的诸多优势,随意在合同中添加"霸王条款",使一些毕业生签订不合法的劳动合同。

(5)签订劳动合同时出现的自身诚信问题。这里的诚信问题主要指大学生签订就业协议后出现的违约现象。

2.大学生在签订劳动合同时出现问题的原因

(1)法律知识的欠缺是大学生在签订劳动合同时出现一系列问题的主要原因。因为对劳动法律法规缺乏了解,缺乏自我保护意识,所以在一定程度上让一些用人单位有机可乘,使一些用人单位在规定劳动合同的内容时,只注重劳动者的义务和用人单位的权利。

(2)就业的压力。随着就业压力的不断加大,大学生的就业指导思想从"先择业后就业"变为"先就业后择业",这使得许多大学生在找工作时,不管自己是否喜欢或者是否合适,不管工作内容是否与自己的专业对口,只要遇到了一个"好工作",都会先与用人单位签订劳动合同,假如以后遇上比这个单位更好的单位,就会另谋高就,与原单位毁约,这种现象必然会影响大学生的诚信度。

(3)学校提高就业率的要求。现在一些高校为了提高知名度,催促大学生在毕业前与用人单位签订就业协议,以此来完成上级部门规定的就业率,并以就业率的提高来提升自身的知名度。学校的"逼嫁",使很多大学生在并不清楚单位的具体情况下,只能无可奈何地"先进去再说"。"我们可不能因为个人而影响整个学校的形象。"这也是大学生盲目与用人单位签订劳动合同的一个原因。

(4)学校以及学生对就业指导的不重视。对于即将毕业的大学生,对其进行就业前的指导是很有必要的。现今一些高校对这一方面的工作没有给予足够的重视。

(5)学生对自己的未来目标规划不清。"先就业后择业"这一就业指导思想在一定程度上缓解了大学生的就业压力,但同时也把大学生带进一个思想误区,认为现在自己不可能一步到位地找到自己的理想工作。所以,就先"凑合着"做不适合自己未来职业规划的工作,随波逐流,没有固定目标,遇见好的职位,不管对自己未来发展是否有利,就毁约、跳槽,以至于发生许多因"违约"而造成的合同纠纷。

3.解决大学生签订劳动合同时产生问题的方法

(1)学校应加强对学生就业前的指导。学校对毕业生进行就业前的教育,可以采取上就业指导课、开就业专题讲座、办就业宣传栏等方式。

(2)大学生应通过法律来维护自身合法权益。大学生在就业前,应通过学习《劳动法》《劳动合同法》等法律文件,明确与用人单位的关系,了解相互之间法律规定的权利和义务,增强自我保护意识。另外,在思想上不要将自己放在弱势地位上,担心用人单位不聘用或担心遇到麻烦,而在自身权益上妥协;应当积极维护自身权益,一旦确立劳动关系就与用人单位签订劳动合同,属于自己的权利就要争取,属于对方的义务就要求对方履行,并在合同中明确约定。如果确实碰到劳动争议,可以向劳动仲裁机构申请仲裁。

(3)签订合法的劳动合同。要维护自己的合法权益,就必须签订合法的劳动合同。劳动合同因用人单位情况多样而无统一示范性文本,但依照《劳动法》的规定,劳动合同必须具备以下条款:劳动合同期限、工作内容、劳动保护和劳动条件、劳动报酬、劳动纪律、劳动合同终止的条件、违反劳动合同的责任,此外用工双方还可以就试用期、培训、保守商业秘密等内容进行约定。在签订劳动合同时,一定要仔细研究其中的各项内容,不仅要注意劳动合同的法定条款,也应当注意自己与企业的约定条款,尽量把一切权利和义务的约定都落实到书面合同上,同时,也要妥善保存好合同文本,以便日后发生劳动纠纷时有据可查。

【问题2】《网络安全法》下用人单位对劳动者个人信息保护的义务

我国《劳动合同法》第八条规定,用人单位有权了解劳动者与劳动合同直接相关的基本情况,劳动者有义务如实说明。用人单位为了更好地管理劳动者、经营业务,往往需要通过收集并了解劳动者的部分个人信息,以就劳动者招录、工作管理以及劳动关系解除等事项作出更为优化的判断。用人单位只有享有知情权,才能更好地实现其用工自主权和经营管理权。

然而,由于劳动者的个人信息不仅承载了劳动者的人格利益,具有人格属性,又是一种重要的经济资源,具有商业价值和财产属性,因此,用人单位在收集、使用、处理和传输个人信息过程中,不仅需要平衡其知情权与劳动者个人信息隐私权之间的权利冲突,亦需要遵守《网络安全法》等有关个人信息保护法律法规下的相关义务。

《网络安全法》于2017年6月1日正式生效。《网络安全法》首次从法律层面对"个人信息"作出了定义,根据《网络安全法》第七十六条的规定,个人信息是指"以电子或者其他方式记录的能够单独或者与其他信息结合识别自然人个人身份的各种信息,包括但不限于自然人的姓名、出生日期、身份证件号码、个人生物识别信息、住址、电话号码等"。由于用人单位所收集的劳动者个人信息具有"可识别性",能够通过该信息识别劳动者主体,该劳动者的个人信息应当属于《网络安全法》下所保护的"个人信息"范围。

结合司法实践,在劳动关系建立与履行过程中,用人单位通常需要从以下几方面着手落实其在《网络安全法》下对劳动者个人信息的保护义务。

第一,在招聘和录用阶段,用人单位通常会要求应聘的劳动者提供反映其基本信息的简历资料,用于用人单位或其聘请的第三方服务机构进行劳动者背景调查。用人单位对劳动者个人信息的收集、使用及向第三方披露的行为,应获得劳动者的同意;否则,该行为有可能会被认定为侵害劳动者个人信息的行为,用人单位需承担没收违法所得并处以罚款的行政责任,构成犯罪的,将被依法追究刑事责任。

第二,在企业内部对劳动者进行调查过程中,用人单位通常会采用必要的技术手段监控和审查劳动者对工作电脑和电子邮箱的使用情况。由于用人单位作为公司内部网络的管理和运营方,同样需要遵守《网络安全法》下关于网络运营者的相关义务。根据《网络安全法》第四十一条和第四十二条的规定,用人单位从公司内网和劳动者工作邮箱中收集、使用劳动者个人信息时,应当遵循合法、正当、必要的原则,公开收集、使用规则,明示收集、使用信息的目的、方式和范围,并获得劳动者的同意。同时,用人单位不得泄露、篡改、毁损其收集的劳动者个人信息,未经劳动者同意,不得向第三方提供其个人信息。此外,用人单位还应采取技术措施和其他必要措施,确保其收集的劳动者个人信息安全,防止信息泄露、毁损、丢失。如在调查中收集的劳动者个人信息发生泄露、毁损、丢失的情况,则应当立即采取补救措施,告知劳动者本人并向有关主管部门报告。

第三,在企业并购或重组交易中,出于尽职调查等目的,用人单位往往需要根据收购方的要求披露其劳动者的个人信息。用人单位将劳动者个人信息披露于收购方的行为属于向他人提供个人信息的行为。为降低合规性风险,在向收购方披露劳动者的个人信息之前,用人单位应当向劳动者明确告知,被披露的个人信息范围和程度,接收信息的对象,以及其个人信息的使用范围。与此同时,用人单位应当监督收购方对劳动者个人信息的使用行为,确保该信息仅用于并购或重组相关用途,未被移做他用或发生二次转移。

### 总结与建议

在信息时代背景下,由于劳动者的个人信息兼具劳动者人格利益与商业价值双重属性,因此,劳动者应有保护个人信息的意识,同样,作为用人单位应当厘清其知情权的权利边界,避免越界获取劳动者的隐私信息,同时在收集、处理、使用、传输劳动者个人信息时,应取得劳动者的事先书面同意,以落实用人单位在《网络安全法》下对劳动者个人信息的保护义务,降低合规性风险。

# 参 考 文 献

[1] 赵威.经济法.4版.北京:中国人民大学出版社,2012.

[2] 教学辅导中心.经济法配套测试.8版.北京:中国法制出版社,2017.

[3] 经济法.王春霞,张倩.北京:人民邮电出版社,2016.

[4] 财政部会计资格评价中心.经济法基础.北京:经济科学出版社,2017.

[5] 国务院法制办.中华人民共和国法律法规汇编:民商法卷(中英文版).北京:中国法制出版社,2012.

[6] 全国人大常委会法制工作委员会.中华人民共和国现行会计法律法规汇编.上海:立信会计出版社,2013.

[7] 中国政府网 http://www.gov.cn/flfg

[8] 经济法网 http://www.cel.cn

# 附　录

## 附录1　经济法应用知识要点

**有限责任公司与股份有限公司设立比较**

| | 有限责任公司 | 股份有限公司 |
|---|---|---|
| 相同点 | 1.独立法人地位、有限责任制度、科学管理结构；<br>2.有决策机构、执行机构、管理机构；<br>3.股东负有限责任，公司以其全部资产对债务承担责任；<br>4.我国《公司法》规定：公司成立后，股东不得抽逃出资；<br>5.有限责任公司股东的出资方式与股份有限公司发起人的出资方式相同 | |
| 出资人或发起人 | 1.出资人50人以下，包括1人；<br>2.国家可独资设立国有独资公司；<br>3.不一定设立股东大会 | 1.发起人为2人以上200人以下，其中须有过半数的发起人在中国境内有住所；<br>2.国有企业改建为股份公司的，发起人可以少于5人；<br>3.必须设立股东大会，股东大会是公司最高权力机构 |
| 注册资本 | 为在公司登记机关登记的全体股东认缴的出资额 | 采取发起设立方式设立的，注册资本为在公司登记机关登记的全体发起人认购的股本总额；采取募集方式设立的，注册资本为在公司登记机关登记的实收股本总额 |
| 公司章程 | 股东共同制定公司章程 | 发起人制定公司章程，并经创立大会通过 |
| 筹集资本 | 只能向发起人募资，不能向社会公开募集资金，不可以公开发行股票，更不能上市交易 | 可以通过发起或募集设立向社会筹集资金，其股票可以上市交易 |
| 股权证明 | 公司签发的出资证明书 | 公司签发的股票 |

**股东会（有限责任公司）与股东大会（股份有限公司）的比较**

| | | 股东会 | 股东大会 |
|---|---|---|---|
| 组成 | | 全体股东 | 股东 |
| 一般事项 | 表决 | 由公司章程规定 | 经出席会议的股东所持表决权的半数以上通过，方可作出决议 |
| 特别事项 | 内容 | 公司的合并、分立、解散 | 公司的合并、分立、解散 |
| | | 公司增加或减少注册资本 | 公司增加或减少注册资本 |
| | | 变更公司形式 | 变更公司形式 |
| | | 修改公司章程 | 修改公司章程 |
| | 表决 | 经代表三分之二以上表决权的股东通过 | 经出席股东大会的股东所持表决权的三分之二以上通过 |

### 公司股票与公司债券的比较

| | 公司股票 | 公司债券 |
|---|---|---|
| 发行时间 | 公司成立前发行第一次股票 | 公司成立后才开始发行 |
| 发行条件 | 1.生产经营符合国家产业政策；<br>2.发行的普通股限于一种，同股同权；<br>3.发起人认购的股份数额不少于公司拟发行的股本总额的35%；<br>4.发起人认购的部分不少于人民币3 000万元，国家另有规定的除外；<br>5.向社会公众发行的部分不少于公司拟发行的股本总额的25%，在法律特别规定的情况下最低也不少于10%；<br>6.发起人在近3年内没有重大违法行为；<br>7.证券委规定的其他条件 | 1.股份有限公司净资产不低于人民币3 000万元，有限责任公司的净资产不低于人民币6 000万元；<br>2.累计债券余额不超过公司净资产额的40%；<br>3.最近3年平均可分配利润足以支付公司债券1年的利息；<br>4.筹集的资金投向符合国家产业政策；<br>5.债券的利率不超过国务院限定的利率水平；<br>6.国务院规定的其他条件 |
| 主体 | 股东 | 债权人 |
| 权利性质 | 股东权 | 社员权 |
| 相互转换 | 可转换股份(优先股→普通股) | 可将公司债券转换成股票 |
| 解散后分配 | 股东在后 | 债权人在先 |
| 经营权 | 股东有经营参与权 | 债权人无经营参与权 |
| 利率 | 股票利率不固定，不事先约定，股利的有无、大小取决于公司经营情况 | 双方约定，并可计入成本，如数、如期发放 |
| 本金偿还 | 不得退股，无限期使用 | 有限期使用 |
| 公司破产 | 股东不得参加破产程序，接受分配 | 债权人可作为破产债权人 |
| 收购 | 不允许收购自己的股份，特定情况下除外 | 可收购自己的债券，收回后可销毁 |
| 溢价发行 | 可溢价发行，不得低于面值发行 | 一般无溢价发行，有贴损发行 |

### 《仲裁法》规定的仲裁 VS 劳动仲裁(综述)

| | 《仲裁法》规定的仲裁 | 劳动仲裁 |
|---|---|---|
| 是否以仲裁协议有效存在为前提 | √ | × |
| 与诉讼的关系 | 或裁或审 | 原则上先裁后审 |
| 仲裁机构与行政机构的关系 | 完全独立 | 经费由财政保障 |
| 仲裁机构不按行政区划层层设立 | √ | √ |
| 管辖 | 既不实行级别管辖，也不实行地域管辖，仲裁委员会由当事人在仲裁协议中选定 | 实行地域管辖(劳动合同履行地或用人单位所在地) |
| 申请仲裁的时效 | 除另有规定，适用民事诉讼时效的规定 | (1)当事人知道或者应当知道其权利被侵害之日起1年；<br>(2)拖欠劳动报酬的，劳动关系存续期间不受仲裁时效限制；劳动关系终止的，自终止之日起1年 |
| 是否收费 | √ | × |
| 能否口头申请 | × | √ |
| 先行调解 | 可以 | 应当 |

(续表)

|  | 《仲裁法》规定的仲裁 | 劳动仲裁 |
| --- | --- | --- |
| 公开仲裁 | × | √ |
| 开庭审理 | √ | √ |
| 回避制度 | √ | √ |
| 一裁终局 | √ | 终局裁决的劳动争议<br>(1)劳动者不服的,可15日内起诉;<br>(2)用人单位不能提劳动诉讼;裁决符合撤销情形的,可以申请撤销,撤销后可15日内起诉 |
|  |  | 其他劳动争议:15日内起诉 |
| 强制执行 | 人民法院 ||

## 法律责任

| 责任类别 | | 特点 | 具体形式 |
| --- | --- | --- | --- |
| 民事责任 | | 可以由当事人主动承担 | 停止侵害,排除妨碍,消除危险,返还财产,恢复原状,修理、重作、更换,继续履行,赔偿损失,支付违约金,消除影响、恢复名誉,赔礼道歉 |
| 行政责任 | 由国家行政机关或者法律、法规授权组织依法给予 | 行政处罚<br>(针对外部相对人) | (1)行政处罚形式通常包括:警告、批评通报、罚款、没收违法所得、没收非法财物;暂扣许可证件、降低资质等级、吊销许可证件;限制开展生产经营活动、责令停产停业、责令关闭、限制从业;行政拘留;法律、行政法规规定的其他行政处罚;<br>(2)税务行政处罚的具体形式包括:罚款、没收违法所得、停止出口退税权 |
| | | 行政处分<br>(针对内部相对人) | 警告、记过、记大过、降级、撤职、开除 |
| 刑事责任 | 应当由国家审判机关(法院)依照刑事法律给予 | 主刑 | 管制(期限通常为3个月以上2年以下) |
| | | | 拘役(期限通常为1个月以上6个月以下) |
| | | | 有期徒刑(期限通常为6个月以上15年以下) |
| | | | 无期徒刑 |
| | | | 死刑(包括死刑立即执行和死刑缓期2年执行) |
| | | 附加刑(可与主刑一起适用,也可以独立适用) | 罚金 |
| | | | 剥夺政治权利 |
| | | | 没收财产 |
| | | | 驱逐出境(适用外国人) |

## 民事诉讼的地域管辖

| 类型 | | 管辖规则 |
|---|---|---|
| 一般管辖规则 | | "原告就被告":由被告住所地法院管辖;被告住所地与经常居住地不一致的,由经常居住地人民法院管辖 |
| 专属管辖 | 因不动产纠纷提起的诉讼 | 不动产所在地法院 |
| | 因港口作业中发生纠纷提起的诉讼 | 港口所在地法院 |
| | 因继承遗产纠纷提起的诉讼 | (1)被继承人死亡时住所地法院;<br>(2)主要遗产所在地法院 |
| 协议管辖 | 合同或者其他财产权益纠纷 | 当事人可以书面协议选择被告住所地、合同履行地、合同签订地、原告住所地、标的物所在地等与争议有实际联系的地点的人民法院管辖,但不得违反《民事诉讼法》对级别管辖和专属管辖的规定 |
| 特殊地域管辖 | 合同纠纷 | (1)被告住所地法院;<br>(2)合同履行地法院 |
| | 保险合同纠纷 | (1)被告住所地法院;<br>(2)保险标的物所在地法院 |
| | 票据纠纷 | (1)被告住所地法院;<br>(2)票据支付地法院 |
| | 公司设立、确认股东资格、分配利润、解散等纠纷 | 公司住所地法院 |
| | 侵权行为 | (1)被告住所地法院;<br>(2)侵权行为地法院,包括:①侵权行为实施地法院;②侵权结果发生地法院 |
| 共同管辖和选择管辖 | | 两个以上法院都有管辖权的诉讼,原告可以向其中一个法院起诉 |
| | | 原告向两个以上有管辖权的法院起诉的,由最先立案的法院管辖 |

## 诉讼时效期间中止和中断

| | 发生原因(事由) | 发生时间 | 效果 |
|---|---|---|---|
| 中止 | (1)不可抗力;<br>(2)无民事行为能力人或者限制民事行为能力人没有法定代理人,或者法定代理人死亡、丧失民事行为能力、丧失代理权;<br>(3)继承开始后未确定继承人或者遗产管理人;<br>(4)权利人被义务人或者其他人控制;<br>(5)其他导致权利人不能行使请求权的障碍 | 诉讼时效期间的最后六个月 | (1)诉讼时效期间暂停计算;<br>(2)自中止时效的原因消除之日起满六个月,诉讼时效期间届满 |

(续表)

| | 发生原因(事由) | 发生时间 | 效果 |
|---|---|---|---|
| 中断 | (1)权利人向义务人提出履行请求；<br>(2)义务人同意履行义务；<br>(3)权利人提起诉讼或者申请仲裁；<br>(4)与提起诉讼或者申请仲裁具有同等效力的其他情形 | 诉讼时效进行中 | (1)已经经过的诉讼时效期间清零；<br>(2)从中断、有关程序终结时起，诉讼时效期间重新计算 |

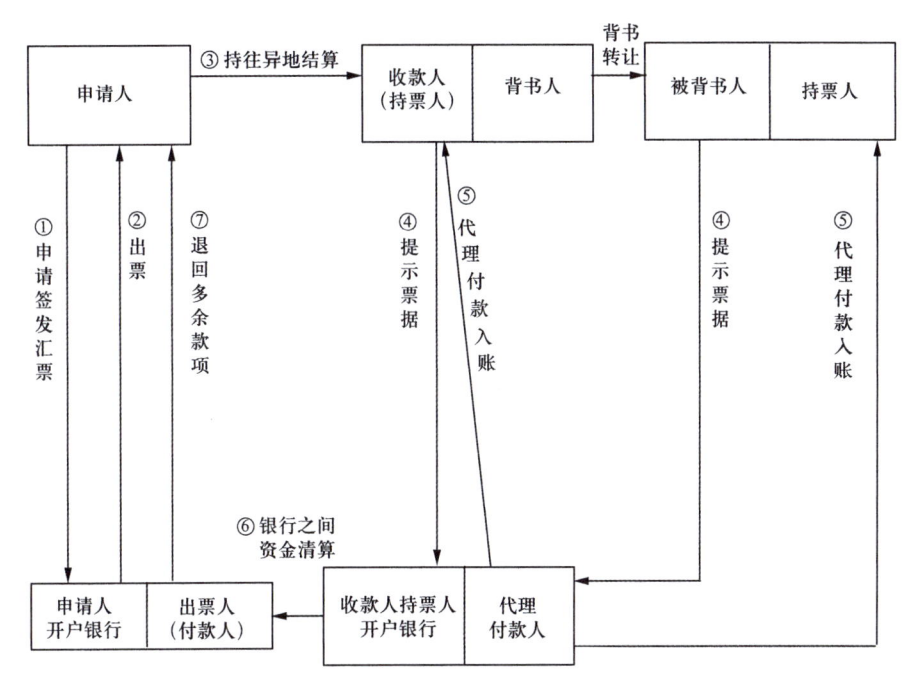

银行汇票流转程序图

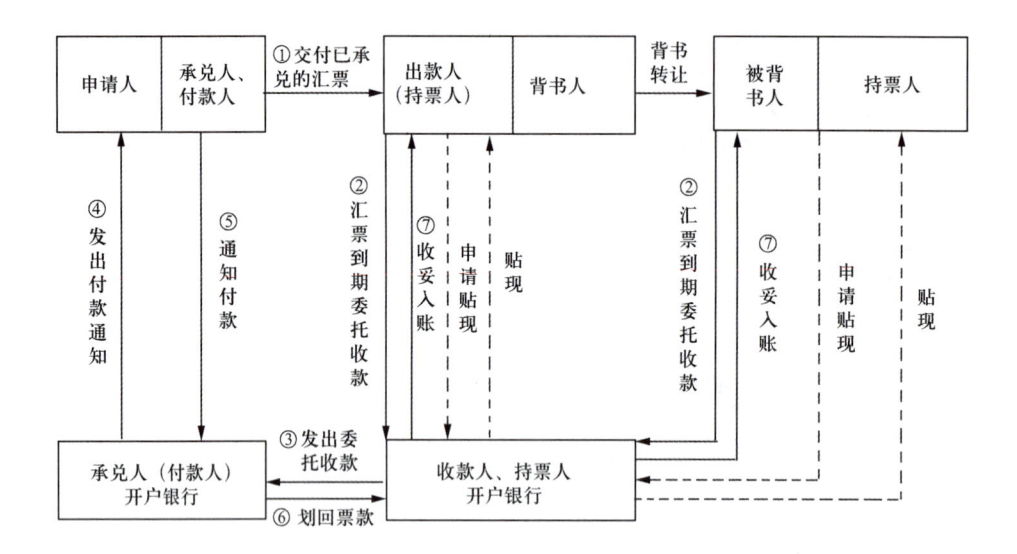

商业承兑汇票流转程序图

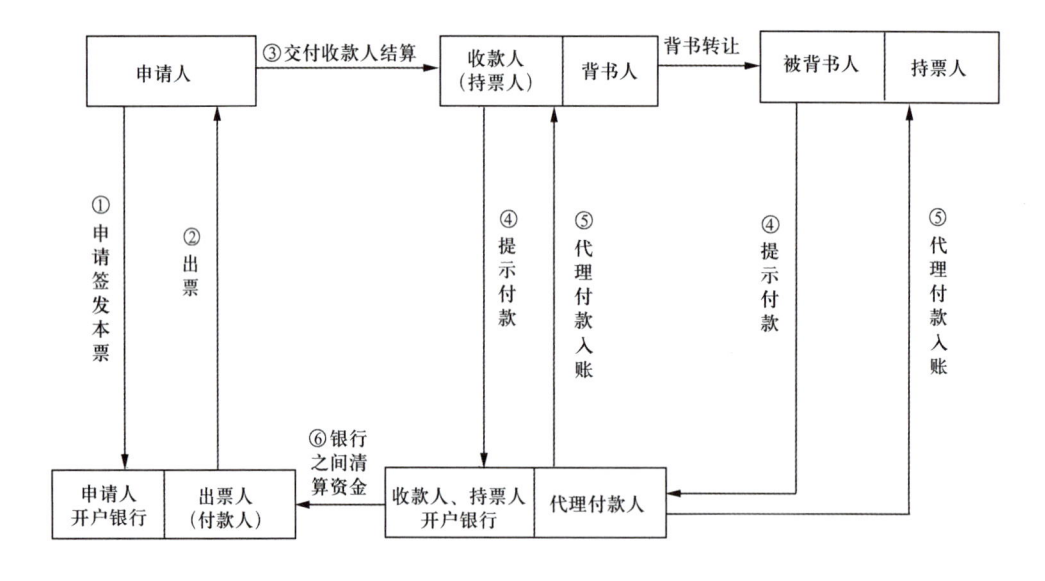

银行本票流转程序图

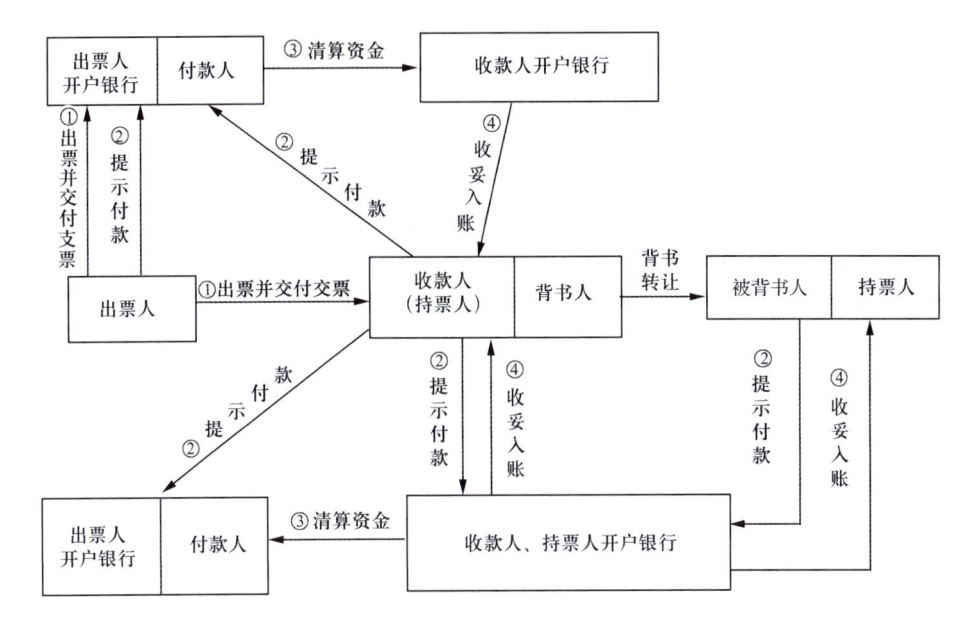

银行支票流转程序图

# 附录2 公司章程范本

## 公司章程

**第一章 总 则**

第一条 为规范公司的行为,保障公司股东的合法权益,根据《中华人民共和国公司法》和有关法律、法规的规定,结合公司的实际情况,特制定本章程。

第二条 公司名称:

公司住所:

第三条 公司由×××××××、×××××××、×××××××共同投资组建。

第四条 公司依法在_____市场监督管理部门登记注册,取得企业法人资格。公司经营期限为_____年(以登记机关核定为准)。

第五条 公司为有限责任公司,实行独立核算,自主经营,自负盈亏。股东以其出资额为限对公司承担责任,公司以其全部资产对公司的债务承担责任。

第六条 公司应遵守国家法律、法规及本章程规定,维护国家利益和社会公共利益,接受政府有关部门的监督。

第七条 公司的宗旨:

**第二章 经营范围**

第八条 经营范围:

(以登记机关核定为准)

**第三章 注册资本及出资方式**

第九条 公司注册资本为人民币_____万元。

第十条 公司各股东的出资方式和出资额为:

(一)×××××××以_____出资,为人民币_____元,占_____%。

(二)×××××××以_____出资,为人民币_____元,占_____%。

(三)×××××××以_____出资,为人民币_____元,占_____%。

第十一条 股东应当足额缴纳各自所认缴的出资,股东全部缴纳出资后,必须经法定的验资机构验资并出具证明。以非货币方式出资的,应由法定的评估机构对其进行评估,并由股东会确认其出资额价值,并依据《公司注册资本登记管理暂行规定》在公司注册后_____个月内办理产权过户手续,同时报公司登记机关备案。

**第四章 股东和股东会**

第十二条 股东是公司的出资人,股东享有以下权利:

(一)根据其出资份额享有表决权;

(二)有选举和被选举董事、监事权;

(三)有查阅股东会记录和财务会计报告权;

(四)依照法律、法规和公司章程规定分取红利;

(五)依法转让出资,优先购买公司其他股东转让的出资;

(六)优先认购公司新增的注册资本;

(七)公司终止后,依法分得公司的剩余财产。

第十三条　股东负有下列义务：

(一)缴纳所认缴的出资；

(二)依其所认缴的出资额承担公司债务；

(三)公司办理工商登记后，不得抽回出资；

(四)遵守公司章程。

第十四条　公司股东会由全体股东组成，是公司的权力机构。

第十五条　股东会行使下列职权：

(一)决定公司的经营方针和投资计划；

(二)选举和更换董事，决定有关董事的报酬事项；

(三)选举和更换由股东代表出任的监事，决定有关监事的报酬事项；

(四)审议批准董事会的报告；

(五)审议批准监事会或者监事的报告；

(六)审议批准公司的年度财务预、决算方案；

(七)审议批准公司的利润分配方案和弥补亏损方案；

(八)对公司增加或者减少注册资本作出决议；

(九)对发行公司债券作出决议；

(十)对股东向股东以外的人转让出资作出决议；

(十一)对公司合并、分立、变更公司形式、解散和清算等事项作出决议；

(十二)修改公司章程。

第十六条　股东会会议一年召开一次。当公司出现重大问题时，代表四分之一以上表决权的股东，三分之一以上的董事或者监事，可提议召开临时会议。

第十七条　股东会会议由董事会召集，董事长主持。董事长因特殊原因不能履行职务时，由董事长指定的副董事长或者其他董事主持。

第十八条　股东会会议由股东按照出资比例行使表决权。一般决议必须经代表过半数表决权的股东通过。对公司增加或者减少注册资本，分立、合并、解散或变更公司形式以及修改章程的决议，必须经代表三分之二以上表决权的股东通过。

第十九条　召开股东会会议，应当于会议召开15日前通知全体股东。股东会对所议事项的决定作成会议记录，出席会议的股东在会议记录上签名。

### 第五章　董事会

第二十条　本公司设董事会，是公司经营机构。董事会由股东会选举产生，其成员为＿＿＿＿＿＿＿人(三人至十三人，单数)。

第二十一条　董事会设董事长一人，副董事长＿＿＿＿＿＿＿人，董事长和副董事长由董事会全体董事选举产生。董事长为公司的法定代表人。

第二十二条　董事会行使下列职权：

(一)负责召集股东会会议，并向股东会报告工作；

(二)执行股东会的决议；

(三)决定公司的经营计划和投资方案；

(四)制订公司的年度财务预、决算方案；

(五)制订公司的利润分配方案和弥补亏损方案；

（六）制订公司增加或者减少注册资本的方案；

（七）制订公司合并、分立、变更公司形式、解散的方案；

（八）决定公司内部管理机构的设置；

（九）决定聘任或者解聘公司经理，根据经理的提名决定聘任或者解聘公司副经理、财务负责人及其报酬事项；

（十）制定公司的基本管理制度。

第二十三条　董事任期____年（每届不得超过 3 年）。董事任期届满，连选可以连任。董事在任期届满前，股东会不得无故解除其职务。

第二十四条　董事会会议每半年召开一次，全体董事参加。召开董事会会议，应当于会议召开十日前通知全体董事。董事因故不能参加，可由董事或股东出具委托书委托他人参加。三分之一以上的董事可以提议召开临时董事会会议。

第二十五条　董事会会议由董事长召集和主持，董事长因特殊原因不能履行职务时，由董事长指定副董事长或者其他董事召集主持。

第二十六条　董事会议定事项须经过半数董事同意方可作出，但对本章程第二十二条第（三）（八）（九）项作出决定，须有三分之二以上董事同意。

第二十七条　董事会对所议事项作成会议记录，出席会议的董事或代理人应在会议记录上签名。

第二十八条　公司设经理，对董事会负责，行使下列职权：

（一）主持公司的生产经营管理工作，组织实施董事会决议；

（二）组织实施公司年度经营计划和投资方案；

（三）拟订公司内部管理机构设置方案；

（四）拟订公司的基本管理制度；

（五）制定公司的具体规章；

（六）提请聘任或者解聘公司副经理、财务负责人；

（七）决定聘任或者解聘除应由董事会聘任或者解聘以外的管理人员；

（八）公司章程和董事会授予的其他职权。经理列席董事会会议。

## 第六章　监事会

第二十九条　公司设监事会，是公司内部监督机构，由股东代表和适当比例的公司职工代表组成。

第三十条　监事会由监事 3 名组成（不得少于 3 人，单数），其中职工代表____名。监事任期为三年。监事会中股东代表由股东会选举产生，职工代表由公司职工民主选举产生。监事任期届满，连选可以连任。

第三十一条　监事会设召集人一人，由全部监事三分之二以上选举和罢免。

第三十二条　监事会行使下列职权：

（一）检查公司财务；

（二）对董事、经理执行公司职务的行为进行监督；

（三）当董事和经理的行为损害公司的利益时，要求董事和经理予以纠正；

（四）提议召开临时股东会会议。

（五）监事列席董事会会议。

第三十三条 监事会所作出的议定事项须经三分之二以上监事同意。

## 第七章 股东转让出资的条件

第三十四条 股东之间可以相互转让其全部出资或者部分出资,不需要股东会表决同意,但应告知。

第三十五条 股东向股东以外的人转让出资的条件：

(一)必须要有半数以上(出资额)的股东同意；

(二)不同意转让的股东应当购买该转让的出资,若不购买转让的出资,视为同意转让；

(三)在同等条件下,其他股东有优先购买权。

## 第八章 财务会计制度

第三十六条 公司应当依照法律、行政法规和国务院财政主管部门的规定建立本公司的财务、会计制度。

第三十七条 公司应当在每一会计年度终了时制作财务会计报告,依法经审查验证并在制成后十五日内,报送公司全体股东。

第三十八条 公司分配当年税后利润时,应当提取利润的百分之十列入公司法定公积金,并提取利润的百分之五至百分之十列入公司法定公益金。当公司法定公积金累计为公司注册资本的百分之五十以上的,可不再提取。但法定公积金转为资本时,所留存的该项公积金不得少于注册资本的百分之二十五。

第三十九条 公司法定公积金不足以弥补以前年度公司亏损的,在依照前条规定提取法定公积金和法定公益金之前,先用当年利润弥补亏损。

第四十条 公司弥补亏损和提取法定公积金、法定公益金后所余利润,按照股东出资比例分配。

## 第九章 公司的解散和清算办法

第四十一条 公司有下列情况之一的,应予解散：

(一)营业期限届满；

(二)股东会决议解散；

(三)因公司合并或者分立需要解散的；

(四)违反国家法律、行政法规,被依法责令关闭的；

(五)其他法定事由需要解散的。

第四十二条 公司依照前条第(一)(二)项规定解散的,应在十五日内成立清算组,清算组人选由股东确定；依照前条第(四)(五)项规定解散的,由有关主管机关组织有关人员成立清算组,进行清算。

第四十三条 清算组应按国家法律、行政法规清算,对公司财产、债权、债务进行全面清算,编制资产负债表和财产清单,制订清算方案,报股东会或者有关主管机关确认。

第四十四条 清算结束后,清算组应当制作清算报告并造具清算期内收支报表和各种财务账册,经注册会计师或执业审计师验证,报股东会或者有关主管部门确认后,向原登记机关申请注销登记,经核准后,公告公司终止。

## 第十章 附 则

第四十五条 本章程经股东签名、盖章,在公司注册后生效。

第四十六条　本章程修改时,应提交章程修正案或章程修订本,经股东签名,在公司注册后生效。

第四十七条　本章程由全体股东于＿＿＿＿＿＿签订。

×××××××(盖章) 代表签字
×××××××(盖章) 代表签字
×××××××(盖章) 代表签字

# 附录3　买卖合同样本

## 买卖合同

**样本1：**

买方：_____　营业执照号码（身份证号）：_____
卖方：_____　营业执照号码：_____
签订时间：_____　签订地点：_____

双方经协商一致，在自愿、平等、公平的基础上，签订本合同，并严格遵守履行。

一、标的、金额

买方向卖方购买如下商品：

| 货号 | 商品名称 | 型号（规格） | 数量 | 单位 | 单价 | 金额 | 备注 |
|------|----------|--------------|------|------|------|------|------|
|      |          |              |      |      |      |      |      |
|      |          |              |      |      |      |      |      |
|      |          |              |      |      |      |      |      |

合计人民币金额（大写）：　　佰　　拾万　仟　佰　拾　元整　　（空格不够，可附页）

注：凭样订货的，双方可另附约定。

二、交（提）货日期

交（提）货时间：_____年_____月_____日，卖方经买方同意，可供货。

三、交（提）货地点：_____

四、交（提）货方式：第_____种

1.卖方送货　2.卖方代运　3.买方自提　4.其他_____

买方收货时，由收货员签字，在送货单上加盖公章或收货专用章。

五、商品质量（标准）：第_____种

1.国家标准　2.行业标准　3.企业标准　4.样品标准　5.双方另行约定_____

凭样交货的商品，应与双方确认的样品及其说明的质量相同，样品应当由双方签章封样保存。如对商品有特殊要求的，可另行约定。

合格率低于_____%为该商品不合格，买方有权拒收。

六、商品验收

验收时间：第_____种

1.当场验收　2.交货日前_____天内验收　3.交货后_____天内验收。

验收方法：第_____种

1.逐件　2.抽样　3.其他_____

买方认为交付商品不符合合同约定，须在验收结束后_____天内提出异议，法律法规另有规定除外。

七、包装要求：_____

八、定金：买方于_____年_____月_____日前向卖方支付_____元定金，定金可冲抵货款，如支付定金的，本合同从实际支付定金之日起生效。

九、结算方式及期限：_____。

十、违约责任：无正当理由，卖方未按期交货、买方中途拒货均为违约，由违约方支付不交货、拒货部分的货款总值_____%的违约金；延期付款的，按未付款额每日收取_____%的违约金。

其他约定_____。

十一、争议解决：合同履行中发生争议，双方应协商解决或向市场监督管理机关等部门申请行政调解，也可按下列第_____种方式解决：

1.提交_____仲裁委员会仲裁　2.依法向_____人民法院提起诉讼

十二、双方约定：合同书中签字视同本方授权签字，其权利义务由本方承担□（同意√不同意×）

其他事项：_____

## 买卖合同

样本2：

出卖人：（以下简称甲方）

住所地：

法定代表人：

买受人：（以下简称乙方）

住所地：

法定代表人：

甲、乙双方根据有关法律规定，在平等、自愿的基础上，经充分协商，就乙方购买甲方产品达成以下买卖合同条款。

一、产品名称、型号、数量

……

二、产品质量

1.质量标准：

……

2.乙方对产品质量的特殊要求：

……

3.乙方对产品包装的特殊要求：

……

4.乙方对产品质量有异议的，应当在收到产品后五日内提出确有证据的书面异议并通知到甲方；逾期不提出异议的，视为甲方产品质量符合本合同约定要求。但乙方使用甲方产品的，不受上述期限限制。

三、产品价款

1.产品的单价与总价：……

上述货物的含税价为：……　　　　　　总价款为：……

2.甲方产品的包装费用、运输费用、保险费用及交付时的上下列支费用等按下列约定承担：

(1)甲方产品的包装物由……提供,包装费用由……承担。

(2)甲方产品的运输由……办理,运输费用由……承担。

(3)甲方产品的保险由……办理,保险费用由……承担。

(4)甲方产品交付时的上下列支费用由……承担。

四、产品交付

1.甲方产品交付方式为：乙方提货/甲方送货/甲方代办托运。

2.产品交付地点为……所在地,交货时间为合同生效后……天,若乙方对甲方产品有特殊要求的,甲方应当在乙方提供相关确认文件后……天内交货。但乙方未能按约定付款,甲方有权拒绝交货,乙方未能及时提供相应文件的,甲方有权延期交货。

3.在合同约定期限内甲方违约未能及时交货的,产品的灭失、毁损的风险由甲方承担；产品交付后或乙方违约致使甲方拒绝交货、延期交货的,产品的灭失、毁损的风险由乙方承担。

五、价款结算

1.乙方应在本合同书签订……日内向甲方预付货款……元,甲方交付前给付价款……元,余款由乙方在收到甲方产品之日起……天内付清。

2.乙方应当以现金、支票或即期银行承兑汇票方式支付甲方价款。

3.双方同意乙方未能付清所有价款之前,甲方产品的所有权仍属于甲方所有。

六、合同的解除与终止

双方协商一致的,可以终止合同的履行。一方根本性违约的,另一方有权解除合同,但应当及时书面通知到对方。

七、商业秘密

乙方在签订和履行本合同中知悉的甲方的全部信息(包括技术信息和经营信息等)均为甲方的商业秘密。

无论何种原因终止、解除本合同的,乙方同意对在签订和履行本合同中知悉的甲方的商业秘密承担保密义务。非经甲方书面同意或为履行本合同义务之需要,乙方不得使用、披露甲方的商业秘密。

乙方违反上述约定的,应当赔偿由此给甲方造成的全部损失。

八、违约责任

本合同签订后,任何一方违约,都应当承担违约金……元。若违约金不足以弥补守约方损失的,违约方应当赔偿给守约方造成的一切损失(包括直接损失、可得利益损失及主张权利的费用等)。

九、不可抗力

因火灾、战争、罢工、自然灾害等不可抗力因素而致本合同不能履行的,双方终止合同的履行，各自的损失各自承担。不可抗力因素消失后，双方需要继续履行合同的，由双方另行协商。

因不可抗力终止合同履行的一方，应当于事件发生后……日内向对方提供有权部门出具的发生不可抗力事件的证明文件并及时通知对方。未履行通知义务而致损失扩大的，过错方应当承担赔偿责任。

十、其他约定事项

1.乙方联系人或授权代表在履行合同过程中对甲方所做的任何承诺、通知等，都对乙方具有约束力，具有不可撤销性。

2.签订或履行合同过程中，非经甲方书面同意或确认，乙方对甲方任何人员的个人借款，均不构成乙方对甲方的预付款或已付款款项。

3.乙方联系地址、电话等发生变化的，应当及时通知到甲方，在乙方通知到甲方前，甲方按本合同列明的联系方式无法与乙方联系的，由乙方承担相应的责任。

4.本合同未约定的事项，由双方另行签订补充协议，补充协议与本合同书具有同等法律效力。

5.乙方应当在签订合同时向甲方提供其合法经营的证明文件，并作为本合同的附件。

6.签订本合同时，双方确认的合同附件为本合同不可分割的组成部分，与本合同具有同等法律效力。

十一、争议解决

本合同履行过程中产生争议的，双方可协商解决。协商不成的，应向甲方所在地人民法院提起诉讼解决。

十二、明示条款

甲、乙双方对本合同的条款已充分阅读，完全理解每一条款的真实意思表示，愿意签订并遵守本合同的全部约定。

十三、本合同经双方盖章或授权代表签字后生效。

十四、本合同书一式四份，双方各执二份。

甲　　　方：　　　　　　　　　　乙　　　方：
委托代理人：　　　　　　　　　　委托代理人：
电　　　话：　　　　　　　　　　电　　　话：
传　　　真：　　　　　　　　　　传　　　真：
　年　月　日　　　　　　　　　　　年　月　日

## 附录4　劳动合同样本

样本1：

## 劳动合同

甲、乙双方根据《中华人民共和国劳动合同法》和有关法律法规的规定,在平等自愿、公平公正、协商一致、诚实信用的基础上,签订本合同。

**一、劳动合同期限**

(一)甲乙双方约定按下列第＿＿＿＿种方式确定"劳动合同期限":

1.有固定期限的劳动合同:自＿＿年＿＿月＿＿日起至＿＿年＿＿月＿＿日,其中试用期自＿＿年＿＿月＿＿日起至＿＿年＿＿月＿＿日。

2.无固定期限的劳动合同:自＿＿年＿＿月＿＿日起,其中试用期自＿＿年＿＿月＿＿日起至＿＿年＿＿月＿＿日。

3.以完成＿＿＿工作任务为劳动合同期限,自＿＿年＿＿月＿＿日起至完成本项工作任务之日。

(二)甲方与用工单位所签订的劳务派遣协议约定的派遣期限先于本条约定的合同期限届满的,则劳务派遣协议约定的派遣期届满之日本合同终止。

**二、工作内容及工作地点**

(一)乙方根据甲方要求,经过协商,从事＿＿＿＿工作。甲方可根据工作需要和对乙方业绩的考核结果,按照合理诚信原则,变动乙方的工作岗位,乙方服从甲方的安排。

(二)甲方安排乙方所从事的工作内容及要求,应当符合甲方依法制定的并已公示的规章制度。乙方应当按照甲方安排的工作内容及要求履行劳动义务,按时完成规定的工作数量,达到规定的质量要求。

(三)甲乙双方约定劳动合同履行地为:＿＿＿＿＿。

**三、工作时间和休息休假**

(一)甲乙双方在工作时间和休息方面协商一致选择确定第＿＿＿＿条款,平均每周工作四十小时:

1.甲方实行每天＿＿＿＿小时工作制。具体作息时间,甲方安排如下:

每周周＿＿＿＿至周＿＿＿＿工作,上午＿＿＿＿,下午＿＿＿＿。

每周周＿＿＿＿为休息日。

2.甲方实行三班制,安排乙方实行＿＿＿＿班运转工作制。

3.甲方安排乙方的＿＿＿＿工作岗位,属于不定时工作制,双方依法执行不定时工作制规定。

4.甲方安排乙方的＿＿＿＿工作岗位,属于综合计算工时制,双方依法执行综合计算工时工作制规定。

(二)甲方严格遵守法定的工作时间,控制加班加点以保证乙方的休息与身心健康,甲方因工作需要必须安排乙方加班加点的,应与工会和乙方协商同意,依法给予乙方补休或支付加班加点工资。

（三）甲方为乙方安排带薪年休假：_____。

### 四、劳动保护和劳动条件

（一）甲方对可能产生职业病危害的岗位,应当向乙方履行如实告知的义务,并对乙方进行劳动安全卫生教育,防止劳动过程中事故的发生,减少职业危害。

（二）甲方必须为乙方提供符合国家规定的劳动安全卫生条件和必要的劳动防护用品,安排乙方从事有职业危害作业的,应定期为乙方进行健康检查。

（三）乙方在劳动过程中必须严格遵守安全操作规程。乙方对甲方管理人员的违章指挥、强令冒险作业,有权拒绝执行。

（四）甲方按照国家关于女职工、未成年工的特殊保护规定,对乙方提供保护。

（五）乙方患病或非因工负伤的,甲方应当执行国家关于医疗期的规定。

### 五、劳动报酬

甲方应当每月至少一次以货币形式支付乙方工资,不得克扣或者无故拖欠乙方的工资。乙方在法定工作时间内提供了正常劳动,甲方向乙方支付的工资不得低于当地最低工资标准。

（一）甲方承诺每月_____日为发薪日。

（二）乙方在试用期内的工资为每月_____元。

（三）经甲乙双方协商一致,对乙方的工资报酬选择确定第_____条款：

1.乙方的工资报酬按照甲方依法制定的规章制度中的内部工资分配办法确定,根据乙方的工作岗位确定其每月工资为_____元。

2.甲方对乙方实行基本工资和绩效工资相结合的内部工资分配办法,乙方的基本工资确定为每月_____元,以后根据内部工资分配办法调整其工资;绩效工资根据乙方的工作业绩、劳动成果和实际贡献按照内部分配办法考核确定。

3.甲方实行计件工资制,确定乙方的劳动定额应当是本单位同岗位百分之九十以上劳动者在法定工作时间内能够完成的,乙方在法定工作时间内按质完成甲方定额,甲方应当按时足额支付乙方的工资报酬。

（四）甲方根据企业经营效益、当地政府公布的工资指导线、工资指导价位等,合理提高乙方工资。乙方的工资增长办法按照_____（工资集体协商协议/内部工资正常增长办法）确定。

（五）乙方加班加点的工资,以双方经过协商确定的_____工资为基数计算。

### 六、社会保险和福利

（一）双方依法参加社会保险,按时缴纳各项社会保险费,其中依法应由乙方缴纳的部分,由甲方从乙方工资报酬中代扣代缴。

（二）甲方应当将为乙方缴纳各项社会保险费的情况公示,乙方有权向甲方查询其各项社会保险的缴费情况,甲方应当提供帮助。

（三）如乙方发生工伤事故,甲方应负责及时救治,并在规定时间内,向劳动保障行政部门提出工伤认定申请,为乙方依法办理劳动能力鉴定,并为乙方享受工伤医疗待遇履行必要的义务。

（四）乙方依法享有国家规定的福利待遇,甲方应当执行。

**七、劳动纪律**

甲方制定的劳动纪律应当符合法律法规、政策的规定,履行民主程序,并向乙方公示。乙方遵照执行。

**八、协商条款**

经甲乙双方协商一致,同意选择第_____条约定条款。

(一)乙方工作涉及甲方商业秘密的,甲方应当事前与乙方依法协商约定保守商业秘密或竞业限制的事项,并签订保守商业秘密协议或竞业限制协议。

(二)由甲方出资招用或培训乙方,并要求乙方履行服务期的,应当事前征得乙方同意,并签订协议,明确双方权利义务。

(三)甲方出资为乙方提供其他特殊待遇,如_____(住房、汽车等),并要求乙方履行服务期的,应当事前征得乙方同意,并签订协议,明确双方权利义务。

(四)甲方同意为乙方办理补充养老保险(年金)和补充医疗保险情况,具体标准为:_____。

(五)甲方同意为乙方提供如下福利待遇:_____。

(六)甲乙双方需要约定的其他事项:_____。

**九、劳动合同终止的条件**

经甲乙双方协商约定,出现下列情形之一的,可以终止劳动合同:

(一)劳动合同期满的;

(二)_____;

(三)_____。

**十、劳动争议处理**

(一)甲乙双方因履行本合同发生劳动争议,可以协商解决。不愿协商或者协商不成的,可以向本单位劳动争议调解委员会申请调解;调解不成的,可以向劳动争议仲裁委员会申请仲裁。甲乙双方也可以直接向劳动争议仲裁委员会申请仲裁。提出仲裁要求的一方应当自劳动争议发生之日起六十日内向劳动争议仲裁委员会提出书面申请。对仲裁裁决不服的,可以自收到仲裁裁决书之日起十五日内向人民法院提起诉讼。

(二)甲方违反劳动法律、法规和规章,损害乙方合法权益的,乙方有权向劳动保障行政部门和有关部门举报。

**十一、其他**

(一)劳动合同期内,乙方户籍所在地址、现居住地址、联系方式等发生变化,应当及时告知甲方,以便于联系。

(二)本合同未尽事宜,均按国家有关规定执行,国家没有规定的,通过双方平等协商解决。

(三)本合同不得涂改。

(四)本合同如需同时用中文、外文书写,内容不一致的,以中文文本为准。

(五)本合同一式两份,甲乙双方各执一份。

(六)本合同于_____年_____月_____日生效。

甲乙双方自愿申请劳动合同鉴证的,应当在劳动合同签订之日起三十日内向劳动保障行政部门提出。

甲方法定代表人签名： 乙方签名：
公章 签名日期：
签章日期：

附件：

## 劳动合同变更记录

经双方协商同意,对_____年_____月_____日签订的劳动合同作如下变更：
_____

法定代表人签名： 乙方签名：
或委托代理人签名： 签名日期：
甲方盖章：
签章日期：

鉴证机构盖章：
鉴证人签名：
鉴证日期：

**样本 2：**

## ××市劳动合同范本(适用全日制用工)
## ××市劳动和社会保障局编制

甲方(用人单位) 乙方(员工)
名称_____ 姓名_____
住所_____ 性别_____
法定代表人 身份证(护照)
(主要负责人)_____ 号码_____
联系人_____ 住址_____
联系电话_____ 联系电话_____

根据《中华人民共和国劳动法》(以下简称《劳动法》)、《中华人民共和国劳动合同法》(以下简称《劳动合同法》)等有关法律法规的规定,甲乙双方遵循合法、公平、平等自愿、协商一致、诚实信用的原则,签订本合同,共同遵守本合同所列条款。

**一、合同期限**

(一)甲乙双方同意按以下第_____种方式确定本合同期限。

1.有固定期限:从_____年_____月_____日起至_____年_____月_____日。

2.无固定期限:从_____年_____月_____日起。

3.以完成一定工作任务为期限:从_____年_____月_____日起至工作任务完成时。完成工作任务的标志是_____。

(二)试用期为_____个月(试用期包括在合同期限内,如无试用期,则填写"无")。

## 二、工作内容和工作地点
乙方的工作内容(岗位或工种)_____。
乙方的工作地点_____公司所在地。

## 三、工作时间和休息休假
(一)甲乙双方同意按以下第_____种方式确定乙方的工作时间。

1.标准工时制,即每日工作_____小时(不超过 8 小时),每周工作_____小时(不超过40 小时),每周至少休息一日。

2.不定时工作制,即经劳动保障行政部门审批,乙方所在岗位实行不定时工作制。

3.综合计算工时工作制,即经劳动保障行政部门审批,乙方所在岗位实行综合计算工时工作制。

(二)甲方由于生产经营需要延长工作时间的,按《劳动法》第四十一条执行。

(三)乙方依法享有法定节假日、婚假、产假、丧假等假期。

(四)乙方的其他休息休假安排_____。

## 四、劳动报酬
(一)甲方依法制定工资分配制度,并告知乙方。甲方支付给乙方的工资不得低于市政府公布的当年度最低工资。

(二)乙方每月工资_____元(其中试用期工资每月_____元)或按标准工资+加班加点工资+福利+其他执行。

(三)乙方当月工资于下个月底发放。甲方至少每月以货币形式向乙方支付一次工资。

(四)乙方加班加点工资、假期工资及特殊情况下的工资支付按有关法律、法规的规定执行。

(五)甲乙双方对工资的其他约定:每月根据工作表现发放福利,年底根据工作表现发放年终奖。

## 五、社会保险和福利待遇
(一)甲乙双方按照国家和省、市有关规定,参加社会保险,缴纳社会保险费。

(二)乙方患病或非因工负伤,甲方应按国家和省、市的有关规定给予乙方享受医疗期和医疗期待遇。

(三)乙方患职业病、因工负伤的,甲方按《中华人民共和国职业病防治法》《工伤保险条例》等有关法律、法规的规定执行。

(四)甲方为乙方提供以下福利待遇_____。

## 六、劳动保护、劳动条件和职业危害防护
(一)甲方按国家和省、市有关劳动保护规定,提供符合国家安全卫生标准的劳动作业场所和必要的劳动防护用品,切实保护乙方在生产工作中的安全和健康。

(二)甲方按国家和省、市有关规定,做好女员工和未成年工的特殊劳动保护工作。

(三)乙方从事_____作业,可能产生_____职业危害,甲方应采取_____防护措施,并每年组织乙方健康检查_____次。

(四)乙方有权拒绝甲方的违章指挥、强令冒险作业;对甲方危害生命安全和身体健康的行为,乙方有权要求改正或向有关部门举报。

### 七、规章制度

（一）甲方依法制定的规章制度，应当告知乙方。

（二）乙方应遵守国家和省、市有关法律法规和甲方依法制定的规章制度，按时完成工作任务，提高职业技能，遵守安全操作规程和职业道德。

### 八、合同变更

甲乙双方经协商一致，可以变更合同。变更合同应采用书面形式。变更后的合同文本双方各执一份。

### 九、合同解除和终止

（一）甲乙双方协商一致，可以解除合同。

（二）乙方提前三十日以书面形式通知甲方，可以解除劳动合同；乙方试用期内提前三日通知甲方，可以解除劳动合同。

（三）甲方有下列情形之一的，乙方可以通知甲方解除劳动合同：

1．未按照劳动合同约定提供劳动保护或者劳动条件的；

2．未及时足额支付劳动报酬的；

3．未依法为乙方缴纳社会保险费的；

4．甲方的规章制度违反法律法规的规定，损害乙方权益的；

5．甲方以欺诈、胁迫的手段或者乘人之危，使乙方在违背真实意思的情况下订立或者变更本合同，致使劳动合同无效的；

6．甲方免除自己的法定责任、排除乙方权利，致使劳动合同无效的；

7．甲方违反法律、行政法规强制性规定，致使劳动合同无效的；

8．法律、行政法规规定乙方可以解除劳动合同的其他情形。

（四）甲方以暴力、威胁或者非法限制人身自由的手段强迫乙方劳动的，或者甲方违章指挥、强令冒险作业危及乙方人身安全的，乙方可以立即解除劳动合同，不需事先告知甲方。

（五）乙方有下列情形之一的，甲方可以解除劳动合同：

1．在试用期间被证明不符合录用条件的；

2．严重违反甲方的规章制度的；

3．严重失职，营私舞弊，给甲方造成重大损害的；

4．乙方同时与其他用人单位建立劳动关系，对完成本单位的工作任务造成严重影响，或者经甲方提出，拒不改正的；

5．乙方以欺诈、胁迫的手段或者乘人之危，使甲方在违背真实意思的情况下订立或者变更本合同，致使劳动合同无效的；

6．被依法追究刑事责任的。

（六）有下列情形之一的，甲方提前三十日以书面形式通知乙方或者额外支付乙方一个月工资后，可以解除劳动合同：

1．乙方患病或者非因工负伤，在规定的医疗期满后不能从事原工作，也不能从事由甲方另行安排的工作的；

2．乙方不能胜任工作，经过培训或者调整工作岗位，仍不能胜任工作的；

3．劳动合同订立时所依据的客观情况发生重大变化，致使劳动合同无法履行，经甲乙双方协商，未能就变更劳动合同内容达成协议的。

（七）有下列情形之一，甲方需要裁减人员二十人以上或者裁减不足二十人但占甲方职工总数百分之十以上的，甲方应提前三十日向工会或者全体职工说明情况，在听取工会或者职工的意见，并将裁减人员方案向劳动行政部门报告后，可以裁减人员：

1.依照企业破产法规定进行重整的；

2.生产经营发生严重困难的；

3.企业转产、重大技术革新或者经营方式调整，经变更劳动合同后，仍需裁减人员的；

4.其他因劳动合同订立时所依据的客观经济情况发生重大变化，致使劳动合同无法履行的。

（八）有下列情形之一的，劳动合同终止：

1.劳动合同期满的；

2.乙方开始依法享受基本养老保险待遇的；

3.乙方死亡，或者被人民法院宣告死亡或者宣告失踪的；

4.甲方被依法宣告破产的；

5.甲方被吊销营业执照、责令关闭、撤销或者甲方决定提前解散的；

6.法律、行政法规规定的其他情形。

**十、经济补偿**

（一）符合下列情形之一的，甲方应当向乙方支付经济补偿：

1.甲方依据本合同第九条第（一）项规定向乙方提出解除劳动合同并与乙方协商一致解除劳动合同的；

2.乙方依据本合同第九条第（三）项、第（四）项规定解除劳动合同的；

3.甲方依据本合同第九条第（六）项规定解除劳动合同的；

4.甲方依照本合同第九条第（七）项规定解除劳动合同的；

5.除甲方维持或者提高劳动合同约定条件续订劳动合同，乙方不同意续订的情形外，依据本合同第九条第（八）项第 1 目规定终止固定期限劳动合同的；

6.依据本合同第九条第（八）项第 4 目、第 5 目规定终止劳动合同的；

7.法律、行政法规规定的其他情形。

（二）甲乙双方解除或终止本合同的，经济补偿的发放标准应按《劳动合同法》和国家、省、市有关规定执行。甲方依法应向乙方支付经济补偿的，应在乙方办结工作交接时支付。

**十一、合同解除和终止手续**

甲乙双方解除和终止本合同的，乙方应按双方约定，办理工作交接等手续。甲方应依法向乙方出具书面证明，并在十五日内为乙方办理档案和社会保险关系转移手续。

**十二、争议处理**

甲乙双方发生劳动争议的，应先协商解决。协商不成的，可以向本单位工会寻求解决或向本单位劳动争议调解委员会申请调解；也可以直接向劳动争议仲裁委员会申请仲裁。对仲裁裁决无异议的，双方必须履行；对仲裁裁决不服的，可以向人民法院起诉。

**十三、双方认为需要约定的其他事项**

1.若甲、乙双方发生劳动争议，双方约定在甲方公司所在地进行仲裁、诉讼。

2.甲、乙双方在本合同履行过程中相互发出或提供的所有通知、文件、文书、资料等,均可以当面交付或以本合同所列明的通信地址或户籍地址为送达地址,履行送达义务。一方如果迁址或变更电话,应及时书面通知另一方。

3.如果乙方不能胜任工作,甲方按法定程序安排乙方离岗培训,培训期间按当地最低工资标准支付工资。

4.乙方违反甲方规章制度并给甲方造成经济损失,应依据有关法律法规及甲方规章制度承担赔偿责任。

5.甲、乙双方若签订《培训协议》《保密协议》等协议,均作为本合同附件。

**十四、其他**

(一)本合同未尽事宜或合同条款与现行法律法规规定有抵触的,按现行法律法规执行。

(二)本合同自甲乙双方签字盖章之日起生效,涂改或未经书面授权代签无效。

(三)本合同一式两份,甲乙双方各执一份。

# 附录5 初级会计职称考试真题及解析

## 2020年初级会计职称考试《经济法基础》考试真题

**第1题单选题**(每题1.5分,共24题,共36分)下列每小题的四个选项中,只有一项是最符合题意的正确答案,多选、错选或不选均不得分。

1.根据契税法律制度的规定,下列各项中,属于契税纳税人的是( )。
A.继承商铺的李某
B.转让国有土地使用权的Z公司
C.出租住房的王某
D.受让国有土地使用权的甲公司

2.根据企业所得税法律制度的规定,下列企业和取得收入的组织中,不属于企业所得税纳税人的是( )。
A.事业单位　　　　　　　　B.民办非企业单位
C.个人独资企业　　　　　　D.社会团体

3.根据增值税法律制度的规定,下列关于增值税纳税地点的表述中不正确的是( )。
A.固定业户应当向其机构所在地的税务机关申报纳税
B.非固定业户销售货物或者应税劳务,应当向其机构所在地或者居住地的税务机关申报税款
C.进口货物应当向报关地海关申报纳税
D.扣缴义务人应当向其机构所在地或者居住地的税务机关申报缴纳其扣缴的税款

4.下列税种中,由海关负责征收和管理的是( )。
A.关税　　　　　　　　　　B.车辆购置税
C.环境保护税　　　　　　　D.资源税

5.甲公司因生产的奶制品所含食品添加剂严重超标,被市场监督管理部门责令停产停业。甲公司承担的该项法律责任属于( )。
A.刑事责任　　　B.行政处分　　　C.民事责任　　　D.行政处罚

6.甲公司向乙公司签发了一张见票后3个月付款的银行承兑汇票。乙公司持该汇票向付款人提示承兑的期限是( )。
A.自出票日起10日内　　　　B.自出票日起1个月内
C.自出票日起6个月内　　　　D.自出票日起2个月内

7.根据劳动合同法律制度的规定,被派遣劳动者在无工作期间,劳务派遣单位应当按照法定标准向其按月支付报酬。该标准为( )
A.所在地上年度职工月平均工资　　B.被派遣劳动者在工作期间的月平均工资
C.劳务派遣单位职工月平均工资　　D.所在地人民政府规定的月最低工资标准

8.根据支付结算法律制度的规定,关于存款人基本存款账户的下列表述中。不正确的是( )
A.撤销银行结算账户时应先撤销基本存款账户

B.一个单位只能开立一个基本存款账户

C.基本存款账户是存款人的主办账户

D.存款人日常经营活动的资金收付应通过基本存款账户办理

9.某企业罗某的月工资为6 000元,已知当地职工基本医疗保险的单位缴费率为6%,职工个人缴费率为2%,用人单位所缴纳医疗费划入个人医疗账户的比例为30%。则下列罗某个人医疗保险账户每月的储存额计算中,正确的是(　　)。

A.6 000×2%＝120（元）

B.6 000×6%×30%＝108（元）

C.6 000×2%＋6 000×6%×30%＝228(元)

D.6 000×2%＋6 000×6%＝480(元)

10.根据关税法律制度的规定,进出口货物完税后,如因收发货人违反规定而造成少征或漏征税款的,海关在一定期限内可以追缴。该期限为(　　)。

A.3 年　　　　　B.6 年　　　　　C.4 年　　　　　D.5 年

11.2019 年 3 月 1 日,甲公司聘用赵某并与其订立了 2 年期限劳动合同,约定试用期 4 个月,试用期月工资 3 600 元,试用期满月工资 4 500 元。试用期间,甲公司依照约定向赵某支付了试用期工资。2019 年 11 月 4 日,赵某以试用期约定违法为由,要求甲公司支付赔偿金。已知甲公司所在地月最低工资标准为 2 000 元。甲公司依法应向赵某支付的赔偿金数额为(　　)。

A.4 000 元　　　　B.7 200 元　　　　C.1 800 元　　　　D.9 000 元

12.下列各项中,应征收消费税的是(　　)。

A.超市零售白酒

B.汽车厂销售自产电动汽车

C.地板厂销售自产实木地板

D.百货公司零售高档化妆品

13.单位之间会计档案交接完毕后,交接双方的(　　)应当在会计档案移交清册上签名或者盖章。

A.经办人　　　　　　　　　B.监交人

C.会计机构负责人　　　　　D.经办人和监督人

14.根据消费税法律制度的规定,下列车辆属于应税小汽车征税范围的是(　　)。

A.电动汽车

B.高尔夫车

C.用中轻型商用客车底盘改装的中轻型商用客车

D.雪地车

15.根据消费税法律制度的规定,下列各项中,属于消费税征税范围的是(　　)。

A.中轻型商用客车　　　　　B.大型商用客车

C.货车　　　　　　　　　　D.拖拉机

16.下列属于税收保全措施的是(　　)。

A.担保　　　　B.拍卖　　　　C.冻结　　　　D.阻止出境

17.关于劳动派遣的说法,正确的是( )。
A.劳动派遣公司可以与劳动者签订1年的劳动合同
B.劳动者在被派遣期间无工作,不支付工资
C.劳动者与劳动派遣公司应当签订劳动合同
D.派遣公司可以向劳动者收取费用

18.企业从事下列项目取得的所得中,减半征收企业所得税的是( )。
A.饲养家禽              B.远洋捕捞
C.海水养殖              D.种植中药材

19.赵某试用期满月工资6 000,当地最低工资2 300,问试用期最低工资是多少( )。
A.3 360        B.4 200        C.4 800        D.2 300

20.企业缴纳的下列税额中,应作为城市维护建设税计税依据的是( )。
A.当期免抵的增值税税额
B.当期免征和减征的增值税税额
C.纳税人在查补"两税"时被处以的罚款
D.进口环节海关代征的消费税

21.根据税收法律制度的规定,下列各项中,属于超率累进税率的是( )。
A.印花税              B.车船使用税
C.个人所得税          D.土地增值税

22.张某的实际工作年限为8年,在甲公司的工作年限为6年。根据劳动合同法律制度的规定,张某享有的医疗期期间为( )。
A.1个月        B.2个月        C.3个月        D.6个月

23.根据消费税法律制度规定,下列哪项采用从量计征?( )
A.啤酒         B.红酒         C.白酒         D.药酒

24.根据房产税法律制度的规定,下列房屋中,不属于房产税免税项目的是( )。
A.公园管理部门自用的办公用房       B.居民个人出租的市区住房
C.国家机关自用的房产               D.军队自用的房产

**第2题多选题**(每题2分,共15题,共30分)下列每小题的备选答案中,有两个或两个以上符合题意的正确答案,多选、少选、错选、不选均不得分。

25.根据"营改增"制度的相关规定一般纳税人提供的下列服务中,可以选择适用简易计税方法计税的有( )。
A.文化体育服务              B.港口码头服务
C.装卸搬运服务              D.公共交通运输服务

26.根据劳动争议调解仲裁法律制度的规定,下列劳动争议中,劳动仲裁机构作出的仲裁裁决,除劳动者提起诉讼外,该裁决为终局裁决的有( )。
A.因执行国家的劳动标准在工作时间方面发生的争议
B.因确认劳动关系发生的争议
C.因订立劳动合同发生的争议
D.追索赔偿金,不超过当地月最低工资标准12个月金额的争议

27.下列关于会计人员回避制度的表述中,正确的有( )。
A.单位负责人的直系亲属不得担任本单位的会计机构负责人
B.单位负责人的直系亲属不得担任本单位的出纳工作
C.会计机构负责人的直系亲属不得担任本单位的出纳工作
D.出纳不得兼任稽核、会计档案保管和债权债务的账目登记工作

28.根据增值税法律制度的规定,下列业务中,属于增值税征税范围的是( )。
A.汽修公司修理汽车　　　　　B.建筑公司修缮房屋
C.物业公司提供物业管理服务　D.邮政公司发行报纸

29.根据土地增值税法律制度的有关规定,下列情形中,属于税务机关可要求纳税人进行土地增值税清算的有( )。
A.房地产开发项目全部竣工并完成销售的
B.整体转让未竣工决算房地产开发项目的
C.纳税人申请注销税务登记但未办理土地增值税清算手续的
D.取得销售(预售)许可证满3年仍未销售完毕的

30.以下不得抵扣进项税的有( )。
A.贷款　　　B.餐饮　　　C.娱乐　　　D.美容

31.根据劳动合同法律制度的规定,下列情形中,可导致劳动合同无效或部分无效的有( )。
A.劳动合同条款违反法律、行政法规强制性规定的
B.劳动合同欠缺必备条款的
C.一方当事人以胁迫的手段,使对方在违背真实意思的情况下订立的
D.劳动合同签订后,用人单位发生分立的

32.根据会计法律制度的规定,下列职务中,属于不相容职务的有( )。
A.业务经办与稽核检查　　　　B.会计记录与财产保管
C.授权批准与监督检查　　　　D.业务经办与会计记录

33.根据个人所得税法律制度的规定,下列所得中,不论支付地点是否在中国境内,均为来源于中国境内的所得的有( )。
A.将财产出租给承租人在中国境内使用而取得的所得
B.许可各种特许权在中国境内使用而取得的所得
C.转让中国境内的不动产取得的所得
D.因任职在中国境内提供劳务取得的所得

34.根据企业所得税法律制度的规定,下列各项中,在计算企业所得税应纳税所得额时准予扣除的有( )。
A.差旅费　　　　　　　　　　B.诉讼费用
C.企业之间支付的管理费　　　D.违约金

35.根据社会保险法律制度的规定,参保职工因工伤发生的下列费用中,应从工伤保险基金中支付的有( )。
A.治疗工伤的医疗费用　　　　B.住院伙食补助费
C.劳动能力鉴定费　　　　　　D.治疗工伤的康复费用

36.根据增值税法律制度的规定,一般纳税人发生的下列业务中,不得开具增值税专用发票的有(    )。
  A.酒店向消费者个人提供餐饮服务
  B.百货公司向消费者个人销售家用电器
  C.装修公司向一般纳税人提供装修服务
  D.律师事务所向消费者个人提供咨询服务

37.根据劳动合同法律制度的规定,用人单位进行经济性裁员时,应优先留用具有法定情形的人员。下列各项中,属于该法定情形的有(    )。
  A.家庭无其他就业人员,有需要扶养的未成年人的
  B.与本单位订立较长期限的固定期限劳动合同的
  C.家庭无其他就业人员,有需要扶养的老人的
  D.与本单位订立无固定期限劳动合同的

38.税务机关拟对个体工商户业主王某采取税收保全措施,王某的下列财产中,可以采取税收保全措施的有(    )。
  A.价值 20 万元的小汽车         B.价值 10 万元的金银首饰
  C.价值 2 000 元的电视机        D.维持自己生活必需的唯一普通住房

39.根据消费税法律制度的规定,下列情形中,应当以纳税人同类应税消费品的最高销售价格作为计税依据计缴消费税的有(    )。
  A.以自产应税消费品抵偿债务       B.以自产应税消费品投资入股
  C.以自产应税消费品换取消费资料    D.以自产应税消费品换取生产资料

**第 3 题 判断题**(每题 1 分,共 10 题,共 10 分)请判断每小题的表述是否正确,认为表述正确的选√;认为表述错误的选×;每小题答题正确的得 1 分,答题错误、不答题的不得分也不扣分。

40.业务经办人可以兼管稽核。                                               (    )

41.最低工资标准包括以货币形式发放的住房补贴。                             (    )

42.居民企业在汇总计算缴纳企业所得税时,其境外营业机构的亏损可以抵减境内营业机构的盈利。                                                             (    )

43.合伙企业具有法人资格。                                                 (    )

44.房屋赠与直系亲属,不征收土地增值税。                                   (    )

45.林某欠缴税款 4 000 元,由税务机关责令限期缴纳,逾期仍未缴纳,为防止国家税款流失,税务机关扣押了其一批价值 4 600 元的商品,准备依法进行变卖,以变卖所得抵缴税款,税务机关的做法正确。                                               (    )

46.会计职业道德与会计法律制度的作用范围不同,会计法律制度侧重于调整会计人员的外在行为和结果的合法化,具有较强的客观性。会计职业道德不仅调整会计人员的外在行为,还调整会计人员内在的精神世界。                                 (    )

47.房屋出租不属于契税征税范围。                                           (    )

48.纳税人申报的计税依据明显偏低,又无正当理由的,税务机关有权核定其应纳税额。
                                                                          (    )

49.单位内部会计监督的对象是本单位的经济活动。                             (    )

**第 4 题不定项选择题**(每题 2 分,共 12 题,共 24 分)下列每小题的备选答案中,有一个或一个以上符合题意的正确答案。每小题全部选对得满分;少选,所选的每个选项得 0.5 分;多选、错选、不选均不得分。

50.根据下面资料,回答问题

甲公司为增值税一般纳税人,主要从事小汽车的制造和销售业务。2019 年 7 月有关经营情况如下:

销售 1 辆定制的自产小汽车,取得含增值税价款 226 000 元,另收取手续费 33 900 元。

将 10 辆自产小汽车对外投资,小汽车生产成本 9 万元/辆,甲公司同类小汽车不含增值税最高销售价格 17 万元/辆、平均销售价格 15 万元/辆、最低销售价格 12 万元/辆。

采取预收货款方式销售给 4S 店一批自产小汽车,6 日签订合同,11 日收到预收款,16 日发出小汽车,21 日开具发票。

生产中轻型商用客车 180 辆,其中 171 辆用于销售、3 辆用于广告、2 辆用于本公司管理部门,4 辆用于赞助。

(1)计算甲公司当月销售定制的自产小汽车应缴纳消费税额的下列算式中,正确的是(　　)。

A.(226 000＋33 900)×5％＝12 995 元

B.226 000÷(1＋13％)×5％＝10 000 元

C.(226 000＋33 900)÷(1＋13％)×5％＝11 500 元

D.226 000×5％＝11 300 元

(2)计算甲公司当月以自产小汽车对外投资应缴纳消费税税额的下列算式中,正确的是(　　)。

A.10×15×5％＝7.5 万元　　　　B.10×12×5％＝6 万元

C.10×9×5％＝4.5 万元　　　　　D.10×17×5％＝8.5 万元

(3)甲公司当月采取预收货款方式销售自产小汽车,消费税的纳税义务发生时间是(　　)。

A.7 月 16 日　　　B.7 月 6 日　　　C.7 月 21 日　　　D.7 月 11 日

(4)甲公司的下列中轻型商用客车中,应缴纳消费税的是(　　)。

A.用于赞助的 4 辆　　　　　　　B.用于本公司管理部门的 2 辆

C.用于销售的 171 辆　　　　　　D.用于广告的 3 辆

51.根据下面资料,回答问题

2020 年 1 月 8 日,甲公司成立,张某为法定代表人,李某为财务人员。1 月 10 日李某携带资料到 P 银行申请开立了基本存款账户。1 月 15 日甲公司在 Q 银行申请开立了基本建设资金专户。1 月 20 日甲公司签发一张金额为 360 万元、由 P 银行承兑的电子商业汇票交付乙公司。乙公司因急需资金,于 5 月 6 日向 M 银行申请办理了汇票贴现。

要求:根据上述资料,不考虑其他因素,分析回答下列小题。

(1)关于甲公司在 P 银行开立账户的下列表述中,正确的是(　　)。

A.该账户 2020 年 1 月 10 日不能办理对外付款业务

B.甲公司应填制开立银行结算账户申请书

C.P 银行应报经当地中国人民银行分支机构核准

D.甲公司与 P 银行应签订银行结算账户管理协议

(2)关于甲公司在 Q 银行开立账户的下列表述中,正确的是( )。
A.甲公司应向 Q 银行出具主管部门批文
B.甲公司应向 Q 银行出具基本存款账户开户许可证
C.Q 银行应经中国人民银行当地分支机构批准
D.该账户支取现金应在开户时报经中国人民银行
(3)P 银行承兑该汇票应当办理的手续是( )。
A.与甲公司签订承兑协议　　　　B.对汇票真实交易关系在线审核
C.审查甲公司的资格与资信　　　D.收取甲公司承兑手续费
(4)乙公司到 M 银行办理贴现必须记载的事项是( )。
A.贴出人乙公司签章　　　　　　B.贴现利率
C.实付金额　　　　　　　　　　D.贴入人 M 银行名称

52.根据以下材料,回答问题
中国公民王某为境内甲公司研发人员,其独生子正在读小学。2019 年王某有关收支情况如下:
(1)每月工资、薪金所得 20 000 元,每月缴纳的基本养老保险费、基本医疗保险费、失业保险费、住房公积金 3 900 元。1~11 月工资、薪金所得累计已预扣预缴个人所得税税额 8 590 元。
(2)为乙公司提供技术服务,取得一次性劳务报酬 5 000 元。
(3)购买福利彩票,取得一次中奖收入 3 000 元。
(4)网约车充值获赠价值 2 500 元的返券。
(5)储蓄存款利息收入 1 750 元。
(6)将一套住房出租,全年租金收入 37 200 元。
已知:工资、薪金所得预扣预缴个人所得税减除费用为 5 000 元/月;综合所得减除费用为 60 000 元;子女教育专项附加扣除标准为 1 000 元/月,由王某按扣除标准的 100% 扣除;劳务报酬所得个人所得税预扣率为 20%,每次收入 4 000 元以上的,减除费用按 20% 计算;劳务报酬所得以收入减除 20% 的费用后的余额为收入额。
要求:根据上述资料,不考其他因素,分析回答下列小题:
(1)计算王某 12 月工资、薪金所得应预扣预缴个人所得税税额的下列算式中,正确的是( )
A.(20 000－5 000－3 900－1 000)×3%＝303(元)
B.(20 000－5 000)×3%＝450(元)
C.(20 000－5 000－3 900)×3%＝333(元)
D.(20 000×12－5 000×12－3900×12－1 000×12)×10%－2 520－8 590＝1 010(元)
(2)计算王某一次性劳务报酬应预扣预缴个人所得税税额的下列算式中,正确的是( )。
A.5 000×(1－20%)×20%＝800(元)
B.5 000×(1＋20%)×20%＝1200(元)
C.5 000×20%＝1 000(元)
D.5 000×20%×20%＝200(元)

(3)计算王某2019年综合所得应缴纳个人所得税税额的下列算式中,正确的是( )。

A.(20 000×12+5 000−60 000−3 900×12)×10%−2 520=11 300(元)

B.[20 000×12+5 000×(1−20%)−60 000−3 900×12−1 000×12]×10%−2 520=10 000(元)

C.(20 000×12+5 000−60 000−3 900×12−1 000×12)×10%−2 520=10 100(元)

D.[20 000×12+5 000×(1−20%)−60 000]×20%−16 920=19 880(元)

(4)王某下列所得中,免征个人所得税的是( )。

A.储蓄存款利息收入1 750元

B.出租住房全年租金收入37 200元

C.网约车充值获赠价值2 500元的返券

D.购买福利彩票一次中奖收入3 000元

## 2020年初级会计职称考试《经济法基础》考试真题参考答案及解析

1.答案:D

解析:契税的纳税人,是指在我国境内承受土地、房屋权属转移的单位和个人。契税由权属的承受人缴纳,这里所说的"承受"是指以受让、购买、受赠、交换等方式取得土地、房屋权属的行为。所以 ABC 选项错误。

2.答案:C

解析:企业所得税纳税人包括各类企业、事业单位、社会团体、民办非企业单位和从事经营活动的其他组织。依照中国法律、行政法规成立的个人独资企业、合伙企业,不属于企业所得税纳税人,不缴纳企业所得税。

3.答案:B

解析:非固定业户销售货物或者劳务,应当向销售地或者劳务发生地的税务机关申报纳税。

4.答案:A

解析:关税由海关负责征收和管理,选项 BCD 由税务机关征收和管理

5.答案:D

解析:本题给出的题干是停产停业,所以应当选择行政处罚

6.答案:B

解析:见票后定期付款的汇票,持票人应当自出票日起 1 个月内向付款人提示承兑。

7.答案:D

解析:在被派遣劳动者无工作期间,劳务派遣单位应按所在地人民政府规定的最低工资标准,按月支付报酬。

8.答案:A

解析:撤销基本存款账户,应先撤销一般存款账户、专用存款账户、临时存款账户,并将剩余资金转入基本存款账户,才可办理基本存款账户的撤销。

9.答案:C

解析:个人扣除 $6\,000\times 2\% =120$(元)存入医疗保险个人账户;单位缴费 $=6\,000\times 6\% \times 30\% =108$(元);合计每月的储存额$=120+108=228$(元)。

10.答案:A

解析:如因收发货人违反规定而造成少征或漏征税款的,海关在一定期限内可以追缴,该期限为 3 年。

11.答案:D

解析:劳动合同期限 1 年以上不满 3 年的,试用期不得超过两个月,违法约定的试用期已经履行的,由用人单位以劳动者试用期满月工资为标准,按已经履行的超过法定试用期的期间向劳动者支付赔偿金。

12.答案:C

解析:白酒和高档化妆品在零售环节不征收消费税;电动汽车不属于消费税的征税范围。所以本题选 C。

13.答案:D

解析:交接会计档案时,交接双方应当按照会计档案移交清册所列内容逐项交接,并由交接双方的单位有关负责人负责监督。交接完毕后,交接双方经办人和监督人应当在会计档案移交清册上签名或盖章。

14.答案:C

解析:用排气量小于15升(含)的乘用车底盘(车架)改装、改制的车辆属于乘用车征收范围。用排气量大于15升的乘用车底盘(车架)或用中轻型商用客车底盘(车架)改装、改制的车辆属于中轻型商用客车征收范围。沙滩车、雪地车、卡丁车、高尔夫车不属于消费税征收范围,不征收消费税。

15.答案:A

解析:汽车是指由动力驱动,具有4个或4个以上车轮的非轨道承载的车辆。本税目包括乘用车、中轻型商用客车和超豪华小汽车3个子目。对于企业购进货车或箱式货车改装生产的商务车、卫星通信车等专用汽车不属于消费税征收范围,不征收消费税。

16.答案:C

解析:税务机关可以采取的税收保全措施包括:

①书面通知纳税人开户银行或者其他金融机构冻结纳税人的金额相当于应纳税款的存款。②扣押、查封纳税人的价值相当于应纳税款的商品、货物或者其他财产。其他财产包括纳税人的房地产、现金、有价证券等不动产和动产。

17.答案:C

解析:劳务派遣单位应当与被派遣劳动者订立2年以上的固定期限劳动合同,按月支付劳动报酬;被派遣劳动者在无工作期间,劳务派遣单位应当按照所在地人民政府规定的最低工资标准,向其按月支付报酬。

18.答案:C

解析:选项ABD免征企业所得税。企业从事下列项目的所得,减半征收企业所得税:(1)花卉、茶以及其他饮料作物和香料作物的种植;(2)海水养殖、内陆养殖。

19.答案:C

解析:劳动者在试用期的工资不得低于本单位相同岗位最低档工资或者劳动合同约定工资的80%,并不得低于用人单位所在地的最低工资标准。6 000×80%=4 800(元)。

20.答案:A

解析:自2005年1月1日起,经国家税务局正式审核批准的当期免抵的增值税税额应纳入城市维护建设税和教育费附加的计征范围,分别按规定的税(费)率征收城市维护建设税和教育费附加。

21.答案:D

解析:土地增值税实行四级超率累进税率。

22.答案:D

解析:实际工作年限10年以下的,在本单位工作年限5年以下的为3个月;5年以上的为6个月。实际工作年限10年以上的,在本单位工作年限5年以下的为6个月;5年以上10年以下的为9个月;10年以上15年以下的为12个月;15年以上20年以下的为18个月;20年以上的为24个月。

23.答案:A

解析:在消费税中,啤酒、黄酒、成品油从量计征

24.答案:B

解析:国家机关、人民团体、军队自用的房产免征房产税,所以 ACD 属于房地产免税项目。

25.答案:A,C,D

解析:港口码头服务一般纳税人,按照"现代服务——物流辅助服务"征收增值税,税率为 6%。适用简易计税方法的有:提供的公共交通运输服务(包括轮客渡、公交客运、地铁、出租车等),电影放映服务,仓储服务,装卸搬运服务,收派服务和文化体育服务等。

26.答案:A,D

解析:下列劳动争议,除《调解仲裁法》另有规定的外,仲裁裁决为终局裁决,裁决书自作出之日起发生法律效力:(一)追索劳动报酬、工伤医疗费、经济补偿或者赔偿金,不超过当地月最低工资标准 12 个月金额的争议。(二)因执行国家的劳动标准在工作时间、休息休假、社会保险等方面发生的争议。

27.答案:A,C

解析:国家机关、国有企业、事业单位任用会计人员应当实行回避制度。单位领导人的直系亲属不得担任本单位的会计机构负责人、会计主管人员。会计机构负责人、会计主管人员的直系亲属不得在本单位会计机构中担任出纳工作。需要回避的直系亲属关系为:夫妻关系、直系血亲关系、三代以内旁系血亲以及配偶亲关系。D 选项不属于会计人员回避制度。

28.答案:A,B,C,D

解析:ABCD 选项均属于增值税的征税范围。

29.答案:C,D

解析:选项 AB 属于纳税人需要主动申请纳税的情况。主管税务机关可以要求清算:(1)已竣工验收的房地产开发项目,已转让的房地产建筑面积占整个项目可售建筑面积的比例在 85% 以上,或该比例虽未超过 85%,但剩余的可售建筑面积已经出租或自用的;(2)取得销售(预售)许可证满三年仍未销售完毕的;(3)纳税人申请注销税务登记但未办理土地增值税清算手续的。

30.答案:A,B,C,D

解析:贷款服务、餐饮服务、居民日常服务和娱乐服务(个人为主)不得抵扣进项税。

31.答案:A,C

解析:劳动者以欺诈、胁迫的手段或者乘人之危,使用人单位在违背真实意思的情况下订立或者变更劳动合同,致使劳动合同无效;用人单位违反法律、行政法规强制性规定,导致劳动合同无效。

32.答案:A,B,C,D

解析:不相容职务主要包括:授权批准与业务经办、业务经办与会计记录、会计记录与财产保管、业务经办与稽核检查、授权批准与监督检查等。

33.答案:A,B,C,D

解析:除国务院财政、税务主管部门另有规定外,下列所得,不论支付地点是否在中国境

内,均为来源于中国境内的所得:1.因任职、受雇、履约等在中国境内提供劳务取得的所得;2.将财产出租给承租人在中国境内使用而取得的所得;3.许可各种特许权在中国境内使用而取得的所得;4.转让中国境内的不动产等财产或者在中国境内转让其他财产取得的所得;5.从中国境内企业、事业单位、其他组织以及居民个人取得的利息、股息、红利所得。

34. 答案:A,B,D

解析:企业之间支付的管理费、企业内营业机构之间支付的租金和特许权使用费,以及非银行企业内营业机构之间支付的利息,不得扣除。

35. 答案:A,B,C,D

解析:因工伤发生的下列费用,按照国家规定从工伤保险基金中支付:(1)治疗工伤的医疗费用和康复费用;(2)住院伙食补助费;(3)到统筹地区以外就医的交通食宿费;(4)安装配置伤残辅助器具所需费用;(5)生活不能自理的,经劳动能力鉴定委员会确认的生活护理费;(6)一次性伤残补助金和一级至四级伤残职工按月领取的伤残津贴;(7)终止或者解除劳动合同时,应当享受的一次性医疗补助金;(8)因工死亡的,其遗属领取的丧葬补助金、供养亲属抚恤金和因工死亡补助金;(9)劳动能力鉴定费。

36. 答案:A,B,D

解析:应税销售行为的购买方为消费者个人的,不得开具增值税专用发票。

37. 答案:A,B,C,D

解析:裁减人员时,应当优先留用下列人员:与本单位订立较长期限的固定期限劳动合同的;与本单位订立无固定期限劳动合同的;家庭无其他就业人员,有需要扶养的老人或者未成年人的。

38. 答案:A,B

解析:个人及其所扶养家属维持生活必需的住房和用品,不在税收保全措施的范围之内。需要注意的是,个人及其所扶养家属维持生活必需的住房和用品不包括机动车辆、金银饰品、古玩字画、豪华住宅或者一处以外的住房。

39. 答案:A,B,C,D

解析:纳税人用于换取生产资料和消费资料、投资入股和抵偿债务等方面的应税消费品,应当以纳税人同类应税消费品的最高销售价格作为计税依据计算消费税。

40. 答案:错

解析:不相容职务主要包括:授权批准与业务经办、业务经办与会计记录、会计记录与财产保管、业务经办与稽核检查、授权批准与监督检查等。

41. 答案:错

解析:最低工资标准是指劳动者在法定工作时间或依法签订的劳动合同约定的工作时间内提供了正常劳动的前提下,用人单位依法应支付的最低劳动报酬。最低工资不包括延长工作时间的工资报酬,以货币形式支付的住房补贴和用人单位支付的伙食补贴,中班、夜班、高温、低温、井下、有毒、有害等特殊工作环境和劳动条件下的津贴,国家法律、法规、规章规定的社会保险福利待遇。

42. 答案:错

解析:企业在汇总计算缴纳企业所得税时,其境外营业机构的亏损不得抵减境内营业机构的盈利。

43. 答案:错

解析:非法人组织包括个人独资企业、合伙企业、不具有法人资格的专业服务机构等

44. 答案:对

解析:不征土地增值税的房地产赠与行为包括以下两种情况:(1)房产所有人、土地使用权所有人将房屋产权、土地使用权赠与直系亲属或承担直接赡养义务人的行为。(2)房产所有人、土地使用权所有人通过中国境内非营利的社会团体、国家机关将房屋产权、土地使用权赠与教育、民政和其他社会福利、公益事业的行为。

45. 答案:错

解析:采取税收保全措施时,可以扣押、查封纳税人的"价值相当于应纳税款"的商品、货物或者其他财产,本题扣押商品超过应纳税额,不符合规定。

46. 答案:对

解析:会计职业道德与会计法律制度作用的范围不同,会计法律制度侧重于调整会计人员的外在行为和结果的合法化,具有较强的客观性;会计职业道德不仅调整会计人员的外在行为,还调整会计人员内在的精神世界。

47. 答案:对

解析:契税以我国境内转移土地、房屋权属的行为作为征税对象。土地、房屋权属未发生转移的,不征收契税。

48. 答案:对

解析:纳税人申报的计税依据明显偏低,又无正当理由的,税务机关有权核定其应纳税额。

49. 答案:对

解析:内部会计监督的主体是各单位的会计机构、会计人员,内部会计监督的对象是单位的经济活动。

50. 答案:

(1)答案:C

解析:消费税额的计算需要考虑两个条件:1.消费税为价内税;2.销售额确认包括纳税人销售应税消费品向购买方收取的全部价款和价外费用。价外费用包含本题中的手续费。综上分析为:(226 000+33 900)÷(1+13%)×5%=11 500 元

(2)答案:D

解析:纳税人用于换取生产资料和消费资料、投资入股和抵偿债务等方面的应税消费品,应当以纳税人同类应税消费品的"最高"销售价格作为计税依据计算消费税。

(3)答案:A

解析:采用预收款结算方式的,纳税义务发生时间为发出应税消费品的当天。

(4)答案:A,B,C,D

解析:纳税人将自用的应税消费品用于生产非应税消费品、在建工程管理部门、非生产机构、提供劳务、馈赠、赞助、集资、广告、样品、职工福利、奖励等方面,需依法纳税。

51. 答案:

(1)答案:B,D

(2)答案:A,C,D

(3)答案:A,B,C,D

解析:对资信良好的企业申请电子商业汇票承兑的,金融机构可通过审查合同、发票等材料的影印件,企业电子签名的方式,对电子商业汇票的真实交易关系和债权债务关系进行在线审核。对电子商务企业申请电子商业汇票承兑的,金融机构可通过审查电子订单或电子发票的方式,对电子商业汇票的真实交易关系和债权债务关系进行在线审核。符合规定和承兑条件的,与出票人签订承兑协议。银行承兑汇票的承兑银行,应按票面金额的一定比例向出票人收取手续费,银行承兑汇票手续费为市场调节价。

(4).答案:A,B,C,D

解析:电子商业汇票贴现必须记载:贴出人名称;贴入人名称;贴现日期;贴现类型;贴现利率;实付金额;贴出人签章。

52.答案:

(1)答案:D

**个人所得税预扣率表**

个人所得税预扣率表

| 级数 | 累积预扣预缴应纳税所得额 | 预扣率(%) | 速算扣除数(元) |
|---|---|---|---|
| 1 | 不超过 36 000 元的部分 | 3 | 0 |
| 2 | 超过 36 000 元至 144 000 元的部分 | 10 | 2520 |
| 3 | 超过 144 000 元至 300 000 元的部分 | 20 | 16 920 |
| …… | …… | …… | …… |

| 级数 | 全年应纳所得额 | 税率(%) | 速算扣除数(元) |
|---|---|---|---|
| 1 | 不超过 36 000 元的部分 | 3 | 0 |
| 2 | 超过 36 000 元至 144 000 元的部分 | 10 | 2520 |
| 3 | 超过 144 000 元至 300 000 元的部分 | 20 | 16 920 |
| 4 | 超过 300 000 元至 420 000 元的部分 | 25 | 31920 |
| …… | …… | …… | …… |

(2)答案:A

解析:劳务报酬所得每次收入不超过 4 000 的,减除费用按 800 元计算;每次收入 4 000 元以上的,减除费用按 20% 计算,即 $5\,000\times(1-20\%)\times20\%=800$(元)。

(3)答案:B

解析:$[20\,000\times12+5\,000\times(1-20\%)-60\,000-3\,900\times12-1\,000\times12]\times10\%-2\,520=10\,000$(元)

(4)答案:A,D

解析:储蓄存款利息收入免征个人所得税;对个人购买福利彩票、体育彩票,1次中奖收入在1万元以下(含1万元)免征收个人所得税,超过1万元的,全额征收个人所得税。

## 2021年初级会计职称考试《经济法基础》考试真题

**单选题**(每题2分,共23题,共46分)下列每小题的四个选项中,只有一项是最符合题意的正确答案,多选、错选或不选均不得分。

1.根据会计法律制度的规定,下列各项中,不属于代理记账机构及其从业人员应当履行的义务是( )。

A.对在执行业务中知悉的商业秘密予以保密

B.配备专人负责委托方的日常货币收支和保管

C.对委托人要求其提供不实会计资料的,予以拒绝

D.对委托人提出的有关会计处理相关问题予以解释

2.甲公司为增值税一般纳税人,2018年12月在原值1 000万元的厂房里安装了一台价值80万元的电梯,已通过验收并投入使用,该电梯与厂房不可分割,已知房产税从价计征税率1.2%,当地规定的房产原值扣除比例为30%。甲公司2019年度该厂房应缴纳房产税税额为( )。

A.12.96万元  B.9.072万元  C.12万元  D.8.4万元

3.甲医院属于非营利性医疗机构,为银行卡收单业务特约商户,下列关于甲医院银行卡收单业务服务费率的表述中,正确的是( )。

A.实行政府指导价,下限管理

B.发卡行服务费,网络服务费全额减免

C.发卡行服务费率为交易金额的0.35%

D.网络服务费率为交易金额的0.45%

4.根据个人所得税法律制度的规定,下列各项中,应征收个人所得税的是( )。

A.全年一次性奖金   B.差旅费津贴

C.托儿补助费    D.独生子女补贴

5.2019年1月中国居民李某取得工资20 000元,李某当月专项扣除4 000元,专项附加扣除3 000元。已知工资、薪金所得累计预扣预增应纳所得额不超过36 000元的部分,预扣率为3%,预扣预缴个人所得税减除费用为5 000元/月。计算李某当月工资应预扣预缴个人所得税税额的下列算式中,正确的是( )。

A.(20 000−5 000−4 000−3 000)×3%=240元

B.(20 000−5 000−3 000)×3%=360元

C.(20 000−4 000−3 000)×3%=390元

D.(20 000−5 000−4 000)×3%=330元

6.2019年1月中国居民张某将一项专利的使用权提供给甲公司,取得收入50 000元,已知特许权使用费所得个人所得税预扣税率为20%;每次收入4 000元以上的,减除费用按20%计算,张某该笔所得应预扣预缴个人所得税税额为( )。

A.12 500元   B.9 200元   C.7 360元   D.8 000元

7.根据支付结算法律制度的规定,下列关于票据权利的表述中,正确的是( )。

A.持票人因超过票据权利时效而丧失票据权利的,同时丧失民事权利

B.票据权利包括付款请求权和追索权

C.持票人形式票据权利无地点和时间限制

D.持票人对支票出票人和汇票出票人的票据权利时效相同

8.郑某持有一张出票日期为2020年12月14日的现金支票。下列日期中,郑某提示付款时银行有权拒绝付款的是( )。

A.2020年12月14日　　　　　　B.2020年12月18日

C.2020年12月23日　　　　　　D.2021年1月14日

9.根据个人所得税法律制度的规定,下列关于确定"每次收入"的表述中,不正确的是( )。

A.财产租赁所得,以一年内取得的收入为一次

B.偶然所得,以每次取得该项收入为一次

C.利息所得,以支付利息时取得的收入为一次

D.非居民个人取得的稿酬所得,属于同一项目连续性收入的,以一个月内取得的收入为一次

10.甲公司以非全日制用工形式聘用武某每日提供餐饮服务3小时,双方约定2年期限的劳动合同。下列关于该劳动关系的表述中,不正确的是( )。

A.甲公司可以按小时为单位结算武某劳动报酬

B.任何一方终止用工均需提前30日书面通知另一方

C.武某的小时计酬标准不得低于甲公司所在地的最低小时工资标准

D.双方不得约定试用期

11.甲公司出纳人员曾某因病住院不能亲自办理移交,经法定代表人批准,曾某委托李某将经管的会计资料等移交给接替人员王某,会计机构负责人宋某进行监交。王某事后发现曾某所移交的部分会计资料的合法性、真实性存在问题。下列人员中,应对该会计资料的合法性、真实性承担法律责任的是( )。

A.受托人李某　　　　　　　　B.接替人员王某

C.出纳人员曾某　　　　　　　D.监交人宋某

12.根据土地增值税法律制度的规定,下列情形中,应征收土地增值税的是( )。

A.李某继承房屋所有权

B.甲地板厂将厂房抵押,尚处于抵押期间

C.乙房地产开发公司将办公楼出租

D.丙水泥厂有偿转让国有土地使用权

13.根据民事法律制度的规定,下列情形中,能够引起诉讼时效中断的是( )。

A.权利人被义务人控制的

B.继承开始后未确定遗产管理人的

C.义务人同意履行义务的

D.限制民事行为能力人没有法定代理人的

14.根据《仲裁法》的规定,下列关于仲裁制度的表述中,正确的是( )。

A.仲裁机构对身份关系纠纷案件有管辖权

B.仲裁机构是司法机关

C.当事人双方没有订立仲裁协议,一方申请仲裁的,仲裁委员会予以受理

D.仲裁裁决对双方当事人都具有约束力

15.根据增值税法律制度的规定,下列各项中,应按"生活服务"缴纳增值税的是(   )。

A.广播影视服务 B.安全保护服务

C.道路通行服务 D.教育医疗服务

16.甲公司为增值税一般纳税人,2019年8月向农民收购一批玉米,收购发票注明买价10 000元,其中1 000元玉米在运输途中因自然灾害毁损,500元玉米入库后因管理不善造成霉烂变质损失。已知农产品按9%的扣除率计算进项税额。计算甲公司该笔业务准予抵扣进项税额的下列算式中,正确的是(   )。

A.(10 000−1 000−500)×9%=765元

B.(10 000−1 000)×9%=810元

C.(10 000−500)×9%=855元

D.10 000×9%=900元

17.根据教育费附加法律制度的规定,纳税人向税务机关实际缴纳的下列税款中,应计入教育费附加计征依据的是(   )。

A.城市维护建设税税款 B.房产税税款

C.土地增值税税款 D.增值税税款

18.2019年9月甲化妆品厂将一批新研制的高档香水用于赠送客户,该批高档香水生产成本29 325元,无同类香水销售价格。已知消费税税率为15%,成本利润率为5%,计算甲化妆品厂当月该笔业务应缴纳消费税税额的下列算式中,正确的是(   )。

A.29 325×(1+5%)÷(1+15%)×15%=4 016.25元

B.29 325×(1+15%)×15%=3 825元

C.29 325×(1−15%)×15%=5 175元

D.29 325×(1+5%)÷(1−15%)×15%=5 433.75元

19.根据税收征收管理法律制度的规定,下列各项中,属于税收保全措施的是(   )。

A.扣押纳税人的价值相当于应纳税款的货物

B.加收滞纳金

C.责令纳税人提供担保

D.书面通知纳税人开户银行从纳税人存款中扣缴税款

20.2019年5月甲地板厂采取赊销结算方式销售一批实木地板给乙公司,5月6日双方签订书面合同,合同约定收款日期为5月30日。甲地板厂于5月11日发出货物,6月5日收到乙公司支付的货款。甲地板厂该笔业务消费税纳税义务发生时间为(   )。

A.5月30日 B.6月5日 C.5月11日 D.5月6日

21.根据资源税法律制度的规定,下列情形中,应缴纳资源税的是(   )。

A.火电厂使用煤炭发电 B.石材厂购进大理岩加工瓷砖

C.油田销售所开采的原油 D.钢铁厂进口铁矿石

22.孙某于2016年7月1日入职甲公司,双方签订了5年期限的劳动合同。2019年7月15日,甲公司提出并与孙某协商解除了劳动合同。已知孙某在劳动合同解除前12个月的平均工资为5 000元,甲公司所在地上年度职工月平均工资为5 500元。劳动合同解除

时,甲公司应向孙某支付的经济补偿为(　　)。

A.15 000元　　　B.20 000元　　　C.16 500元　　　D.17 500元

23.甲酒厂为增值税一般纳税人,2019年11月销售自产白酒50吨,取得不含增值税价款2 200 000元,同时收取包装物押金45 200元。当月不予退还3个月前销售自产白酒时收取的包装物押金33 900元。已知增值税税率为13%;消费税比例税率为20%,定额税率为0.5元/500克;1吨=1 000千克。计算甲酒厂当月上述业务应缴纳消费税税额的下列算式中,正确的是(　　)。

A.(2 200 000+45 200)×20%=449 040元

B.(2 200 000+33 900)×20%+50×1 000×2×0.5=496 780元

C.[2 200 000+33 900÷(1+13%)]×20%+50×1 000×2×0.5=496 000元

D.[2 200 000+45 200÷(1+13%)]×20%+50×1 000×2×0.5=49 000元

**多选题**(每题2分,共10题,共20分)每小题备选答案中,有两个或两个以上符合题意的正确答案。请至少选择两个答案,全部选对得满分,少选得0.5分,多选、错选、不选均不得分。

24.根据环境保护税法律制度的规定,下列关于环境保护税计税依据的表述中,正确的有(　　)。

A.应税水污染物按照污染物排放量折合的污染当量数确定

B.应税固体废物按照固体废物的排放量确定

C.应税噪声按照超过国家规定标准的分贝数确定

D.应税大气污染物按照污染物排放量折合的污染当量数确定

25.根据会计法律制度的规定。下列关于记账凭证填制要求的表述中,正确的有(　　)。

A.记账凭证可以根据原始凭证汇总表填制

B.记账凭证可以根据若干张同类原始凭证汇总填制

C.可以将不同内容和类别的原始凭证在一张记账凭证上汇总填制

D.记账凭证可以根据每一张原始凭证填制

26.下列关于法的本质与特征的表述中,正确的有(　　)。

A.法由统治阶级的物质生活条件所决定

B.法是确定人们在社会关系中的权利和义务的行为规范

C.法是全社会成员共同意志的体现

D.法是由国家制定或认可的规范

27.根据企业所得税法律制度的规定。企业按照规定缴纳的下列税金中,在计算企业所得税应纳税所得额时准予扣除的有(　　)。

A.企业所得税　　　B.印花税　　　C.土地增值税　　　D.增值税

28.根据增值税法律制度的规定,单位或者个体工商户的下列行为中,应视同销售货物征收增值税的有(　　)。

A.将自产的货物分配给股东　　　　B.将委托加工的货物用于个人消费

C.将购进的货物用于集体福利　　　　D.销售代销货物

29.根据个人所得税法律制度的规定,下列各项中,属于"劳务报酬所得"的有( )。

A.教师出版专著取得的收入

B.律师以个人名义应邀到某中学作法制讲座取得的报酬

C.证券经纪人取得的佣金收入

D.个体工商户从事经营活动取得的收入

30.侯某向P银行申请签发一张收款人为甲公司、金额为50万元的银行汇票。下列选项中符合法律规定的有( )。

A.P银行先收妥侯某50万元款项再签发银行汇票

B.侯某填写"银行汇票申请书"

C.侯某申请签发现金银行汇票

D.P银行将银行汇票和解讫通知一并交付侯某

31.根据消费税法律制度的规定,下列各项中,属于消费税征税范围的有( )。

A.沙滩车            B.超豪华小汽车

C.高尔夫车          D.中轻型商用客车

32.乙公司明知王某系甲公司技术人员,仍与其协商后加以聘用,后因王某忙于乙公司的技术研发对完成甲公司的工作任务造成严重影响,并给甲公司造成经济损失。关于王某与甲、乙公司同时建立劳动关系后果的下列表述中,正确的有( )。

A.甲公司解除劳动合同应向王某支付经济补偿

B.甲公司有权要求王某赔偿经济损失

C.甲公司可随时通知王某解除劳动合同

D.甲公司的经济损失应当由乙公司与王某承担连带赔偿责任

33.2020年8月甲公司在P银行开立基本存款账户。甲公司申请开立下列银行结算账户时,应提供基本存款账户编号的有( )。

A.因借款在Q银行开立一般存款账户

B.因异地临时经营在S银行开立临时存款账户

C.因产能升级在R银行开立技术改造专用存款账户

D.因结算需要在T银行开立单位人民币卡账户

**判断题**(每题1分,共10题,共10分)请判断每小题的表述是否正确,认为表述正确的选√,认为表述错误的选×;每小题答题正确的得1分,错答、不答均不得分,也不扣分。

34.网络虚拟财产不可以成为法律关系的客体。( )

35.非营利性老年社会福利院自用的土地,免征城镇土地使用税。( )

36.无雇工的个体工商户参加基本养老保险的,缴纳的基本养老保险费全部记入个人账户。( )

37.企业向投资者支付的股息、红利等权益性投资收益款项,准予在计算企业所得税应纳税所得额时扣除。( )

38.个人与个人之间的资金结算,可以使用商业汇票。( )

39.纳税人购买自用应税车辆的车辆购置税计税价格,为纳税人支付给销售者的含增值税价款。( )

40.进口的应税消费品,由进口人或者其代理人向报关地海关申报缴纳消费税。( )

41.国有企业单位领导人的直系亲属可以担任本单位的会计机构负责人。（  ）

42.收款方开具发票时，付款方不得要求变更品名和金额。（  ）

43.会计专业技术人员每年参加继续教育取得的学分应不少于90学分。（  ）

**不定项选择题**(每题2分,共12题,共24分)下列每小题的备选答案中,有一个或一个以上符合题意的正确答案。每小题全部选对得满分；少选,所选的每个选项得0.5分；多选、错选、不选均不得分。

44.根据下面资料,回答问题

居民企业甲公司为增值税小规模纳税人,主要从事塑料制品的生产和销售业务。2019年度有关经营情况如下：

(1)取得塑料制品销售收入420万元,持有2017年发行的地方政府债券取得利息收入2万元,取得国债利息收入1万元,接受捐赠收入10万元。

(2)因生产经营需要,4月向乙银行借款60万元,年利率为5.4%,5月向非金融企业丙公司借款120万元,年利率为10%；两笔借款的期限均为6个月,利息均已按约定时间支付并计入财务费用。

(3)从丁公司购入一台生产用机器设备,取得增值税普通发票注明金额30万元、税额3.9万元,向T公司支付该设备安装费,取得增值税普通发票注明金额2万元、税额0.26万元。

(4)支付财产保险费4万元、合同违约金5万元,缴纳诉讼费用3万元、税收滞纳金1万元。已知,金融企业同期同类贷款年利率为5.4%。

要求,根据上述资料,不考虑其他因素,分析回答下列小题。

(1)甲公司2019年度取得的下列收入中,免征企业所得税的是(　　)。

A.接受捐赠收入10万元　　　　B.塑料制品销售收入420万元

C.地方政府债券利息收入2万元　D.国债利息收入1万元

(2)在计算甲公司2019年度企业所得税应纳税所得额时,计算准予扣除的借款利息支出的下列算式中,正确的是(　　)。

A.(60+120)×10%÷12×6=9万元

B.60×5.4%÷12×6+ 120×10%÷12×6=7.62万元

C.(60+120)×5.4%÷12×6=4.86万元

D.60×5.4%÷12×6=1.62万元

(3)计算甲公司2019年度购入的生产用机器设备企业所得税计税基础的下列算式中,正确的是(　　)。

A.30+2=32万元　　　　　　　B.30+3.9+2+0.26=36.16万元

C.30+3.9=33.9万元　　　　　D.30+3.9+2=35.9万元

(4)在计算甲公司2019年度企业所得税应纳税所得额时,下列各项中,准予扣除的是(　　)。

A.财产保险费4万元　　　　　B.合同违约金5万元

C.税收滞纳金1万元　　　　　D.诉讼费用3万元

45.根据下面资料,回答问题

刘某经人介绍于2018年6月1日到甲公司上班。双方口头约定了工资待遇及2个月试用期等事项。2018年11月1日双方签订了书面劳动合同,约定了2年期限劳动合同及刘某提前解除劳动合同应承担的违约金等内容。2019年8月因公司未及时足额支付劳动报酬。刘某解除了劳动合同,要求公司支付拖欠的劳动报酬及解除劳动合同的经济补偿金。甲公司则以劳动合同未到期以及提前解除劳动合同已给公司造成经济损失为由,要求刘某支付违约金并赔偿经济损失。双方因此发生劳动争议。已知,刘某在甲公司实行标准工时制。

要求根据上述资料,不考虑其他因素,分析回答下列小题:

(1)甲公司与刘某之间劳动关系建立的时间为(    )。
A.2019年8月1日          B.2018年7月1日
C.2018年6月1日          D.2018年11月1日

(2)未订立书面劳动合同期间,甲公司支付刘某劳动报酬的下列表述中,正确的是(    )。

A.除支付约定工资外。甲公司应支付自2018年6月1日至10月31日期间的另一倍工资补偿

B.甲公司可依约按月支付刘某劳动报酬而无须支付工资补偿

C.除支付约定工资外,甲公司应支付自2018年7月1日至10月31日期间的另一倍工资补偿

D.除支付约定工资外,甲公司应支付自2018年6月1日至10月31日期间的两倍工资补偿

(3)因公司未及时足额支付劳动报酬,刘某解除劳动合同采取的正确方式是(    )。

A.可随时通知甲公司而解除

B.无需通知甲公司即可解除

C.应提前30日书面通知甲公司而解除

D.应提前3日通知甲公司而解除

(4)甲公司与刘某劳动争议的下列表述中,正确的是(    )。

A.刘某有权要求甲公司支付拖欠的劳动报酬

B.刘某有权要求甲公司支付经济补偿

C.甲公司有权要求刘某赔偿经济损失

D.甲公司有权要求刘某支付提前解除劳动合同的违约金

46.根据下面资料,回答问题

甲机械设备制造公司为增值税一般纳税人,主要从事机械设备的生产销售和租赁业务。2019年9月有关经营情况如下:

(1)销售自产W型机器设备20台同时提供安装服务,取得含增值税机器设备销售额3 390 000元,含增值税机器设备安装服务销售额824 000元。甲机械设备制造公司提供的机器设备安装服务选择适用简易计税方法计税。

(2)采取预收款方式出租自产Y型设备5台,租赁期6个月,每台设备含增值税租金22 600元/月。甲机械设备制造公司一次性预收5台设备6个月含增值税租金678 000元。

(3)进口设备检测仪1台,海关审定的关税完税价格为56 500元。

(4)购进生产设备用原材料,取得增值税专用发票注明税额104 000元;购进管理部门

办公用物资,取得增值税专用发票注明税额 26 000 元;购进用于职工福利的货物,取得增值税专用发票注明税额 6 500 元;购进餐饮服务,取得增值税普通发票注明税额 900 元。

已知:销售货物增值税税率为 13％,有形动产租赁服务增值税税率为 13％,进口货物增值税税率 13％。

(1)甲机械设备制造公司当月销售并安装自产 W 型机器设备的下列增值税处理中,正确的是(　　)。

A.销售 W 型机器设备增值税销项税额＝3 390 000÷(1＋13％)×13％＝390 000 元

B.销售并安装 W 型机器设备增值税销项税额＝(3 390 000＋824 000)×13％＝547 820元

C.销售并安装 W 型机器设备应缴纳增值税税额＝(3 390 000＋824 000)×3％＝126 420元

D.安装 W 型机器设备应缴纳增值税税额＝824 000÷(1＋3％)×3％＝24 000 元

(2)计算甲机械设备制造公司出租自产 Y 型设备当月增值税销项税额的下列算式中,正确的是(　　)。

A.5×22 600×13％＝14 690 元

B.678 000×13％＝88 140 元

C.5×22 600÷(1＋13％)×13％＝13 000 元

D.678 000÷(1＋13％)×13％＝78 000 元

(3)计算甲机械设备制造公司当月进口设备检测仪应缴纳增值税税额的下列算式中,正确的是(　　)。

A.56 500÷(1＋13％)×13％＝6 500 元

B.56 500÷(1＋13％)×(1＋5％)×13％＝6 825 元

C.56 500×13％＝ 7 345 元

D.56 500×(1＋5％)×13％＝771 225 元

(4)甲机械设备制造公司的下列进项税额中,准予从销项税额中抵扣的是(　　)。

A.购进管理部门办公用物资的进项税额 26 000 元

B.购进生产设备用原材料的进项税额 104 000 元

C.购进餐饮服务的进项税额 900 元

D.购进用于职工福利的货物的进项税额 6 500 元

## 2021年初级会计职称考试《经济法基础》考试真题参考答案及解析

1.答案:B

解析:代理记账机构及其从业人员应当履行下列义务:(1)遵守有关法律、法规和国家统一的会计制度的规定,按照委托合同办理代理记账业务;(2)对在执行业务中知悉的商业秘密予以保密;(3)对委托人要求其作出不当的会计处理,提供不实的会计资料,以及其他不符合法律、法规和国家统一的会计制度行为的,予以拒绝;(4)对委托人提出的有关会计处理相关问题予以解释。

2.答案:B

解析:房产原值应包括与房屋不可分割的各种附属设备或一般不单独计算价值的配套设施。甲公司2019年度该厂房应缴纳房产税税额=(1 000+80)×(1−30%)×1.2%=9.072万元。

3.答案:B

解析:收单机构向商户收取的收单服务费由收单机构与商户协商确定具体费率。发卡机构收取的发卡行服务费不区分商户类别,实行政府指导价、上限管理,费率为:借记卡交易不超过交易金额的0.35%,单笔收费金额不超过13元,贷记卡交易不超过0.45%。对非营利性的医疗机构、教育机构、社会福利机构、养老机构、慈善机构刷卡交易,实行发卡行服务费、网络服务费全额减免。

4.答案:A

解析:下列项目不属于工资、薪金性质的补贴、津贴,不予征收个人所得税。这些项目包括:(1)独生子女补贴;(2)执行公务员工资制度未纳入基本工资总额的补贴、津贴差额和家属成员的副食补贴;(3)托儿补助费;(4)差旅费津贴、误餐补助。

5.答案:A

解析:李某当月工资应预扣预缴个人所得税税额=(20 000−5 000−4 000−3 000)×3%=240元。

6.答案:D

解析:特许权使用费所得应预扣预缴税额=预扣预缴应纳税所得额×20%=50 000×(1−20%)×20%=8 000元。

7.答案:B

解析:选项A:如果持票人因超过票据权利时效或者因票据记载事项欠缺而丧失票据权利的,《票据法》为了保护持票人的合法权益,规定其仍享有民事权利,可以请求出票人或者承兑人返还其与未支付的票据款金额相当的利益。

8.答案:D

解析:支票的提示付款期限自出票日起10日。

9.答案:A

解析:财产租赁所得,以一个月内取得的收入为一次。

10.答案:B

解析:非全日制用工双方当事人任何一方都可以随时通知对方终止用工。

11.答案:C

解析:移交人员对所移交的会计凭证、会计账簿、会计报表和其他有关资料的合法性、真实性承担法律责任。接替人员应当认真接管移交工作,并继续办理移交的未了事项。

12.答案:D

解析:BC所有权未发生变动,不需要缴纳土地增值税。土地增值税只对有偿转让的房地产征税,对以继承、赠与等方式无偿转让的房地产,不予征税。

13.答案:C

解析:劳动仲裁时效,因当事人一方向对方当事人主张权利(即一方当事人通过协商、申请调解等方式向对方当事人主张权利的);或者向有关部门请求权利救济(即一方当事人通过向有关部门投诉,向仲裁委员会申请仲裁,向人民法院起诉或者申请支付令等方式请求权利救济的);或者对方当事人同意履行义务而中断。

14.答案:D

解析:仲裁双方必须达成仲裁协议,否则仲委会不予受理。

15.答案:D

解析:教育医疗服务属于生活服务。

16.答案:C

解析:非正常损失的购进货物进项税额不能抵扣。甲公司该笔业务准予抵扣进项税额=$(10\,000-500)\times 9\%=855$ 元。

17.答案:D

解析:教育费附加以纳税人实际缴纳的增值税、消费税税额之和为计征依据。

18.答案:D

解析:消费税税额=成本×(1+成本利润率)÷(1−消费税税率)×消费税税率=$29\,235\times(1+5\%)\div(1-15\%)\times 15\%=5\,433.75$ 元。

19.答案:A

解析:税务机关责令具有税法规定情形的纳税人提供纳税担保而纳税人拒绝提供纳税担保或无力提供纳税担保的,经县以上税务局(分局)局长批准,税务机关可以采取下列税收保全措施:

①书面通知纳税人开户银行或者其他金融机构冻结纳税人的金额相当于应纳税款的存款。

②扣押、查封纳税人的价值相当于应纳税款的商品、货物或者其他财产。其他财产包括纳税人的房地产、现金、有价证券等不动产和动产。

20.答案:A

解析:采取赊销和分期收款结算方式的,为书面合同约定的收款日期的当天,书面合同没有约定收款日期或者无书面合同的,为发出应税消费品的当天。

21.答案:C

解析:资源税的纳税人,是指在中华人民共和国领域和中华人民共和国管辖的其他海域开发应税资源的单位和个人。油田销售所开采的原油需要缴纳资源税。

22.答案:D

解析:根据《劳动合同法》的规定,经济补偿按劳动者在本单位工作的年限,每满1年支付1个月工资的标准向劳动者支付。6个月以上不满1年的,按1年计算;不满6个月的,向劳动者支付半个月工资的经济补偿。2016年7月1日—2019年7月15日,按照3.5个月的工资计算经济补偿金。$5\,000\times 3.5=17\,500$ 元。

23.答案:D

解析:对酒类生产企业销售酒类产品而收取的包装物押金,无论押金是否返还及会计上如何核算,均应并入酒类产品销售额,征收消费税。白酒的应纳税额＝组成计税价格×比例税率＋自产自用数量×定额税率＝[2 200 000＋45 200÷(1＋13%)]×20%＋50×1 000×2×0.5＝498 000元。

24.答案:A,B,C,D

解析:应税污染物的计税依据,按照下列方法确定:

应税大气污染物按污染物排放量折合的污染当量数确定。

应税水污染物按污染物排放量折合的污染当量数确定。

应税固体废物按照固体废物的排放量确定。

应税噪声按照超过国家规定标准的分贝数确定。

25.答案:A,B,D

解析:记账凭证可以根据每一张原始凭证填制,或者根据若干张同类原始凭证汇总填制,也可以根据原始凭证汇总表填制。选项C:不得将不同内容和类别的原始凭证汇总填制在一张记账凭证上。

26.答案:A,B,D

解析:法所体现的统治阶级的意志,不是随心所欲、凭空产生的,而是由统治阶级的物质生活条件决定的,是社会客观需要的反映。它体现的是统治阶级的整体意志和根本利益,而不是统治阶级每个成员个人意志的简单相加。

27.答案:B,C

解析:计算企业所得税应纳税所得额时准予扣除的税金,是指企业发生的除企业所得税和允许抵扣的增值税以外的各项税金及其附加。

28.答案:A,B,D

解析:将自产、委托加工的货物用于集体福利或者个人消费才视同销售,将购进的货物用于集体福利不视同销售。

29.答案:B,C

解析:A属于稿酬所得;选项C:保险营销员、证券经纪人取得的佣金收入,属于劳务报酬所得;D属于经营所得。

30.答案:A,B,C,D

解析:银行汇票的出票银行受理银行汇票申请书,收妥款项后签发银行汇票,并将银行汇票和解讫通知一并交给申请人。

31.答案:B,D

解析:沙滩车、雪地车、卡丁车、高尔夫车不属于消费税征收范围,不征收消费税。

32.答案:C,D

解析:劳动者同时与其他用人单位建立劳动关系,对完成本单位的工作任务造成严重影响,或者经用人单位提出,拒不改正的;用人单位可以解除劳动关系,并有权要求其支付违约金。

33.答案:A,C

解析:存款人申请开立一般存款账户,应向银行出具其开立基本存款账户规定的证明文件、基本存款账户开户许可证或企业基本存款账户编号。

34.答案:错

解析:网络虚拟财产可以成为法律关系的客体。

35.答案:对

解析:老年服务机构是指专门为老年人提供生活照料、文化、护理、健身等多方面服务的福利性、非营利性的机构,主要包括老年社会福利院、敬老院(养老院)、老年服务中心、老年公寓(含老年护理院、康复中心、托老所)等老年服务机构,自用土地免征城镇土地使用税。

36.答案:错

解析:无雇工的个体工商户、未在用人单位参加基本养老保险的非全日制从业人员以及其他灵活就业人员参加基本养老保险的,应当按照国家规定缴纳基本养老保险费,分别记入基本养老保险统筹基金和个人账户。

37.答案:错

解析:企业向投资者支付的股息、红利等权益性投资收益款项,不能在计算企业所得税应纳税所得额时扣除。

38.答案:错

解析:商业汇票的适用范围为在银行开立存款账户的法人及其他组织之间的结算。

39.答案:错

解析:纳税人购买自用应税车辆的计税价格,为纳税人实际支付给销售者的全部价款,不包括增值税税款。

40.答案:对

解析:进口的消费税应税消费品,由进口人或者其代理人向报关地海关申报纳税。

41.答案:错

解析:国家机关、国有企业、事业单位任用会计人员应当实行回避制度。单位领导人的直系亲属不得担任本单位的会计机构负责人、会计主管人员。

42.答案:对

解析:取得发票时,不得要求变更品名和金额。

43.答案:对

解析:会计专业技术人员参加继续教育实行学分制管理。每年参加继续教育取得的学分不少于90学分。

44.答案:

(1)答案:C,D

解析:国债利息收入免征企业所得税。对企业取得的2012年及以后年度发行的地方政府债券利息收入,免征企业所得税。

(2)答案:C

解析:非金融企业向金融企业借款的利息支出、金融企业的各项存款利息支出和同业拆借利息支出、企业经批准发行债券的利息支出可据实扣除。非金融企业向非金融企业借款的利息支出,不超过按照金融企业同期同类贷款利率计算的数额的部分可据实扣除,超过部分不许扣除。准予扣除的借款利息支出=(60+120)×5.4%÷12×6=4.86万元。

(3)答案:B

解析:甲公司取得的都是增值税普通发票,进项税额不能抵扣,要进入成本。购入的生产用机器设备企业所得税计税基础＝30＋3.9＋2＋0.26＝36.16 万元。

(4)答案:A,B,D

解析:税收滞纳金具体是指纳税人违反税收法规,被税务机关处以的滞纳金在计算企业所得税应纳税所得额时,不得扣除。

45.答案:

(1)答案:C

解析:用人单位自用工之日起即与劳动者建立劳动关系。用人单位与劳动者在用工前订立劳动合同的,劳动关系自用工之日起建立。

(2)答案:C

解析:用人单位自用工之日起超过1个月不满1年未与劳动者订立书面劳动合同的,应当向劳动者每月支付2倍的工资,并与劳动者补订书面劳动合同;劳动者不与用人单位订立书面劳动合同的,用人单位应当书面通知劳动者终止劳动关系,并支付经济补偿。用人单位向劳动者每月支付2倍工资的起算时间为用工之日起满1个月的次日,截止时间为补订书面劳动合同的前一日。

(3)答案:A

解析:用人单位未及时足额支付劳动报酬的,劳动者可随时通知解除劳动合同。

(4)答案:A,B

解析:用人单位未按照劳动合同的约定或者国家规定及时足额支付劳动者劳动报酬的,由劳动行政部门责令限期支付劳动报酬、加班费工资。

46.答案:

(1)答案:A,D

解析:自2017年5月起,纳税人销售活动板房、机器设备、钢结构件等自产货物的同时提供建筑、安装服务,不属于混合销售,应分别核算货物和建筑服务的销售额,分别适用不同的税率或者征收率。

(2).答案:D

解析:纳税人提供租赁服务采取预收款方式的,其增值税纳税义务发生时间为收到预收款的当天。

(3).答案:D

解析:根据增值税法律制度的规定,进口货物应纳增值税额,按照组成计税价格和规定税率计算。

(4).答案:A,B

解析:购进的贷款服务、餐饮服务、居民日常服务和娱乐服务不得从销项税额中抵扣。